Otfried Höffe

KATEGORISCHE RECHTSPRINZIPIEN：

Ein Kontrapunkt der Moderne

© Suhrkamp Verlag，Frankfurt am Main

本书根据德国舒尔坎普出版社 2016 年版译出

政治哲学名著译丛
总　　序

　　政治一直以来都与人自身的存在息息相关。在古典时代，无论是西方还是中国，在人们对于人类生活的原初体验中，政治都占据着核心位置。政治生活被看成是一种最高的生活或是作为一个真正的人最该去追求的生活。政治与个人的正当生活（古希腊）或人自身的修养（中国）是贯通的。在政治生活中，人们逐渐明白在由诸多人构成的共同生活中如何正确地对待自身和对待他人。

　　在过往这十多年内，国人一直在谈论"政治成熟"。这在某种意义上根源于对过去几十年内人们抱持的基本政治理想的省思。但是，一个民族的政治成熟在根本意义上不在于它在力量上的强大甚或对现实处境的敏锐意识，而在于它可以给整个世界提供一种好的生活方式。只有在人们不仅认识到残酷的人类现实，而且认识到我们可以根据一种正当的、好的方式来处理这种现实的时候，我们才开始在"政治上"变得"成熟"。

　　这一克服和摆脱野蛮状态的过程在某种意义上就是一个"启蒙"的过程。在此过程中，人们开始逐渐运用他自身的理智去辨识什么是一个人或一个国家该去追求的生活。在此意义上，一种政治启蒙的态度就尤为重要，无论是古典路向的政治哲学，还是以自由民主制国家为典范的现代政治思想都必须首先予以检讨。这在某种意义上也正是此套丛书的基本旨趣之所在。希望通过译介一些基本的政治和法律著作而使国人能够在一个更为开阔和更为基本的视域内思考我们自身的生存和发展环境。

吴　彦

2014 年寒冬

目　　录

引用方式 ……………………………………………………… 1

著作简写表 …………………………………………………… 2

第一章　与康德对话中的现代性理论 ……………………… 5

第一部分　对位点，还是不合时宜？

第二章　一个先验社会批判？ ……………………………… 25

　　第一节　超越否定批判和肯定批判 …………………… 26

　　第二节　光荣的谱系 …………………………………… 31

　　第三节　普遍化、彻底化和自律 ……………………… 34

第三章　追寻遗失的范式 …………………………………… 44

　　第一节　去道德化：一个操之过急的诊断 …………… 46

　　第二节　法权经验主义批判 …………………………… 55

　　第三节　法权从意向中的解放 ………………………… 66

　　第四节　没有道德主义的法权道德 …………………… 75

第四章　实践形而上学与人类学 …………………………… 80

　　第一节　从形而上学到实践的转向 …………………… 82

　　第二节　道德人类学 …………………………………… 90

　　　　第三节　亚里士多德,还是康德? ·············· 100

　　　　第四节　经验的整合 ··········· 108

第五章　单数绝对法权命令 ··········· 114

　　　　第一节　人类学基础 ············ 115

　　　　第二节　人权的原则 ············ 122

　　　　第三节　对位点 ··········· 133

第二部分　绝对法权原则的实例

第六章　功利主义一览 ············ 141

　　　　第一节　对正义的质疑 ············ 142

　　　　第二节　次主题:刑罚 ··········· 148

　　　　第三节　一个失败的辩护 ·········· 157

第七章　虚假承诺之禁令 ··········· 165

　　　　第一节　《奠基》中的法权实例 ········ 165

　　　　第二节　逻辑学与语用学 ·········· 171

　　　　第三节　关于严格主义的两个概念 ······ 176

　　　　第四节　非经验性的普遍化 ········· 183

　　　　第五节　一个重构建议 ··········· 191

第八章　作为绝对命令的刑法 ········· 199

　　　　第一节　惩罚的报复概念 ·········· 200

　　　　第二节　一个单纯的部分性刑罚合法性 ···· 209

　　　　第三节　特殊的报复 ············ 221

　　　　第四节　一个净化理论的框架 ········ 226

第九章　"自由联邦民族的共和国"·············· 231

　　第一节　献给共和革命的纪念碑·············· 232

　　第二节　绝对和平命令·············· 237

　　第三节　第二次共和革命·············· 244

　　第四节　理想,还是替代项?·············· 248

第三部分　合乎时宜的选择?

第十章　没有统治的和平(安可塞罗德语)?·············· 263

　　第一节　对现代性的社会哲学追问·············· 264

　　第二节　与正义的一致性·············· 268

　　第三节　无统治性之界限·············· 272

第十一章　罗尔斯的正义理论是康德式的吗?·············· 283

　　第一节　功利主义,还是绝对命令?·············· 286

　　第二节　不要形而上学?·············· 295

　　第三节　德性原则,还是法权原则?·············· 299

第十二章　对阿佩尔商谈伦理学的康德式质疑·············· 306

　　第一节　共和理性·············· 309

　　第二节　作为先定的绝对命令·············· 315

　　第三节　自大之风险·············· 321

第十三章　哈贝马斯的交往行为理论·············· 326

　　第一节　对《交往行为理论》这一巨著的讨论······ 328

　　第二节　替身还是法官:一个插问·············· 344

　　第三节　商谈的先决条件:一个答复·············· 351

第十四章　附录:先验批判是否在语言哲学中被扬弃了?　… 363

　　　　第一节　面向基础哲学的转变 ························· 363

　　　　第二节　图根特哈特的形式语义学 ················· 369

　　　　第三节　形式语义学可否替代先验批判? ········ 379

　　　　第四节　阿佩尔的先验语用学蓝图 ················· 384

参考文献 ··· 390

术语对照表 ·· 401

人名对照表 ·· 410

译后记 ·· 414

引 用 方 式

　　除了康德本人的著作外,其余已经发表的作品将会按照著作者和页码来引用(如有必要,则另外引用出版年份);对于多个版本或印本,则会引用括弧外标记的版本。对正文中使用的经典著作之缩写,将会在"参考文献"中以斜体印刷。

　　对于康德本人的著作,将会采用现代书写方式、按照科学院版《康德全集》来引用。例如:VI 216,28 就相当于 Bd. VI,S. 216,Z. 28(第 VI 卷,第 216 页,第 28 行)。对《纯粹理性批判》,将会给出第一版(A 版)或第二版(B 版)的页码。

著作简写表

1. *Anthropologie*,《人类学》

Anthropologie in pragmatischer Hinsicht（VII 117—334）《实用人类学》

2. *Denken*,"思想"

Was heißt:Sich im Denken orietieren?（VIII 131—147）"什么叫作:在思想中定位?"

3. *Fak.*,《学科之争》

Der Streit der Fakultäten（VII 1—116）《学科之争》

4. *Frieden*

Zum ewigen Frieden（VIII 341—386）《永久和平论》

5. *Gemeinspruch*

Über den Gemeinspruch:Das mag in der Theorie richtig sein,taugt aber nicht für die Praxis(VIII 273—313)"论谚语:'理论正确,实践无方'"

6. *Grundlegung/GMS*,《奠基》

Grundlegung zur Metaphysik der Sitten（IV 385—463）《道德形而上学的奠基》

7. *Idee*,《观念》

Idee zu einer allgemeinen Geschichte in weltbürglicher Absicht(VIII 15—32)"世界公民观点之下的普遍历史观念"

8. *KpV*,《实践理性批判》

Kritik der praktischen Vernunft(V 1—163)《实践理性批判》

9. KrV,《纯粹理性批判》

Kritik der reinen vernunft(A：IV1—252,B：III 1—552)《纯粹理性批判》

10. *KU*,《判断力批判》

Kritik der Urteilskraft(V 165—485)《判断力批判》

11. *MS*,《道德形而上学》

Metaphysik der Sitten(VI 203—493)《道德形而上学》

12. *Metaphysik L1*,《讲义》

Metaphysik L1(*XXVIII/1：Kants Vorlesung V：Vorlesung über Metaphysik und Rationaltheologie*,167—350)《形而上学与理性神学讲义》

13. *Prolegomena*,《导论》

Prolegomena zu einer jeden zukünftigen Metaphysik,*die als Wissenschaft wird auftreten können*(IV 253—384)《未来形而上学导论》

14. *Refl.*,《反思录》

Reflexionen(XIV ff.)《反思录》

15. *Rel.*,《宗教》

Die Reliogion innerhalb der Grenzen der bloßen Vernunft

（VI 1—202）《单纯理性界限内的宗教》

16. *Rechtslehre/RL*，《法权论》

Metaphysische Anfangsgründe der Rechtslehre（＝Erster Teil der *MS*：VI 203—372）《法权论的形而上学始基》

17. *Theodizee*，《神义论》

Über das Mißlingen aller philosophischen Versuche in der Theodizee（VIII 253—272）"论一切神义论中哲学尝试的失败"

18. *Tugendlehre/TL*，《德性论》

Metaphysische Anfangsgründe der Tugendlehre（＝Zweiter Teil der *MS*：VI 373—493)《德性论的形而上学始基》

19. *Ethik*，《伦理学讲义》

Eine Vorlesung Kants über Ethik，hrsg. v. P. Menzer，Berlin[2] 1925《康德伦理学讲义》(该书不包含在科学院版《康德全集》中)

第一章　与康德对话中的现代性理论

　　现代法权文化摇摆在独特的张力乃至矛盾之中,越来越受到经验性尤其是实用性思维的规定。尽管如此,它仍然承认像人权这样的通过某个绝对责任而彰显出来的道德原则,并正因为如此而没有对经验性、实用性思维俯首称臣。人权享有绝对法权原则之地位,因此也构成了近代法权文化中的一个对位点。

　　经验性思维的重要性表现在从法权科学到社会科学的开放过程之中,法社会学、法律事实研究、犯罪学、法律民族学等百花齐放的新兴学科尤其令人耳目一新。经验性思维需要这一开放,这几乎是不言自明的。通过明确法权的经验性前提和后果,这一开放也一再推动了对基本法权假设的思考,并使法权严重脱离现实这一危险处于掌控之中。譬如在刑法中,社会科学把视线转向了犯罪行为后面的犯罪人,用心理学和社会学的观点来限制犯罪理论的有效范围。最后,文化比较也揭示出了一些根本不同的可能性,为社会以合法方式构造出新的形式敞开了大门。

　　只有在那个对法权话语而言必不可少的声音要求具有支配性,甚至偶尔要求排他性的地方,这一朝向社会科学的开放才是可疑的。只有这样,对犯罪思想的追问才变成了对它的拒斥——在刑法中,报复理论没有被相对化,而是被抛弃了。或者说,从问题、方法再到已然确立的理论,社会科学对规范研究持怀疑态度。不论如何,它们为语用学的、社会语用学的评价做好了准备,也为个人福祉和集体福祉这一导向做好了准备。但是仅仅因为人是人,所以人权却不能被合法化。因而这里亟需的并不是作为替代项,而是作为对位点的绝对法权原则。

支持这一"对位点"说法的,还有另一个观点,即:我们的社会对人类思维与行为的多样性变得越来越敏感了。人们曾津津乐道于多元主义,而如今,面对着更宽泛、更根本的多元性,一些人已经看到了一个新纪元的降临,这就是后现代。即使有人对时代交替的说法还抱有疑虑——当然他也会为此引用一系列更多的观点,但是,他对这一新的敏感性则是完全认同的。在本来的社会内部,这一敏感性扩展了(情感的、社会的和理智的)选择,并以这种方式提高了自我实现的机会——至少也拆解了不合法的障碍。也许更为重要的是,它遭遇到的是西方生活方式的"凯旋",而后者威胁着地球上每一个最偏远角落的文化特性,使有关之人在其成熟的经济和社会形式中被异化了。此外,当西方社会输出的是其"文化"中的一部分——虽然只是一部分,但已经足够了——即技术—经济性思维的话,那么这里还会产生那些植根于西方社会的生态问题。

这一敏感性虽然如此合理,但是其理智代言人离对它的贴切把握还相去甚远。谁要是听从费耶阿本德(1975)加诸科学理论的言辞,把"怎么都行"(anything goes)移植到社会理论上,他就忽视了生活方式和文化形式自我实现时必须面对的那些阻力。尽管如此,为使差异性变成现实,还是需要一些先决条件和外围条件。

而其中最基本的条件是不可替换的，因此不能再次成为多元化的牺牲品。同样，对这些条件的承认也不允许有这一保留，即它们可用于所谓的集体福祉。这一即使面对阻力，也要使某个合法的多样性成为可能的使命，也需要在绝对法权原则中予以理解。

正如在经验性、实用性思维中一样，诸绝对法权原则在这里也面临着一个夸大的要求。它们没有给新的多元性构造出替代项，而是构造出了对位点。这一要求也不赞成列奥塔（1983）关于多样性的片面主张，即最终放弃对普遍有效性的任何要求，因为据说传统哲学和科学正是凭借它来宰制人性的。毫无疑问，一个把对个别性和个体性的权利排除在外的"普遍性"概念是存在的。但是，绝对法权原则无论如何是反对此类概念的。人们对绝对命令提出的批评，即它与严格主义和形式性的关联，在这里则被证明是个优点。因为，无条件的有效性——即道德严格主义——可以防止某种"有所保留的承认"；而高度的形式性能使一个几乎是无限的内容确定性之王国成为可能。

法权科学对社会科学的开放可以回溯到启蒙时期。如果人们放弃对这一时期的片面图景，就能在其中发现信仰、宗教、价值、社会群体、决定着经济和政治的力量这一多样性的开端——甚至不止是开端。简单地说，后现代始于近代。然而，这一时期也是人权这一对位点的发展时期。在经验性、实用性思维和绝对法权原则之间的张力中，两个相向而行的趋势在欧洲启蒙运动中不断向前发展。同样的情形也存在于多样性与使其成为可能的条件的关系之中。不论愿否承认，我们的晚期近代社会或后现代社会都与近代的巅峰时期不可分离,也与近代各种社会理性概念的分分合合不可分离。

由于这种联系,我们不能再把现代性工程解释为一个主音音乐。对于新近重新受宠的罪责推定理论、对于"理性的歧途"(费耶阿本德 1989),抑或对于近代哲学的扭曲发展(列奥塔)来说,如果人们为旋律所引导,只承认唯一的一个音符,那么事情就要简单得多,现代性的风险也容易从一个错误的主旋律中得到解释。然而,假如根本没有这样一个主旋律,现代性也存在于某个复调式音乐之中,情形又会如何呢? 毫无疑问,现代性还会是一个面临风险的工程;但是——更具体地说——这一风险产生于对某个从多种声音中产生出来并支配着其他声音的声音的完全变幻不定的追求。偶尔,某个声音会"扩张为一个整体",夸大自己的分量,为自己主张某种排他权。可是不论如何,绝对法权原则都主张把现代性理解为一个复调式工程。

我们可在三个层面上对这一主张进行解读。其基础概念代表着一个理论蓝图,伦理学、法权理论和社会哲学在其中构成一个整体,我们也正是从这一整体出发赢得了对现代性的崭新看法——在法权理论中,绝对法权原则发出了不同于仅仅是经验性、实用性思维的声音。在社会理论中,绝对法权原则和主张根本的、排他的、多元性的理论针锋相对。最后,对于现代性理论而言,绝对法权原则赞成一种复调音乐式的自我理解——尽管是以更为间接的方式。

同时,绝对法权原则赞成给予法权问题更为重要的分量。近代历史的合法性在今天重新成为讨论的对象,但是在建筑、文学、造型艺术和音乐中对它的评判不同于在所谓的"科学、技术与经济"这一三一体中的评判。在法权和国家领域中也是如此。在这里,甚至要对近代历史予以完全积极的评价——前提是,它对这一对位点、对绝对法权原则而言,一如既往地是悬而未决的。

　　为了从概念上勾勒出这一对位点,并检验其合法性,本研究将主要关注这一设想及其奠基。为阐释其有效性,本书的第二部分将研究一些实例,这些实例将不会像人权一样毫无争议。最后,这一对位点还要在当代的道德哲学话语中为自己做出如下辩护。

Ⅰ.

　　由于我们将绝对原则理论归功于康德,因此这一研究将涉及与康德的对话。当然这马上就会招致批评,认为康德的绝对命令思想长久以来已经"理屈词穷"了。然而这一批评忽略的是,尽管绝对命令在普遍伦理学中也许已被剖析得体无完肤,但是它对法权的考察还付之阙如。即便在专门的道德哲学家圈子里也流传着一种观点,认为绝对命令只适用于个体(汉斯·约纳斯 1979,79),因而不适用于作为社会形式之一的法权。

　　在"绝对法权原则"这一关键词之下,绝对命令将被看作法权基本原理,并在两个方向上得以阐释:在体系性的方向上被阐释为现代性的对位点;在哲学史的方向上被阐释为看待一个熟知的基本概念的全新视角。除此之外,这里的思考也要超越法权这一"特例"。当大多数观点在直接的伦理学话语中已经出现之后,这一话语将通过法权伦理学这一侧面被重新激活。

这一重新激活是从对伦理学以及康德伦理学基本概念的更为精细的把握开始的。传统的讨论涉及两个区分。一方面,这一讨论把绝对命令看作道德标准,并且注意到,康德提出了道德标准的不同形式:除了基本形式之外,它还区分了三种次级形式。他在基本形式看到的是普遍法则中的道德原则(《奠基》IV 421);与此相对,三种次级形式要么存在于普遍的自然法则之中(421),要么存在于人性的自身目的之特征中(429),或者存在于一个和谐的"作为自然王国的目的王国"之中(436)。另一方面,人们把绝对命令区分为单数形式,即最高道德原则,以及复数形式,即道德的诸实体性原则。而这里包含着这一新视角的第一个要素,即:凭借绝对法权原则这一思想,我们就在单数的绝对命令和复数的绝对命令之间引入了一个中间层面,并认可绝对责任的三个层面:

从第一性道德哲学或基础伦理学产生出来的普遍绝对命令就其自身而言是单数的,但就其表述而言,则要么表达为基本形式,要么表达为三个次级形式。在第二性道德哲学(尽管是其普遍部分)中,绝对命令被用于人类实践的两个基本方面,即个人实践或德性,以及制度性实践尤其是法权实践。最后,在第三个层面,也即第二性道德哲学的特殊部分中,存在着有具体内容的原则,如自杀和撒谎禁令,以及康德将绝对责任归之于其上的惩罚正义。单数绝对法权命令属于第二层面,复数绝对法权原则属于第三层面。

单有这个三重区分当然是不够的。受黑格尔启发的批评者如马克瓦德①就把绝对命令贬低为一门"单一原理伦理学"(Ein-Satz-Ethik)(1987,111)。事实上,绝对命令所涉及的思想包含着一个由问题和对策组成的值得注意的王国,后者直到《道德形而上学》中才释展开来。首先,这里存在着一个广阔的问题域,其中包括关于实践理性(以及技术理性、实用理性和道德理性)的理论,关于理性事实的学说,以及关于意志自律、日渐式微的幸福伦理学的学说。此外,绝对命令本身也是有层次的。除上述区别之外,基础伦理学本身也包含着两个层次。比把绝对命令定义为某个道德原则更为根本的是,它首先定义的是"运用"于人类——他们未必经常能单独承认道德原理——的道德。而呈现某个最高标准,则是第二位的事情——在这里,绝对命令就其语义学或元伦理学意义而言,无非就是一个关于道德的概念,一个关于诸责任的概念;这些义务也许在有冲突的时候相互平衡,但是绝不允许为了有利于另外某个所谓的更高的约束方式而使自己相对化。

习惯了简单化理解方式的人会认为,绝对命令的真正意义是不清楚的。不论如何,康德提出的是一种更为复杂的思想;而每一门寻求合现象的问题意识的伦理学,都无法摆脱这一复杂性。事实上,它以某个道德概念为出发点,进而从这一概念中找出一个标准,以便在至少两个阶段中,最终能将这一标准"运用"于普遍伦理学以及特殊的法权伦理学和德性伦理学之中:

---

① 马克瓦德(Odo Marquard,1928—),德国哲学家,代表作有《告别原则》《对偶然性的辩护》等。——译注

绝对命令诸层次

I. 第一性道德哲学（基础伦理学）	普遍绝对命令	
1. 语义学	道德概念	
2. 规范伦理学	道德标准	
	基本形式：	普遍法则
	形式性次级形式：	普遍自然法则
	质料性次级形式：	作为自身目的的人
	完全的规定：	作为自然王国的和谐的目的王国
II. 第二性道德哲学		
3. 普遍部分	单数绝对法权命令	单数绝对德性命令
4. 特殊部分	绝对法权原则（例如：虚假承诺禁令）	绝对德性原则（例如：帮助诫命）

不论人们把它看作单数还是复数，绝对法权命令的思想听起来都是如此之美妙！然而，除了上面已经提到的一般性担心，即认为这一思想已经"理屈词穷"之外，还有形形色色针对这一思想的质疑。这些质疑大都是根本性的，也指出了规范性法权理论、法权伦理学所面临的问题。此外还出现了一些专门针对康德的质疑，其中一部分从专门针对康德的质疑转变成了系统性的质疑。

这些质疑始于一个质问，即：绝对命令所属的法权哲学究竟是不是批判性的？这一质问的重要性并不局限于康德哲学内部。在法兰克福学派的支配性压力之下，我们期待批判理论能首先成为一个消极批判，能在其对象，即社会关系中发现不公、矛盾和成见。由于康德在其法权哲学中并未提出这样一种归罪性的或指责性的批判理论，因此它可能被认为完全不具备批判性。而事实上，康德在其理论哲学范围内就已经使用了第三个批判概念,他用这个概念为绝对法权原则思想奠定了基础,并扩展了批判性社会理论的可能性(详见本书第二章)。

人们乐意把近代法权—社会史写成一部关于不断进步的中立化的历史。这首先意味着,在不偏不倚的意义上,现代性已经首先对形而上学,继而对宗教和道德变得中立了。单是"绝对法权原则"这一标题就把上述所谓中立化中的其中两个置入可疑境地,并因此再次证明了其对现代性理论的重要性。其中一个质疑是显而易见的。但凡主张绝对法权原则的人,都会维护道德观念,并反对相应的中立化命题——后者部分地是关于去道德化的社会历史主张,部分地是关于去道德化的法权理论主张。

这一对立的主张自然会招来幼稚的道德化这一批评。然而,作为绝对法权原则思想之基础的,乃是一个复杂得多,也具有完整问题意识的道德概念。与之相反的是,相反的理论在争论时显然持有一个过于简单的道德概念。不管怎么说,在差异化的概念性中,绝对法权原则思想绝非一无所获。这一概念性编织了一个概念之网,即"无道德化的法权道德"之网。法权借助此网把自己与不同领域的道德区别开来,但尽管如此,它仍然允许在道德立场上所做出的评判(详见本书第三章)。

对于第二个不偏不倚的命题,即主张形而上学终结的命题,绝对法权原则也要画上问号。按照康德的观点,绝对法权原则具有先天特征,它们的法权伦理学变项也是先天的,也就是脱离经验的。现在,既然脱离经验,同时具有具体内容的命题是属于形而上学的,那么绝对法权原则理论也就变成了"作为形而上学的法权伦理学"。乍看上去,这一学科尤其令人印象深刻,然而在深入考察之后就会发现,它实际上是不合时宜的。

作为形而上学的法权伦理学之所以显得令人印象深刻,是因为它信得过一门单纯的哲学为法权原则所做的奠基,以便借此赋予一切法权实践既简单又清楚的基本导向。结果是,绝对法权原则就与哲学中新的保守性对立起来了。当马克瓦德(1981)"向原则告别"的时候,或哈贝马斯(1983)认为哲学家们只不过是"替身和解释者"的时候,他们——一位右派黑格尔分子和一位左派黑格尔分子——就以令人吃惊的方式宣布了某个自我限制,而这一自我限制就将绝对法权原则所能期许的那个导向给廉价变卖了。不管怎么说,如果哲学能在形而上学之路上看到这一导向,那么这一要求以及与之相伴的绝对法权命令就是可疑的。在康德以降的两个世纪中,形而上学已经以如此多样化、如此根本的方式失去了价值,以至于人们对一个形而上学式的法权伦理学只能疑虑重重。是不是没有形而上学,现代性的政治动机和对人权的承认就真的无法证明其合法性呢?

在绝对法权原则思想中,形而上学将得到某种谨慎的恢复。但是这里要恢复的不是——至少并非直接地是——我们所熟悉的理论形而上学,即认识论、存在论或哲学神学。显然,这里必需的首先只是一个我们熟悉的、针对道德的实践形而上学。此外,它的论域也比康德设想的要小很多。提出绝对命令的哲学家康德难免"过犹不及之错误"(Irrtum des Zuviel)。他把先天的范围延伸得过于宽泛(如果这一范围毕竟合理的话),而把经验的范围限制得过于狭隘。与康德不同的是,我们必须对形而上学的重要性予以重估,并明确作出更为节制的判断。这一更为节制的重估将使批评者们能够更为容易地认识到形而上学思想的要求。这一重估的关键点在于,绝对命令中的形而上学要素将会借助人类学、借助某个特殊的道德人类学得到完善。只有借助这一人类学,这一道德立场才可能找到通向实质性道德原则之途。

康德的"过犹不及之错误"更多涉及法权伦理学的规划,而非其具体实施。在他那里,从不缺失上面提到的经验性要素。黑格尔主义者曾经追随其尊师的足迹,不知疲倦地攻击康德远离了现实,但这绝非事实。从下面几点来看,康德和黑格尔在法权哲学上颇多相近之处:首先是报复理论这一视角,然后是私有财产的合法性,再次是国家状态的合法性,最后是共同的自由原则。由于康德的生世早于黑格尔,因而后者更是个康德主义者,他们的区别绝非这样一个简单的描述所能把握:康德"完全陷入了原则",而黑格尔则完全面对现实且在伦理学上持具体态度(马克瓦德 1987,112)。认为康德的实践理性脱离现实关系,对单纯应然的软弱性无能为力,这真是无稽之谈(详见本书第四章)。

单数绝对法权命令构成了本书第一部分的系统性总结。在专门的法权人类学与(以形而上学方式定义的)道德立场的结合中,产生了用以评价法权的最高标准,即道德性的法权原则,而这一点具有的不只是对法权予以规范化这一意义。

Ⅱ.

为了反制现代性的自我伤害,肯定批判热衷于回到亚里士多德伦理学上去。例如马克瓦德(1986,125ff.)就宣称其"对习性的辩护"在亚里士多德那里有其根据。然而,作为亚里士多德伦理学之显著特征的多层次性,不允许与单纯的肯定批判保持一致。并且,相比否定批判对亚里士多德理论立场的简单反对和肯定批判对它不分场合的引用,亚里士多德理论与康德的关系要复杂得多。随着研究的进展,我们将引入若干材料来支持更为细致的评判。作为导论,我们目前只提出这个观点:

为了在哲学伦理学之内给绝对法权原则更为精确的定位,我已经在第一性道德哲学与第二性道德哲学之间做了区分。然而,康德本人既没有提及第一性道德哲学,也未提及第二性道德哲学,更没有像我们设想的那样,在第二性道德哲学中区分普遍部分与特殊部分。事实上,尽管他正好得出了这样的结论,但是由于所选取的术语,他却采用了相反的次序。如果说第一性道德哲学只意味着"奠基"的话,那么第二性道德哲学的标题就是"道德形而上学";在这一"真正的道德哲学"之中,第一阶段——即普遍法权伦理学——获得的只是"法权论导论"的重要意义。

凭借这一颠倒的次序,康德显示出,尽管他与亚里士多德有很多不同,但还是在实践哲学思想这一点上与后者保持了一致(参见赫费 1971,1988a)。最近以来人们热衷于讨论的"亚里士多德,还是康德"这一选项本质上是不准确的,因为,尽管一门基础伦理学根本上以一个关于道德的概念和标准为出发点,而基础法权伦理学的出发点是普遍法权原则,然而它们分别涉及的是"真正的任务",即实体性的道德原则。如此一来,为实体性原则之相对于基础性反思的优先性提出辩护的,将不再是内在于哲学的根据,相反则是亚里士多德的这一理念:研究伦理学的"目的是行为,而非知

识"(τὸ τέλος ἐστὶν οὐ γνῶσις ἀλλὰ πρᾶξις)(《尼各马可伦理学》I 1,
1095a,5f.)。

康德与亚里士多德在这一点上也许是一致的:如果有人像商
谈伦理学一样满足于对最高道德原则的证明,就难以获得实事求
是的节制,相反会低估道德哲学中的实践意旨。另一方面,如果有
人认为基础性反思是多余的,那么他也就低估了这一反思的哲学
意旨。关于这一反思的论文甚至忽视了,这一反思缺乏目的。如
果这样看的话,终极证明就成了哲学家们的五指操,适合它的地方
是学院哲学和学术研讨班上的讨论。但是在与去道德化命题的关
系中,这一反思则是另外的样子,因为它给道德视角的可能性,乃
至其权利画上了问号。从伦理学怀疑论的视角看,亚里士多德和
康德在伦理学必须证明其合法性这一点上恐怕是一致的。由于伦
理学怀疑论在近代的发展,由于客观有效性之要求的强化,基础性
反思在康德那里所获得的空间就比在亚里士多德那里要大得多。
基础性反思在两位思想家那里都有,并且都不是封闭的自说自话。
单数绝对法权命令不再是"法权伦理学导论",这一点会在本书第
二部分谈到。在已有若干例子的情况下,绝对法权命令将会导入
"真正的法权伦理学",进入到关于绝对的"复数绝对法权命令"的
理论之中。

和康德尝试"运用"绝对命令并在此运用中获得实体性道德原
则的做法相反,在效果史的进程中则形成了大量质疑——实际上
是过多的质疑。这些几乎针对着实例讨论中的每一个因素的质
疑,可以被归纳为三个主要类型:

根据第一个道德性的批评,康德对绝对法权原则所做的示范

性论证针对着其毫无例外的有效性。举例说，人们无论处在什么情境下都不能做出虚假承诺；或者，人们必须对每一个杀人犯施以死刑——这一点似乎更加值得怀疑。根据这一批评，诸如此类的要求代表着一个与今天的道德意识不再相容的严格主义。这一批评并不仅仅来自经验性、实用性阵营，其实就连康德主义者席勒都曾在《论崇高与尊严》一书中反对过道德法则之"严苛"。按照尼采的说法（《快乐的科学》，上卷，Nr. 5），那些执着于绝对命令的人只不过展示了某个"精致的奴性"而已。根据第二个道德哲学式的批评，康德在用绝对命令为实体性原则奠基时其实缺乏目标。对黑格尔而言（《自然法权》，460），康德的普遍合法性原则乃是同义反复，根本不适合把道德之善从可疑的准则中凸显出来。根据第三个同样是道德哲学式的批评，康德实现了其证明目标，但却以否定自己的计划为代价——尽管是通过经验性、实用性的证明途径。

对这三个批评予以审查，是本书第二部分的一个持续任务。这里讨论的例子全部出自康德本人；而对康德不曾研究过的法权原则，将留给更晚的研究。作为一个对比，同时也为了通过对某个反题的批判而提升康德伦理学的可信度，本书将在对这些例子进行阐述之前，先对另一个非康德主义的观点进行介绍。

在那些并不希望以绝对原则为出发点的伦理学中，功利主义扮演着尤其重要的角色。由于"最大多数人的最大幸福"这一标准只有借助经验性的考虑才有说服力，因此这一标准也就在社会科学家和经济科学家那里受到了极大的欢迎。功利主义作为对位法的伦理学选项，对它的探讨更将增加绝对法权原则观念的可信度（详见本书第六章）。

　　绝对法权原则的第一个实例是对虚假承诺的禁令，它属于哲学家们在检验某个道德原则的可运用性，以及追问这一运用结果是否与我们深思熟虑的道德信念相一致时最突出的情形之一。这一禁令也属于康德在《奠基》一书中，在运用绝对命令概念时所举出的四个实例之一；当然它是其中唯一一个对其立法不属于德性论而属于法权论的实例（详见本书第七章）。

　　如果说第一个例子主要具有道德理论的重要性的话，那么接下来的例子则关系到一个重要的法权政治学部分。关于刑事处罚的报复理论已经向我们示范性地表明，康德忠实于亚里士多德所特别强调的实践哲学或政治哲学观念，他在哲学反思中完成的不仅仅只是一个理论目标。当然就刑事处罚这一情形而言，康德的目标长久以来一直充满争议。

　　报复思想曾经在康德和黑格尔的影响之下主导了刑法理论，但是现在却发生了一场名副其实的范式转换。人们不再谈论报复，而几乎只是谈论威慑或者（一般性）预防，谈论改造或者再社会化；相应地在刑法理论中，人们热衷于谈论经验性、实用性的合法性辩护。康德认为报复式惩罚是一种绝对命令，因此他的思想在这里面临艰巨的挑战。一种根本性的全新解释不仅要质疑主流的康德理解中的若干前提，更要质疑康德本人的若干结论。最后，它将在报复思想和威慑与改造的视角之间建立起一条沟通的路径（详见本书第八章）。

　　康德的法权论本质上源于一门公民性质的或共和主义革命的理论，它为自由主义法权国家提供了合法性辩护。就这一国家实现自身并且在今天甚至凭借某些福利国家因素得以扩大的程度而言,康德理论也从之前的"进步的"理论变成了某个"保守的"的法权哲学,变成了对现行法权秩序的合法性辩护。尽管如此,康德的开端时至今日仍与政治有关联,甚至还承载着我们今天所缺失的乌托邦力量,关于这一点我们也将在第三个例子中说明。从合法化辩护的角度说,承诺和刑事处罚可谓充满争议,然而它们展示了某种实践或法权机制,二者的起源都可以追溯到人类文明的史前阶段。最后一个例子将讨论一个在人类历史上出现较晚、尚未接近解决的问题,即国际和平秩序的问题。在环球视野中,我们将对"根本的多元性"这一后现代的关键词予以讨论:它是以法权形式为保障的、不同社会形式和文化的确定性共存(本书第九章)。

III.

由于赞成某个民族联邦并反对多民族的国家,康德给政治判断力的证明设置了一个也许很高的标准。由于民族联邦缺乏国家特征,因此必须要问的是,康德在国际层面上所辩护的没有国家强制力或统治的人类和平共存,在"国家"层面上是否也是可能的。最近,安克塞罗德①曾经对一个无统治的合作之策略进行了研究。本书第三部分将在当代的讨论中对现代性的对位点,即绝对法权原则的价值予以证明。该部分从无国家、无统治的合作之策略开

---

① 安克塞罗德(Robert Axelrod,1943—),美国政治学家,因其对合作进化的多学科研究而享有学界盛名。——译注

始讨论(详见本书第十章)。

　　在去道德化论题以及前面已经介绍过的作为康德伦理学替代项的功利主义之后,我们将在本书最后部分讨论两个哲学理论,即罗尔斯的正义理论和阿佩尔与哈贝马斯的商谈伦理学。它们援引着康德,但是拒绝其学说中有争议的部分,即道德原则的形而上学特征。我们将指出,这些理论与康德的差别并不总是如罗尔斯和商谈伦理学家们所估计的那样。此外,两种理论在它们提出的要求上——罗尔斯的目标在于发展康德理论(详见本书第十一章),而商谈伦理学的意图在于超越康德(第十二、十三章)——都存在困难。对罗尔斯、阿佩尔和哈贝马斯的讨论将以一种新的方式检验康德绝对法权命令思想的正当性,同时得到检验的还有当今基础伦理学所面临的困难。"附录"部分将联系着图根特哈特和阿佩尔来追问康德的先验理性批判是否已经在最新的语言哲学中被扬弃了。

　　在《政治正义:法权与国家的批判哲学之奠基》(1987年)[①]一书中,我已经对绝对法权原则进行了系统性研究。在那本书中,为了揭示这一主题的哲学史深度,并给现代性的政治工程勾画出一个特别的轮廓,我曾加入了对古典政治哲学家的粗浅讨论。在那里,康德这位伟大的法权和国家思想家被以特殊的方式置入背景,尽管事实上他配享一个极其重要的地位。作为对《政治正义》一书的补充,这本书将刊出几篇对康德法权与现代性理论的讨论,并对那本书中已经提到的绝对法权命令概念予以深入探讨。这本书的

---

　　①　以下简称为《政治正义》,当出现在文中注时,简写为"PG"。——译注

初衷是把我的若干康德论文汇编、加工为文集,但是其中的体系性线索很快就使更多的章节变得必要,以至于最后每一篇已经发表的论文都在加工中变成了新的文本。

为准备舒尔坎普出版社口袋本的出版,作者审校了文本中的若干错误。至于一些补充性的或更深入的思考,则可在我1993年出版的专著《作为现代性之代价的道德:论科学、技术与环境》中找到(美茵河畔法兰克福,舒尔坎普出版社)。

第一部分　对位点,还是不合时宜?

第二章　一个先验社会批判？

任何一个把现代性理解为复调音乐的人，都会在某个主导性理念上找到大相径庭的各种含义——"批判"也不例外。康德对这个概念的使用是不同寻常的，至少对今天的我们而言是不太熟悉的。但是，理性作为批判的主体，同时呈现出它的客体，这一点却并非不同寻常，因为一个指向最终基础的批判，必然会成为反思性的自我批判。真正令人吃惊的是，这个批判既没有满足于原告的功能，也没有满足于被告的功能。它行使着一个法官的权能——更准确地说，它行使着一个民事法官而非刑事法官的权能；它不推行任何制裁，但是却决定着形而上学要求具有科学性这一法定权利。此外作为裁判，它还对形而上学在不同道路上的比赛进行裁决。

在《实践理性批判》中，康德仍然忠实于这一理念。他并没有重复上述法庭场景，而是研究了欲求能力的（合法性）范围及其界限（《实践理性批判》V 12）。同样，这一批判既非归罪性的，也非辩护性的，而是具有司法的本质。

在康德的社会哲学以及法权—国家伦理学中，同样不存在支配性的否定批判，人们也许可以不无争议地将此解释为一个谨小慎微的作者的怯懦。但康德并非谨小慎微。在"回答一个问题：

'什么是启蒙'?"一文中,他曾主张言论自由,批评由国家颁布的教会信仰;在"论谚语:'理论正确,实践无方'"(VIII 390ff.)一文中,他曾批评专制主义;在《永久和平论》一书中(第三条正式条款),他批评了殖民主义;而在《法权论》中他还反对了农奴制(VI 283)和贵族特权(VI 329,396f.)。除此之外,康德的后期哲学通常而言都是以某个司法性的批判概念作为基础的——这也是我们提及康德的两个"批判"的缘由所在。然而今天,哲学已经被剥夺了作为"坐在法庭高座上对科学、道德和艺术进行审问"的法官的权利(参见哈贝马斯 1983,参见本书第十三章第二节)。为了给司法意义上的批判性法权哲学提供辩护,我们与其说需要提及康德的一般性哲学概念,还不如说需要某些更有力的论证。

第一节　超越否定批判和肯定批判

自 1968 年以来,人们一直用法兰克福学派的字母表来拼读"批判"一词。这个字母表始于阿多诺(Adorno)或其启蒙(Aufklärung)概念,发展到解放(Emanzipation)或主导着知识的(erkenntnisleitenden)利益,越过无统治性(Herrschaftsfreiheit)和交往(Kommunikation),最后到达非正义(Unrecht),迷惑关联体(Verblendungszusammenhang)和(社会性)矛盾(Widersprüchen)。最近这些年则产生了另一个字母表。它虽然不自我标榜为批判,但是却隐约呼应着黑格尔在"一个批判文学杂志的创立"(1819/20)一文中使用过的批判概念。这一最新的字母表,也就是积极批判或肯定批判,则以与原则告别(Abschied)为其出发点,经历了释放(*E*ntlastung)、补偿(*K*ompensation)，在感官节制(Sinndiät)、习性(*Ü*blichkeiten)和马克瓦德(1986，117ff.)所辩护的偶然性(*Z*ufälligen)中得以完成。

　　这两个批判字母表都与现代性的条件有关。在否定批判或解放性批判中表达出来的，不仅是近代历史对自由和正义的兴趣，还有那个看到了无处不在的危机并因此一再呼唤着改变的"转变的权威性道德"(morale canonique du changement)(鲍德里亚 1968，139)。肯定批判则相反，它向我们提示了无论如何被赋予人类行动的那些基本条件，还有人们在转变中不愿触动的那些外围条件，最后还有那个喘息间隙——没有它，人就不大可能因为新鲜事物而欢欣鼓舞，因而一切转变就变成了自身目的，失去了意义。当然，肯定批判同样都具有合法的附加值，具有更深的根据。与"转变的权威性道德"相反的是，肯定批判提出的是"传统的权威性道德"："近代世界……与其说是一场危机，还不如说是非危机，正因为如此，它从根本上说是具有达成一致的能力"(马克瓦德 1987a，16)。

　　这两个批判字母表也重新揭示了左右派黑格尔主义者之间的争执。一方面追随着马克思批判费尔巴哈的第十一条提纲，即"问题在于改变世界"；另一方面提出的反题则是："不如让世界保持平静"。否定批判在很多方面是合理的，这几乎是不证自明的事情。一方面，"反抗不公"和"对意识形态的坚决反抗"(见阿多诺 1965年给霍克海默的信)是如此正确，"人类从奴役关系中的解放"(霍克海默 1974，58)以及投身于一个不单单是工具性的理性的重要性，最后，阿多诺的文化和文明批判中的许多因素又是如此合理；

另一方面,当一个理论将自身定位于马克思经济学之中并试图揭示社会矛盾的时候,一开始就在方法论上暗示了对现存事物的根本谴责,于是变得难以令人信服——因为这样的理论只能理解尚未实现出来的解放,而不能把握已经实现的解放。在早期法兰克福学派中,近代社会批判的积极成果,以及民主国家和其后的社会法权宪政国家,根本没有系统性的位置,这并非偶然。

更成问题的是人们从阿多诺的一句话那里解读出来的社会批判形式,即一个"取消一切和谐"的批判(1965)。当然,阿多诺曾用这句话来刻画勋伯格[①]突破陈规的音乐。作为解释和自我解释的原型,这一句话并不新鲜。从与社会规范的关系上看,我们发现这句口号从浪漫主义以来就在艺术家们中间流行着。而作为对传统思想形式的彻底抵制,这句话也适用于更早的伟大哲学家们。然而从一个长时段的历史角度看,在哲学家和艺术家那里都存在着对"取消一切和谐"的限制——再天才、再旷世独立的艺术家也生活在他的时代,而革命性的、推动了范式转换的思想家们也依赖于某个历史发展条件。和谐可以被分化,但是不可能被完全取消;而"纯分离性"的批判,以及反抗和抵制一切预先给定的事物,这乃是不可能的。

对某些形态的否定批判来说,斯塔洛宾斯基[②](1971,第3章)关于卢梭的一句话也许也是适用的,即:批判是永远有道理的抗议

---

　　① 勋伯格(Arnold Schönberg,1874—1951),美籍奥地利犹太人,20世纪最有影响的作曲家之一。——译注

　　② 斯塔洛宾斯基(Jean Starobinski,1920—　　),瑞士文学批评家,以生存论和现象学文学批评而著称。——译注

者的语言。这一语言成功地保全了批判的领地，彻底把它从世界中分离了出来，从而赋予批判一种严格的法外治权的光芒。如果这样来想的话，斯塔洛宾斯基看到的无非是儿戏般的工作，是极度绝望的另外一面。

作为单纯的指责性批判的抗衡者，同时作为多元性和个体性、成熟的传统，以及自然给定的生命条件的代言者，肯定批判形式同样有其合理性。然而就其自身而言，它无法提供一个公道的判断，同时也给了其对手把消极批判理解为某种抗衡者的权利。在哲学上更有成效的是一个批判字母表，因为它不把抗衡的使命委任给一长串理性，而是帮助双方确保在公共话语的市场上既维护自己的（相对）权利，又使双方保持整体平衡。在体系性上更有说服力的是一个以平衡为研究主题，并依照解放或肯定而从自身中实现出二者的批判。在这个内容、意向和方法上保持中立的司法性的批判中，哈贝马斯所担心的"太高的要求"是不存在的。作为法官，哲学摆脱了"解放，还是肯定"这一简单化选择的方案，它是作为"第三个选项"而出场的。

在前哲学的话语中已经存在着实例。科学中的文本批评是司法性的，文艺专栏和政论文也是司法性的。当然，如果人们愿意扔掉金属手套，而是用鹅毛笔争论的话，那么批判家们也就不是惯于对文本、最新出版物和政治事件进行判断的人，而是对其语文学和美学的品质、对其政治重要性进行评估的人。

如果看一看我们这个时代的若干使命，就会发现司法性批判所具有的不仅仅是一种前哲学的居住权。不论我们是否关注科学研究,尤其是生物医学研究,也不论我们是否思考过公司治理、世界经济秩序或者媒体的问题,当今的时代都为批判提出了新的使命:建立起一门应用伦理学。对这一使命,我们所熟悉的那个批判字母表难以胜任。尽管长期以来在知识分子的讨论中,作为代言人的批判理论在其引人注目的转折中向伦理学打开了大门,并因此放弃了之前的否定性社会批判的意向和方法,但是对"道德—政治话语"的示范性实施,也即一门应用伦理学,还停留在开始阶段。反之,肯定批判的理论代表则密集参与了关于科学研究伦理学的讨论。就他们极力要把科学研究从伦理学中解救出来这一努力(例如马克瓦德在1984年反对过分道德化、支持好奇特权的呼吁)而言,他们对某个单纯的肯定批判的防范已经体现在其选择之中。法兰克福学派迄今为止在原则层面上完成的东西,现在则在运用层面上典范性地发生着:批判借助司法性的因素而得到了扩展。

　　一旦商谈伦理学不仅谈论具体的理论话语,而且还真正施行这些话语;一旦受到 J. 里德①启发的哲学家们专注于某个伦理奠基(参见斯伯曼 1989);一旦两个方面能扩展它们本来的批判形式,那么两个至今为止还生疏敌对的思想和语言模式就可以相互接近了。这样的一个接近,也许可以在某个超越了非此即彼的"消极批判或肯定批判"的名义上得以发生。

---

① J. 里德(Joachim Ritter,1903—1974),德国哲学家,"里德学派"奠基人,致力于精神哲学和实践哲学的思考,对战后所谓"实践哲学的重建"起了重要作用。——译注

第二节　光荣的谱系

那些被如今占据着主导地位的选项的魔力所俘获的人们，会为下面这个哲学史家们熟知的发现所震惊：赞成哲学作为法官的声音不仅来自现代性理论，并且来自概念史中的观点（参见：波尔曼 1976，肖尔克—韦伯 1976，霍特伽斯 1982，托内利 1978；关于中世纪的参见米肖—康坦 1970）。

我们在概念史中首先发现的是一个"贵族观点"，即：法官式的判断有一个令人敬仰的、可以追溯到近代之前的谱系。从词源学的角度讲，"批判"一词所属的词群指向法权领域，指的既是冲突意义上的控告，也是紧随其后的审判，还是做出审判的法官（κριτής）和法官所使用的标准（κριτήριον）。批判家不卷入对某个冲突的赞成或反对，而是像柏拉图在《政治学》（260c2）所说的那样，做一名旁观者或观察者（θεατής）。只有客观性才能规定批判家的事业，因此隐含于他们之内的，是近代哲学家休谟（《人性论》，第 1 卷第 2 章；《道德原则研究》，§22—23 节）和亚当·斯密（《道德情操论》，第 1 卷第 1、3 章；第 6 卷"结论"）主张的道德客观性隐喻的客观内容——总而言之，作为法官的哲学家总是与不偏不倚或无动于衷的旁观者这一形象联系在一起。当然，二者之间的区别也是值得注意的：对旁观者而言，不偏不倚只具有纯粹的理论意义和沉思性质；而对于做出裁断的法官而言，不偏不倚却具有实践意义。

和否定批判很容易唤起的激情相反，司法性批判通常而言面临着一个修辞上的困境。因为它寻求客观判断，因此它仍然具有同情力——它的同情存在于那个无激情判断的激情之中。就连那位传统道德的伟大批判家尼采本人也无法否认这一同情的价值："那个公正的、正在裁断着的眼睛,其高远、清澈、同样既深邃又温和的客观性,乃是地球上最完美的杰作"(《道德的谱系》,第 2 章第 11 节)。

为了做出公正的裁断,一个法官所需要的不仅仅是达到客观性的善良意愿。在此意义上,有必要用名词 τέχνη("技能",有时候也写作 δύναμις——"能力")来补形容词 κριτική("批判的")之不足。除了公正判断的意愿,还需要某种专业技能。那个把判决书写得文笔生花并且滴水不漏的人自然可以赢得公众的赞许,但是批判家的本事不在于华丽而片面的平衡术。只有那些在专业基础和附加判断力的基础上做出(相对)较为客观的判断的人,才能成为批判家。

当然从哲学上讲,客观判断只有通过某个附加条件才有可能。我们发现,这一条件在苏格拉底、柏拉图和亚里士多德那里是满足了的。为了给司法性批判提供有利辩护,我们不仅要提及这个令人敬仰的谱系,而且还要提及其代表人物的伟大意义。同时我们还要纠正南希[①]的观点,即"哲学是从康德开始才变得具有司法性的"(1983,36)。事实上,哲学从古典时期就开始行使法官式的功能了:

在《泰阿泰德篇》中(150b 3),柏拉图把自己的工作与助产士

---

　　① 南希(Jean-Luc Nancy,1940—　　),法国当代哲学家,著有《世界的意义》、《自由之经验》等著作,思想受到海德格尔、德里达等人影响。——译注

的工作做了对比，称自己的工作是"从虚假中区分出真实"（τὸ κρ ίνειν τὸ ἀληθέςτε καὶ μή）。如果说一名普通的法官把自己定位在既定的法律中的话，那么哲学家的职责则是要恪守一个超实证的标准，即内在于一切命题之中的真理要求。"哲学始于惊异"这一老生常谈如今需要某种补充和修正。单纯的惊异包含着某种司法性批判要放弃的朴素性。所谓的真理是否真的就是真理，这一怀疑经常夹杂在求知活动之中；在理论王国内，人失去了他的清白；司法性的批判从根本上属于哲学的诞生条件之一。

由于理论的清白并不是在近代才失去了，因而批判也就不仅仅是解读现代性的密码。早在笛卡尔的怀疑之前，我们已经在古典时期看到了那种对怀疑做出反应的、构成了人类理论之条件（conditio humana theoretica）中的必要因素的批判：批判之所以需要，是因为存在着相互冲突的观点；之所以批判是必须的，是因为不能按照提出观点的人的权力，而是应该按照更好的逻各斯来裁断冲突；裁断的关键标准就在于绝对的不偏不倚，换句话说，在于"真理"或"客观有效性"之中——当然，如何将这一要求转换为可操作的标准，这也是一个艰难的使命。

这个超实证的有效性主张，在理论领域内被称作"真理"，而在社会实践领域内被称作 τὸ δίκαιον，即"合法物"或"法权"。在亚里士多德那里，我们可以为相应的司法性批判找到这一例证：ἡ κρίσις τοῦ δίκαιον και τοῦ ἀδίκου，即"从不合法的事物中区分出合法之物"（《尼各马可伦理学》，V 10，1134a 31f.；参见 VI 11，1143a 20；《政治学》I 2，1253a 38f.）。

第三节　普遍化、彻底化和自律

只要我们还是在古典时期或中世纪追寻司法性判断,那么无论它多么值得景仰且出类拔萃,都属于我们这一时代破壳而出的那个古老时代。显然,近代历史所缺乏的,正是司法判断不可或缺的那些特性——现代性并非通过中立性和冷静而凸显自己,相反属于它的是去中心化、观点的碎片化,以及不断翻新并且焦躁不安的视角转换。

为了检验这一自我理解,我们不妨最后在概念史中看一看。我们将抽出若干段落作为主线,并把它们与一些历史回顾联系起来。在《纯粹理性批判》第一版"前言"的著名注释中,康德对启蒙时期做了如下诊断:"我们的时代是真正的批判时代,一切都必须接受批判。宗教通过其神圣性,立法通过其君威,一直想要逃过这一批判。但这样一来,它们就激发了针对自己的合法性的质疑,从而不能要求别人给予自己不遮不掩的敬重;而理性只能把这个尊重赋予那些能够经受其自由而公开的检验的事物"(《纯粹理性批判》A XI,"注释")。

康德在这里间接引入的这个批判,实际上早已有之了。只有通过一种专题化的普遍化,这个"真正的批判时代"才能到来——批判毫无例外地指向每一个对象。康德在这个言简意赅的短句里不言自明地看到的,实际上是许许多多代欧洲思想家不得不处理的问题。只要人们转向人文主义者的早期批判,看一看他们怎样在中世纪晚期和近代早期掀起了现代化的浪潮,就会与这一司法性批判不期而遇。作为语文学,文本批判和美学批判所发生的方式都具有显著的现代性理论意义。

意义之一是,在康德所强调的东西接受宗教批判和强制性法权秩序的批判之前,必须让其他对象先接受批判的检验。以柏拉图和亚里士多德为榜样的人文主义者将不会适用于那两个初始批判,即对知识活动的批判和对行为的批判。他们继承的是就体系性而言属于第二位的批判,是亚历山大时期自称为批评家(κριτικοί)的语文学家们所暗示的那种批判。

紧随其后的意义是,今天反现代性的怀疑者们对我们的时代仍然依赖着的,但并非我们的时代所创设出来的自然因素和历史因素进行了合理的强调。提及这一点是正确的,但是必须予以补充,因为人文主义者转变成了关于希腊罗马文学的古典学家这一历史事实,同样属于现代性产生的条件之一。由于近代历史至少在其发轫期并非仅仅凭借对新事物的狂热来标榜自己,而且也凭借着对传统的(创造性)回忆,因此如果仅仅因为某个建筑或文学"引用"了古典因素,就给它贴上后现代的标签,这实在是操之过急了。引用的艺术已经自然而然地发生了改变——引用本身就是一个引文,因此被偷偷地采纳了,或者在某个讽刺性的也许甚至是犬儒主义的异化物中被偷偷采纳了。

我们绝不可把现代性(当然还有启蒙)想象成同质的、线性的事物。具有启蒙意义的不仅有笛卡尔那句广为征引却屡遭误解的名言,即"人是自然的看管人和所有者"(《方法谈》,第六部分;参见赫费1993,第8.2章),还有边沁在其功利主义中对笛卡尔的批评。按照这一批评,动物由于具有感受疼痛和情感的能力,因此仅仅用人类中心主义的眼光看待它们是不够的(《道德与立法原理导论》,§17[4])。最后,那些比较性政治社会学的大作(如孟德斯鸠的《论法的精神》),由于把历史和文化多元性提升到了原则高度,因此也属于启蒙时代。否定批判和肯定批判的对立,并不等同于存在于现代性及启蒙与关于它们的批判之间的对立。相反的是,现代性依赖的是一个双重性的"权威道德"(morale canonique)。创新的职责和对传统的高度欣赏在复杂的相反相成中交织在一起。

康德可能会承认文本批评和美学批评、其他近代早期的批判形式(如论辩的规则、评判和考试,总之是作为论辩逻辑的批判)(参见帕图斯·拉姆斯①:《人文学者》,1548,8f.)是必要的预备性工作,但不认为它们是真正的批判。康德对"评判群书"和"体系批判"都不感兴趣(《纯粹理性批判》A XII),他志在对"事情本身"做出原初批判。康德的批判所遵循的视角实际上是对象自己"提出"的要求,这一要求不仅完全内在于事情本身,而且还可被称为"客观性"。康德谈论着所谓的"不遮不掩的敬重",并意指着我们在国家中称作正义、在宗教中称作神圣、在命题中称作真理的那个绝对要求。

人们不仅可以提出这些要求,还可以解决这些要求。然而这一可能性遭到了众多傲慢的怀疑论者的质疑——恰恰在这一点上,启蒙的批判远远超出了人文主义者的批判。其他一些批判对象被排除了出去,否定批判首先排挤了司法性批判;除此之外,人

---

　　① 帕图斯·拉姆斯(Petrus Lamus,1515—1572),法国人文主义者、逻辑学家、教育改革家。——译注

们也给客观有效性要求的可能性打上了问号。遭到怀疑的不仅有客观真理观念——如休谟或西蒙·富歇①的《真理研究的批判》(1675)对马勒伯朗士的《追寻真理》(1675)的批判,还有法权实证主义的客观正义观念、费尔巴哈的合法宗教观念和马克思的合法统治观念。由于如此,批判也就在字面意义上被彻底化了。在获得了普遍化特征之后,批判又获得了启蒙性批判的第二个特征。

彻底怀疑论使"日常的"否定批判发展到了第二个阶段,否定性彻底批判也在另一方面激发了对客观性观念的一个全新的、同时也是彻底的辩护。在这里相互竞争的是唯理论、经验论和怀疑主义的理论立场,康德已经意识到了这一新的问题。他看到,基础哲学已经变成了一个"战场",再也不能以直接的方式建立起来——比如说,再也不能在对方法论质疑的审查中找到安全的基础。我们都知道,康德解决这一问题的方案是先验批判。现在,为了判断一门法权哲学在哪些条件下才是这一意义上的批判哲学,我们要记住下面四个结构性特征:

(1)先验法庭涉及的是两个充满争议的、从一开始就具有截然不同性质的事情。它判断的一方面是科学知识的客观性,另一方面是哲学活动的客观性。不过康德认为,这两个方面具有必然的相互归属关系。没有与客观知识的联系,就不可能有客观有效的哲学活动;没有客观的哲学活动,客观知识也就没有基础。

---

① 西蒙·富歇(Simone Foucher,1644—1696),法国哲学家,怀疑论者;其哲学属于学院派怀疑主义,即:他不同意教条主义的主张,亦不诉诸皮诺怀疑论(Pyrrhonism)。——译注

（2）对这个双重客观性问题，康德是用某种脱离经验、同时包含着可能经验的必要条件的知识来作答的。相应的论证分为两个部分：形而上学阐释或演绎要证明存在着独立于经验的知识；先验阐释或演绎则试图指出，如果没有这一知识，任何一种客观经验都将是不可思议的。

（3）先验法权诉讼所提供的观点并不增加我们在日常中或在个别科学研究中所追求的那种知识。在对对象性知识的反思中，人们获得的是某种第二阶的知识。康德主张凭借这一知识使我们的日常知识合法化并受到限制。在第一个层面上，先验法权讨论将在一个比较中完成。

（4）关于第二个冲突的讨论也在比较中完成。只要怀疑论和反怀疑论的理论提出的是排他性的主张，这些主张就是在固步自封；相反，只要它们满足于某种非排他性的自我理解，就可以获得承认。按照康德的观点，（理论）形而上学作为关于经验知识的理论是可能的；然而，只要它试图设定它的"本质关切"、试图超越出可能经验的界限，就会丧失其合法性（《纯粹理性批判》B XVII f.）。

我们有很好的理由来支持这一假设，即：通过先验的"退步"，哲学就可以到达最高的、原则上不可逾越的批判阶段。因为在这里，基础哲学立场之间的竞争本身再次成了一个哲学问题。但是这并不意味着某个"康德之后的哲学批判"变得不再可能。正如我们知道的，很多卓越的、富有激情的、具有引人注目的创新性的批判哲学已经存在着了。然而我们只能说，只有在那些使第二阶的批判成为可能的诸前提自身能够经受住批判的地方，才会有能够达到康德所达到的反思高度的批判。

后康德的批判经常宣称自己能够经受住这一"批判的批判"，这颇令人怀疑。康德的批判被扩展到了他自己不曾涉及的一些领域，如政治经济学和语言学，后康德的批判无疑在批判的普遍化上下了不少工夫。就彻底化而言，不少思想家倾向于仅仅停留在否定性彻底批判的立场上，从而迫不及待地把"理性""道德""正义"或"合理性"——简而言之："客观有效性"——作为整体统统抛弃了。只要批判还没有涉及先验的法权讨论，它就面临着高估自己有效性的危险。这就如同，一个原告（"检察官"）如果失去了被告的抗衡，那么判决一般而言将是偏袒的、过于严苛的。反过来说，假如没有原告的抗衡，单纯的肯定批判所做出的判决也就会软弱无力。

对这一命题进行详细论证或调整的任务，将留待其他的研究来完成。在"绝对法权原则"的讨论中，这一命题只在法权讨论中占据一个很小的、经常被忽略的位置。我们继续对前文提到的四个结构性特征进行讨论。如果在法权这一情形中毕竟要有一门先验批判，那么首先，这一批判必须严肃对待彻底怀疑论，把法权中的客观有效性看作单纯的假设，并将之证明为现实的有效性。这里需要区分客观性的两个方面，即法权的客观性和哲学活动的客观性。只是，这里的客观性不再叫作真理，而是叫作正义，而关于它的哲学理论就存在于法权伦理学之中。

其次，需要回答的是双重客观性问题中独立于经验的判断的问题。康德在实践哲学范围内将这些判断称为绝对命令；而对于法权而言，它是使客观性（即正义）成为可能的绝对法权原则。另外，与法权相反的是，哲学保持着一种先验的节制精神，它不会扩充关于此时此地行之有效的法权的知识。其三，哲学恐怕必须为法权的实证效力寻求合法性和界限。最后，通过对伦理怀疑主义和反怀疑主义理论的比较，我们可以结束对第二个围绕着客观性法权伦理学展开的冲突的讨论。

人们期待先验法权批判的根本概念——即绝对法权原则——能关切到社会世界的一个小小部分，即法权世界。但是，属于任何一个法权世界的强制力权威却在通常的针对特定生活领域的法权批判中被拒之门外，它在彻底批判中也是如此——事实上，积极批判把社会性强制权威与无统治性对立了起来，绝对法权命令正是在与后者的对立中才赢得了某种先验地位。正是凭借着这一地位，我们才可以明了人类毕竟不能没有强制这一道理。

如果这一点能够被证实的话，那么法权世界就可以获得新的分量。它不再只是社会世界的一个片段，而是人类共存的基本形态和普遍形式。相应地，作为先验法权批判的法权伦理学的重要性也就得到了扩展。法权伦理学转变成了先验社会批判，并因此构成了社会哲学的一个根本任务。不管怎样，社会强制力的合法性和局限性总是相互交织在一起。强制力只有服从单数或者复数的绝对法权命令的时候，才是合法的、正当的。

按照前面提到的康德的注释，启蒙批判的突出特征除了普遍化和彻底化之外，还在于其"自由而公开的检验"（《纯粹理性批判》A XI）。由于苏格拉底已经把自律当作一个不言自明的要求提了出来，并因此而付出了生命代价，所以常被看作典型的近代事物的自律根本不是什么新奇的事物。与现代性的自我高估相反，我们宁愿谈论批判的再解放和再发生，当然也要谈论对自律的彻底化。

　　人文主义者所主张的批判自由也许就在于，统治性的独断专行被打破，人文主义解释和教会解释的共存被提出来。然而，人文主义者主张的自由却是虎头蛇尾的。实际上他们已经表明，终极的批判权威叫作"理性"，这个权威像一神论中的唯一真神一样嫉妒成性，绝容不下卧榻之侧的其他权威。按照波利齐亚诺[①](1492,460)的说法，法官的地位倚仗的是"世俗文士"和语文学家的能力，除此以外什么都不是。正是从这里，科学家们才踏上了自我合法化、自我赋权的漫漫长路，而这也是后来的文学和艺术批评家们将要走的漫漫长路。

　　在此意义上的自律性批判，即对任何外来权威的拒斥，展示出来的不再是消极自由，也不再是第一阶的理智自律。但是它还有一个校正项，即其他专业人士的能力。正如康德所言，批判因此不仅仅是自由的，还是公开的，因为它需要与其他专业人士的相互切磋，除此之外还要经受一般公众的审视。因此可以确定地——尽管有些令人不悦地——说，批判家们处在相互争执之中，而主宰着这一争执的是"理性的无序使用"和无政府状态（参见康德："什么叫作：在思想中定位？"，VIII 145）。对于批判而言极其糟糕的是，专业能力看上去只是个单纯的虚构之物。只有在这一虚构被扬弃的地方，才会有积极的批判自由，才会有不仅外在，并且内在的自律——一个第二阶的自律。

　　在第一部分的争议中，"琐碎的化解"已经在起着某种作用：人

---

　　①　波利齐亚诺（Angelo Poliziano, 1454—1494），原名 Angelo Ambrogini，Poliziano 是其笔名。意大利古典学者，佛罗伦萨文艺复兴时期的诗人。——译注

们指出了简单错误或操之过急的判断。在第二组争议中,我们遭遇到的是"开明的化解",它通过指控性的理由"揭穿"了特定的命题或命题形式。第三种争议,即对专业能力的追问,通常可以通过分而化之的方式来化解。长期以来,形形色色的专业能力和多元化的各种互不排斥的批评形式已经建立了起来,后者部分地在主题上相互区别,毫无冲突地相互补充,部分地则追寻着不同的知识旨趣并因此而陷入你死我活的竞争之中。即便在这里,这一竞争往往会在某个"借助比较的化解"中得到解决,而那些有意的区别也被证明是某个真正普遍性的批判的必要部分。

不管怎么说,关于正确的专业能力的争执实际上假定了存在着某个既存的或有待开创的专业,它能够经受客观的评判。前文提到的怀疑论的变化形式则反对这一假设,并无比尖锐地对批判自律提出了质疑。康德的功绩就在于使人们注意到了这一冲突的第四个种类,即人类思维的两个合法性:它们都有自己的合理性,然而却不能同时成立——理论理性被证明是自我矛盾的。为了不在第四个,也即思辨性的冲突形式之前缴械投降并因此最终放弃批判自律,康德提出了一个新的思辨性的化解能力。在先验分析论揭示了客观知识的条件之后,先验辩证论则试图去解决第四个威胁到自律的科学冲突。

我们知道,先验辩证论是一个野心勃勃的计划。尽管康德之后有过针对先验思维的怀疑,我们还是要为法权哲学之故重拾这一理论。其意义仅仅在于证明存在着第四个层次的冲突,或者:存在着为某个法权二律背反提供基础的两种合法性。不过在这里,法权关心的不再是对真理的要求,而是对正义的要求。假如在这一要求之中存在着两个相互竞争的合法性,因而存在着某个二律背反的话,那么这一先验辩证论的计划就不仅仅是可能的了。哲学要成为思辨的法庭:这也许不是对哲学的过高要求,而是它的真正使命。

第三章　追寻遗失的范式

　　绝对命令在许多领域显得极富争议，然而在法权领域则大有不同。绝对法权命令使道德为法权承担起责任，并在康德之严苛的意义上把履责定义为无条件的责任，然而我们的道德意识仍然可以没有任何困难地追随康德。并且，自从这一观念——对于法权秩序而言，存在着无条件的强制原则，也即人权——在近代实施以来，它就一直是不证自明的。

　　然而，法权理论家和社会理论家不再认同这一绝对命令观念。尽管他们的意向千差万别，但是他们还是凭借着更一般或者直接与康德相关的观点彰显出某种形式性的共同点。在原本主张为道德履责（*Verpflichtung*）的地方，他们主张用免责（*Entpflichtung*）取而代之，而后者部分或全部地主张对法权予以去道德化。我们在学术领域内知道的免责就是退休，它免除了当事人的全部义务，然而也剥夺了他们的（大部分）权利。如果与去道德化相提并论的话，免责是一个更为根本的说法。按照社会理论的解释，用道德视角看待法权不再是合理的；从法权理论的解释看，这一视角则向来付之阙如。更不用说，绝对法权命令被证明是与事实无关的，强调其对道德的责任会导致某种与法权格格不入的道德化。

　　如此看来，绝对法权命令这一观念与我们的道德意识是很一致的。假如赞成去道德化的观点是可信的,那么人们必定是在谈论一个虚假的意识,并且把绝对法权观念连同其复数形式(即人权)都当作意识形态给怀疑掉了。可是,如果道德视角有充分根据,那么上面这个怀疑也就不得不收回了,因为虚假的意识就存在于对法权的去道德化之中。

康德认为,客观有效性观念已经在道德中为法权做了辩护。对于存在着这一观念的看法,去道德化命题还完全不置可否;然而如果要把这一观念理解为道德,它们则疑虑重重。显然,与去道德化命题相应的怀疑论只有在先验批判——由于其与道德的关系,它也是先验道德批判——中才能证明其合法性。这一批判的可能结果要么是(绝对)法权道德,要么是去道德化。

先验伦理学的批评者马克瓦德曾经断言,"康德的门生们"今天已经远离了现实,"完全沉迷于原理,沉湎于某种先验的云中漫步"(1987,112)。确实,在面对诸如"体外受精是否合法""对动物的科学研究是否要服从道德准则""世界经济秩序按照什么原理才是合理的"等时下的紧迫问题的时候,谁要是只能用先验合法性来作答,那么他事实上就由于受制于原理而无法讨论具体的伦理问题。

而现在,我们就能够用绝对法权命令很好地来解释具体问题了——当然,只有借助专业知识和判断力才能如此。比方说,绝对法权命令可以为我们与自然的交往制定严格的合法性标准(参见赫费1989,71ff.)。此外,人类的现实不仅仅是由上述这些具体问题组成的。从根本性去道德化命题的视角看,我们正好看到的是马克瓦德所担心的那种在"先验力"面前忘记如何走路的道德哲学。如果我们继续借用这一比方的话,就会发现这里存在着各种各样的动作类型。正如按照动作的意向和形貌学来说,有时需要轻松的闲逛,有时需要步履匆匆,有时需要小心翼翼地攀爬——对于伦理学而言,马克瓦德的习性理论只是偶尔才是合适的。它在一些具体的但是新出现的问题上于事无补。比方说在科学伦理中,它对过度道德化的反对和对合法性好奇的赞成就缺乏具体性。在道德为客观性奠基的力量遭到质疑的地方,正是需要哲学的根本反思的地方,同时也是马克瓦德抽身退步的地方。

第一节　去道德化:一个操之过急的诊断

去道德化命题是在其"现代形态"中作为现代性理论出场的。卢曼①(最早在 1988 年)对施米特②的中立化理论做出了修正,他认为,近代历史经历了诸多变化,而由于这些变化,作为社会融合因素的道德并没有起到什么作用。由于这一融合在很大程度上是通过法权而获得成功的,因此,如果卢曼这位敏感的社会理论家所做的诊断切中要害的话,那么法权的出发点就不是道德,因而也不是"绝对命令"这一苛刻的概念。而前文提到的对位点理论不管其是否有效,都会变得不合时宜。

文化批判总是乐于将道德沦丧归之于每个当下时代。卢曼从

---

① 卢曼(Niklas Luhmann,1927—1998),德国社会学家,杰出的社会系统理论思想家。——译注

② 施米特(Carl Schmitt,1888—1885),德国哲学家、法学家和政治理论家。——译注

描述性的方面证明,近代是一个不断进步的时代,而今天只是一个早已完成的去道德化的时代。他对道德上的弦外之音和质疑毫无同情。听上去不无讽刺的是,卢曼不仅看到了这一道德沦丧,而且认为这没什么不好。实际上,人们已经或直白或隐晦地对这位犬儒主义社会学家提出了批评。而事实是,他的诊断要彻底得多。这位犬儒派人士不再把再道德化看作必要的,他认为这不再是可能的事情了。滑到犬儒主义者的地盘去,这也是令他高兴的事情,因为他真正的意向乃是使我们古往今来视为神圣之物的东西世俗化了的那个(否定)启蒙。

尽管有卢曼的这一诊断,但是道德并没有枯萎,而是展示出了不折不挠的生命力。在科学研究伦理学、医学伦理学、自然伦理学、经济伦理学和其他许多形态中,道德视角成了初绽的花蕾,而这位光芒四射的社会学家显然为此找不到什么客观原因。他看到的只是一个时髦,一个"伦理学浪潮",对此只能给予非科学的解释。借着颁发黑格尔奖的机会,他曾说道:"伴随着天文学般的规律性,每一个世纪的八十年代都会迎来这样的一个伦理浪潮——至少自印刷术发明以来就是如此"(卢曼 1988,1)。按照他的说法,道德视角本身早就失去了为客观性奠基的力量。借着弥尔顿史诗般的口吻,卢曼的颁奖词以"遗失的范式"作为自己的标题。

卢曼为这一范式缺失找到了一系列理由。第一个理由是道德的矛盾性,也就是说,"坏的行为可能会有好的结果",以及"最好的意图可能会产生坏的结果"(参见本书第三章第三节)。第二个理由——即引发争议这一特征——是难以令人信服的,因为它虽然与道德不可分离,但是并不专属于道德。科学中的规范性理念对此冲突具有同样的"责任",但人们不至于只因为这一点而放弃真理理念。此外,这一产生冲突之特征仅仅是个次生现象;正如科学中的真理一样,道德在法权中首先行使着化解矛盾的使命。诸如自由权这样的道德原则允许不同个体和群体最大可能地追寻不同目标和利益,尽管如此,他们也要和平共处。不能因为存在着滥用道德的风险而取消道德的资格。卢曼曾不无道理地批评说,"执政党和反对党的政治家们用口头道德的方式相互攻讦"(1988,12),这与其说针对着道德,还不如说针对着围绕复杂辩题而表现出来的政治文化。同样,第三个理据,即"我们在自己的行为中愿意承担风险,而在面对陌生行为时则不敢冒险",也缺乏说服力。这在这位社会学家看来是双重道德,但事实上具有很好的理由。从法权道德学的角度看,人们完全可以拿自己的财产和生命孤注一掷,而那些对别人也是如此的人,实际上与偷窃或谋杀相去不远。

在范式转换的诸理由中,第四个理由——即对于近代社会而言的一个新的分化原则——拥有相对而言的最大的可信度。按照这一原则,以前以等级方式划分不同阶层的科层制划分方式,将通过某个功能性的分化而消解,即通过由某些相对独立的分支体系(如经济、科学和法律)所构成的共存关系而消解。卢曼用两个辅助性的观点来完善这一观点:一方面,每一个功能体系都服从于某个它所特有的、具有特定功能的规范;另一方面,道德处理的则是一个不具有特定功能的规范性。这里便引出了他的观点,即:尽管有各种伦理学潮流,但是道德的力量已经被剥夺了。"没有一个功能体系",因此也没有一个法权秩序能够通过道德被"纳入到社会体系之中"。如果道德不能整合作为部分或整体的社会,那么也就变得一无是处。

　　每一个功能体系都遵循自身的"二进制码",这固然不错,但是并不能因此得出道德没有功能这一结论。为了利用当时的伦理学浪潮,卢曼主张不再续写文本传统,而是要深入讨论"社会学的社会理论和伦理学反思之间的合作"。哲学伦理学敢于接受这个挑战,它的出发点是康德的文本,而后者对卢曼的理论,即现代性理论中的去道德化命题,无论如何是难以赞同的。

　　至少有三个独立于文本传统的观点构成了对卢曼的反驳。首先,是针对社会历史学诊断的质疑。尽管这一命题已经变成了某种老生常谈,然而这一"功能性分化"真的是全新的提法吗? 要知道,哲学、科学从政治中的分离——当然是相对意义上的分离——已经是久远的事情了。如果给这一依赖性找到一个作为标准的公开证据的话,就会发现哲学与科学其实在某些时期——如在柏拉图和亚里士多德的时期——甚至比今天都更独立于政治。长久以来,经济学一直享有某种相对的独立性,而不需要去指望它的现代形式,即资本主义。同样地,在近代历史中,没有什么发明是(相对)独立的审判权威。

　　早在科层分化在经济学、科学和司法制度这三个领域中建立起来之前,这些功能体系就已经遵循着各自的规范性理念。卢曼考虑的是一个简单的选择,即要么是科层化的分化,要么是功能性的分化,但是这里涉及的更是两个彼此独立的分化原则。当然,不同功能体系的规范性理念已经在时间的长河中发生了深刻的变化,金钱在雅典的市场上有不同于在华尔街的意味。但是,经济过程、政治和科学各自遵循着一个特定的理性标准,并且这些标准彼此独立——这个基本结构在具有等级结构的社会中就已经存在了。因此,在功能性分化这一情形中,所谓的现代性包含着现代性意识形态的一个关键部分;这一意识形态即便不是虚假的,也至少是一个被简化了的意识。

其次,"现代"社会理论担心,哲学伦理学浸淫在近代以来的新奇性和复杂性之中,因而已经无力再认识当今社会。根据此社会理论,关于道德的哲学理论由于远离真正的现实,因此是尚不完备的。但是,社会理论照样可以绘就一幅脱离现实的画卷。它的简单化已经在社会历史诊断中发端,并在关于道德的观念中得到延续。第一条质疑可在我们的关联整体中被消除,因为当卢曼(1988,4)把道德定义为"一种特殊的交往"而后者"同时带着关于尊重和不尊的暗示"时,他就已经低估了属于道德现象的自尊。卢曼把道德与作为"完整个人"的人,因而也与自然意义上的主体捆绑在了一起,这是令人怀疑的。然而不论如何,哲学首先构造的是一个更为形式性的道德概念,接着才认定两个"运用领域",即个人领域和制度与结构领域。

当卢曼认为规范性要么是特定功能的、要么是非特定功能的时,这一简单化的非此即彼同样是有问题的。相反,哲学不仅在对规范性境遇的完备化上不存在困难,而且承认作为非特定功能的道德,从而使其成为具有特定功能的立法过程的补充。此外,哲学还可以特定功能的方式来处理非特定功能的立法过程。也就是说,哲学引入的是一个更为完备的伦理选项。以此看来,卢曼的去道德化命题乃是一个仓促的诊断。

为了从根本上赚取研究声望或者急于成功,有些研究者——

当然由于持批评态度的同事为数不多——总是试图铤而走险（corriger la fortune）。有的人杜撰数据、使之适应自己的需要，有的人像在冷聚变研究上发生的那样迫不及待地给出了解释。类似铤而走险的例子其实在政治中也不稀奇，只不过在这里涉及反对党和执政党两方面而已。由于成功的压力变得越来越大或至少更为急迫，由于对道德错误的怀疑变得更加式微，也由于监督措施"合乎自然"地还不够公开和国际化——总之由于结构性的限制而非某种偏好，政治家及其职业据称是无关道德的，因此篡改的企图——我们称之为腐败——也就并不罕见了。

这两个事例都关乎人类的正直，也就是卢曼所说的道德；尽管如此，它关乎的是不能被卢曼轻易推诿为个人性和私人的东西。尽管作为整体的个人是值得怀疑的，但是个人正直在上述子系统中只扮演了一个具有特定功能的角色。在科学家那里，人们不再追问——正因为如此，我们还要追问——这样一个问题：他们是为了自己的研究而尝试撒谎，或者只是有些举止轻率而已？在政治家那里关键的问题虽然并非只是这一问题，但是首先却是这一问题：他们是否凭借政治家的身份而腐败？至于科学家和政治家是否作为朋友、婚姻伴侣或者作为私有商业者而任凭诚信缺失，这则是一个无关紧要的问题。当然第二个问题间接地也是一个正当的问题。一个作为商人的不诚实的政客可能更容易敲诈。或者说，因为在政治中很难判断什么是诚实，因而人们就担心，商业领域中难以看透的欺诈会侵入到政治领域之中。

按照那个相对卢曼而言更为完备的伦理学选项，这里的关键在于某个非特定功能的（funktions*un*spezifisch）规范性，而这一规范性只能以一种特定功能的方式（funktions*spezifisch*）而获得。正如卢曼正确发现的一样，在一个"特定功能的道德"中，诸社会系统的过高要求仍旧是选择性的，因为这些过分要求只是针对着成问题的角色和功能，而将其他兴趣和关切都"拒之门外"。但是我们也不能就此得出结论，认为道德将会抛弃掉其对象，即作为个人的人。在具有特定功能的道德中，人虽然被专题化成了个人，但是毕竟还是在某个确定的方面上被专题化的。

一段时间以来，人们宣称那个"老派欧洲主体"已经死了。这一说法的法国版本受到了尼采和结构主义的影响，至少可以回溯到福柯。在《知识考古学》（1978,16）一书中，福柯认为，"人们发现，使人成为可能的只是一个由不同结构组成的集合而已，他可以思想和描述这些结构，然而并不是这些结构的主体及其主体性意识"。卢曼的结论与此并无不同。在他看来，人乃是角色和功能的集合，而这些角色和功能却不再依附于某个个人的统一性。与社会方面的去道德化相对应的，是主体方面的去个人化。

我们提出的第三个选项，即特定功能的道德，相信能够抵制这一个或其他现代的、后现代的死亡声明。至少从某些特定功能来看，道德主体依旧是生动活泼的。谁要是再三考虑那些缺少了它们具有特定功能的道德就会丧失其生命力的条件，最终也许就会获得这样的洞见，即：凡是在非特定功能的道德受到威胁的地方，特定功能的道德也不可能有生命力。

特定功能的道德并非卢曼所担心的那种过时的老式欧洲社会的遗迹。对于卢曼理解的现代社会、功能分化的社会而言，这一道德更多意味着第二性的、在逻辑上属于更高阶的规范性维度——

它是第一性维度中的规范性根本上能"起作用"的条件。只有当绝大多数——求全责备则是不必的——科学家们在整体上既不伪造数据，也不诉诸操之过急的解释时，他们的竞争才能对真正的知识有所贡献。只有当原告、被告和法官不像在某些独裁统治中那样沆瀣一气，他们的共同协作才能有助于公正的审判。执政党和在野党斗争的目的，并不是那么简单地毫无争议。至于人们把这一目的自负地称作共同福祉和正义，还是清醒而简单地称作政治体系的自卫本能，其实不是头等重要的事情。因为，就整体和大多数人而言，只有在既非执政党也非反对党参与腐败的地方，这个或那个目的才能被实现。

在上述"不伪造"、"既非，也非"等负面表述中，使卢曼的去道德化命题获得部分合理性——当然仅仅是部分——的道德特征跃然纸上，即：没有特定功能的正直，人们就既成不了一名好的科学家，也成不了一名好的政治家；而仅凭这一正直，人就是"可爱的人"，而非其他。特定功能的道德行使着某种否决权：谁要是腐败，就会使自己失去成为政治家的资格；谁不腐败，就必须证明他的政治能力。或者，我们也可以联系着"老派欧洲"的，也即道德性的主体说，个人性的责任一开始只具有作为前提这一消极意义。

根据我们针对着卢曼提出的第一个，也即社会历史学的观点，现代性其实并非如人们所期待的那样完全现代。根据第二个，也即伦理学的观点，现代性尽管是现代的，也就是说在功能上是分化了的，但是它不能抛弃道德的视角。按照第三个观点，现代性尽管应该摆脱道德束缚，但也只是从某一个方面看来如此。对道德而言，其实还存在一个运用领域。现代性显然还没有从这一领域中解放出来；而对于法权道德而言，这一运用领域则是决定性的：

　　欺骗和腐败是属于个人道德的问题。即便存在着针对这方面道德的更尖锐的论点（就像卢曼所说的那样），道德性法权概念也没有失去其功能。因此，正如这一概念在本书中被作为现代性的对位点而加以辩护一样，它并不涉及关于法官、检察官、部长和议员们的性格，简言之不涉及某个个人的道德品性；相反，它涉及的是社会结构、制度和体制。绝对法权命令追问的是诸如此类的问题：为什么应该以民主的方式构建政治？我们在什么理由上有权放弃一个非民主的政治宪制，即便它以高效的方式"运作"着？或者我们还要追问：是不是正因为民主政治是合法的，就可以避免通过随意的法律？或者说，是不是同样出于道德理由，诸如基本人权和福利国家使命这样的原则还存在着一些事实上的局限性，即：它们尽管是由民主政治起草的，但是却不能真正得到维护或者否定？

　　诸如此类的合法性追问既不会怀疑功能性的分化过程，也不会怀疑它们各自的立法过程。它们甚至可以与卢曼对个人道德的边缘化保持一致：凭借卢曼对执政党和反对党口头道德式的口诛笔伐的批判，这些追问还是一如既往地发生着。谁要是追问某个政治宪制的合法性，或者追问某个徒具形式的民主制的界限，他就转向了卢曼根本没有专题讨论过的问题类型。因为这些追问政治合法性基础的问题——更一般地说，追问个别功能体系之合法性的问题——还没有答案，因此那个在绝对法权命令中被提到的道德——即制度性道德——也就没有被纳入质疑的境地。卢曼的现代性理论具有盲目性的瑕疵，他的去道德化命题类似于一个匆忙做出的承诺。

　　我们对去道德化命题的第一个现代性理论变项的结论是：对法权道德视角予以彻底怀疑的理由还不存在。相反的是，道德视角仍旧可行，而意识形态怀疑可以被还原为意识形态批判。首先，没有特定的个人道德，诸功能体系就不会发挥功能；其次，没有制度化的道德，诸功能体系就失去了合法性基础。弥尔顿的史诗《失乐园》至少就书名而言妇孺皆知，然而人们不知道的是，他还写过另外一部史诗《复乐园》。相对于卢曼"遗失的范式"命题，我们大可提出一个《复乐园》式的反题，这就是：道德乃是一个失而复得的范式。

第二节　法权经验主义批判

　　由于去道德化命题难以令人信服，因此对建立一门先验法权批判而言，其动机仍然是付之阙如的。规范性法权批判根本上始于某个"退步"——不过这里必需的并不是"先验退步"，而首先是一个"语义学退步"。对于制度性道德而言，必须回答这样一个问题：如何对一个不涉及个人而涉及法权结构的道德进行定义？

　　不过首先要做的，是对第二种形式的法权伦理学怀疑论予以讨论。卢曼认为道德只是在现代社会中才失去作用的，而（严格的）法权实证主义则从根本上拒绝道德对法权的作用。关于去道德化的第二个命题，也即法权理论命题，针对的首先不是康德这一要求甚高的概念，实际上它拒绝任何一个认为法权对道德承担着职责的主张。按照这一理论，一旦法权要对任何一种道德承担职责，就会丧失其特性；同样，在法权与当事人的道德信念不一致的地方,这一理论同样是成立的。按照凯尔森同样著名且同样充满争议的表述(1960,201),"随便一个内容、随便什么无关道德的内容都可能成为法权"。

"要把法权从道德中以实证方式解放出来"这一命题既具有法权科学上的动机,也存在着法权实践上的动机。两个动机分属不同的立场,各有其实证主义的论证方式。在法权科学的实证主义中,道德视角被从法学家中剥离了出去;而在法权实践的实证主义中,它则被从公民中剥夺了出去。在这两种形式中,去道德化命题仍然令人信服;毫无疑问,实证主义在哲学上讲是需要认真对待的理论。因为一方面,法学家关心的是有效的法权,而非对法权的道德评价,这当然无可厚非。批判性法权理论当然可以对这一命题予以修正,并认为在高阶法权原则的名义下对低阶规则进行的评价不仅是可能的,甚至是不可或缺的。如果高阶原则(例如统领性的宪政原理)属于行之有效的法权的话,那么这种法权批判也就可以与法权科学中的实证主义相统一了。

按照法权实践的实证主义,如果人们在关于顺服的道德性法权原理名义下抵制现行法权规则,则是不合法的事情。人们可以对这一命题予以非常严格的理解,并借此反对任何方式的公民的不顺服。由于这一反对是自相矛盾的,因而法权实践实证主义恐怕也只具有有限的可行性。但是,如果人们再次区分高阶和低阶的法权规则,并且看出,作为高阶规则的那些至关重要的道德原则构成了现行法权秩序的一个部分的话,那么法权实践实证主义就会在严格条件之下允许某种公民的不顺从,因而也就与我们的法权意识相一致了。

　　由于法权实证主义彰显了这两种形式,因而每个道德性法权概念看上去都是与事实相悖的道德化。康德提供了一个美妙的例子,它可以确保反思性伦理学与去道德化命题相对立,而不至于把法权与道德硬生生地捆绑在一起。因此,偶尔诉诸文本传统仍然是有意义的,因为人们可以在其中找到足够多样化的思维模式——在康德这里,我们可以发现,他的理论就在于沟通对法权的纯粹道德化与对法权的完全去道德化,也就是说,在于一个没有道德主义的法权道德。

　　在《法权论》(§§ A—B)、之前发表的《永久和平论》以及其后发表的《学科之争》中关于"法学院的特性"的章节中,康德已经从法权科学和法权实践两个方面认识到了实证性的法权概念。康德对法学家的评论是:"他的工作只是对现成的法律予以运用而已"(《永久和平论》VIII 369)——他"不是在自己的实践或者道德理性中,而是在公开颁布的法律手册中寻求这些法律"(《学科之争》VII 24f.)。而在臣民或者说服从法律的公民那里,同样存在不可调和的特点:"由于外在的最高意志据说与理性不相协调,便不想服从它,这似乎是可笑的事情"(同上,S. 25f.)。

　　法权理论的去道德化命题只触及对实证法权的某种法权科学式的认同。康德对后来约翰·奥斯丁[①]等人对自律的法权科学做出的冗长论证尚不知情,他在这里对实证法权及其科学独立性的思考是无懈可击的。他认为关于法权的道德概念(即:"什么是法权?")在"正当"(iustum)的意义上不存在排他性。在康德看来,在

---

　　① 　约翰·奥斯丁(John Austin,1790—1859),英国法哲学家。——译注

法权教条主义（"法律在说什么？"）和法权史（"法律已经说了什么？"，参见《法权论》，§B）的双重视角下，法权的实证概念（quid sit iuris）始终都是成立的。只要康德要求赋予道德概念以优先性，他就不认为已经具有效力的法律会因此丧失其有效性，以至于被看作不道德的。

对康德而言，值得追问的只是实证性研究中的排他性要求，而这一"值得追问"完全可被归入实践理性批判的意向之中。正如《实践理性批判》针对的是有经验局限性的普遍理性的绝对性要求一样，康德的法权伦理学针对的也是一个特殊情形，即有经验局限性的法权理性的绝对性要求。与法权伦理学的根本概念——即绝对法权命令——相对应的，是纯粹法权理性。

人们曾经担心，对康德的某些理论起决定作用的不是事实，而是他的哲学"体系"的内在动力。康德在对排他性法权经验主义的批判中延续了他在《实践理性批判》中的计划，这并非受体系决定的"先入为主"；相反，与这一批判相对应的，首先是当时的社会史和科学史处境。因为在当时，法理学长期以来已经不仅在欧洲的法权共同体中，也在大学中成功地确立了自己的地位，以至于谁要是质疑关于实证法权的学说，谁就会马上被认为是漠视现实的。相反，道德性的法权考察完全是值得怀疑的。在康德的同时代人中，就有一位来自哥廷根的法学家加斯塔夫·胡果[1]，他就对前实证的和超实证的法权提出了异议：他给自己的相关著作起了一个具有挑衅意味的标题，叫作《作为实证法权哲学的自然法权教程》。

---

① 加斯塔夫·胡果（Gustav Hugo，1764—1844），德国法学家。——译注

　　康德本人的论证不是历史性的,而是体系性的。为了反对排他性的实证研究,也即"单纯的经验性法权理论",他首先引入了对一个悬而未决问题的证明。他认为,如果只是研究现行的法律,就无法回答诸如此类的问题,如:现行的法律是不是在道德上也是成立的? 是合法的还是不合法的? 这个简单的问题——也是卢曼的"政治系统"没有解答的问题——证明了,两种法权研究不仅都是可能的,而且可以相安无事。因为前者涉及法权中现实有效的东西,而后者涉及应该有效的东西。

　　一门属于雄心勃勃的先验批判之宏图的法权批判,可能会把给法权道德制定一个合适的定义这一语义学任务构建成一个背反论,并愿意接受存在于两种同样不言自明的法律之间的矛盾。事实上这样一来,人们就可以说:由于法权是由强制性规则构成的,因而只有当它与道德责任相一致的时候,才会获得当事人的赞同。就此而言,"道德主义命题"认为法权和道德是一个统一体,这也是显而易见的。当然同样显而易见的还有主张法权与道德相分离的"实证主义反题"。这是因为,法权秩序是由规则和权威构成的,后者只具有实证性质,并且其有效性不依赖于某个道德赞同。

　　在《道德形而上学》中,康德只有一次提到背反论,并且仅仅是过渡性地在《德性论》(§Ⅰ:Ⅵ 417)中讨论"针对自己的义务"这一概念时提到过。但是,法权背反论则未被提及。因此,康德似乎并没有穷尽一门先验批判所提供的各种可能性。从另一方面说,先验辩证论已经预先决定了,理性本身是背反论式的。对法权理性而言,两种相互冲突的法律——即道德视角上的法律和实证角度上的法律——必然是内在的。而这样一种思辨矛盾至此还付之阙如。(纯粹实践性的)法权理性仅仅对应着某个道德视角,而与实证视角不相容——就此看来,对法权理性的先验批判乃是不必要的。

不论人们现在是否愿意谈论这样一个背反论,"道德主义"命题及其实证主义反题之间的矛盾就存在于两个排他性的要求之间。只有当两个方面都接受一个法权——当然只是部分性的法权——的时候,这一矛盾才能得到化解。这一冲突不会以争论的方式,不会以一方面战胜另一方面的方式结束。矛盾的解决将是和平的——它就存在于把两个知识旨趣看作既区别又相容的那个前思辨的对比之中。

现在,我们就可以认为第二个道德问题是次要的,甚至是多余的了。相应地,康德提出了第二个论点:"一个单纯的经验主义法权论就像《斐多》寓言中的那个木头做成的头颅一样,虽然可能很美,不过很遗憾,它根本没有大脑"(《法权论》,§B)。在这点上,法权伦理学是有扩张性的:在共存这一框架内,康德主张的是道德考察这一视角的优先性。通过共存,现代性对位点成为可能,而这一优先性证明了绝对法权命令是必不可缺的。

康德通过若干分论点为与法权经验主义的激烈争论做了准备。首先,他把道德性法权概念限定在立法上,也即限定在决定着法律效力的法权秩序上。他认为,在这一实证效力的诞生地,实证主义和经验主义的法权思考都失去了其合法性;而道德考察则是可能的,而且不会陷入与实证主义法权视角的争执之中。紧接着,康德又给道德性法权概念委任了这样一个任务,即"赋予一切实证性立法以不可变易的原则"(《法权论》VI 289),而且,这些原则与绝对法权原则相对应。

　　在"法权论导论"中,康德以单数形式表述了绝对法权命令,即它是关于某个严格遵循着普遍法则的行动自由的相容性的原则。在《法权论》的两个主要部分——即"私人法权"和"公共法权"——中,绝对法权命令则是复数性的。比如,康德就曾论证了私有财产制度以及公共法权秩序(也就是国家)的必要性,此外他还为作为报复性惩罚的国家刑事机关做了辩护(参见本书第八章)。最后,康德提到,绝对法权原则是关于正义和非正义的"普遍标准"。而接下来才是争论的焦点,当这一焦点被运用于实证法并关联着道德性法权概念时,它便宣称,道德性法权概念才是实证性立法的大脑。

　　大脑要思考并做出决定,并且凭借这一决定控制一切所作所为。在实证主义法权概念失去效力的地方以及立法程序中,道德性法权概念都要支配咨询与决定程序,并且帮助立法机关制定出道德上合法的法律。简言之,大脑应该凭借绝对法权原则使立法规范化。

　　卢曼是否能接受这样一个结论呢? 他很有可能会以"立法"这个关键词为起点来讨论"政治体系",且不是以道德的方式,而是以系统论的、认知学习论的方式来思考。康德的观点以一种曲折的方式令人惊异地切中了这一思考的要害,即政治体系具有根本的结构属性。比方说,政治体系的构建可以采取民主的而非独裁的方式,它的权力是分立的,决策过程并非只与特定的程序有关,而且也与人权这样的实体性法权原则相联系。在此条件下,政治体系就其整体而言是否应被看作合法的,而缺失了这些条件就应该被看作非法的,这恰好是出自道德视角的问题。这一视角并不必然针对每一个个别法律,但是它还是作为提问悬临于那些主导性的立宪原则之上,甚至在提问这一根本形式中无所不在。

此外,这一道德提问还适用于其他一些个别法律。在今天一些亟待解决的难题如基因生物学和动物科学实验中,人们可以纯粹以内在于系统的方式对立法予以审查,把最终通过的法律看作不同群体和团体之间交涉达成的妥协,并且把这一妥协看作对不同权势和风险的反映。对在决策过程中扮演重要角色的论辩方式予以评判,这具有同样的重要性。如果一个政治体系只有第一种思考方式,那么就不能抱怨自己没有合法性。

尽管康德批评了单纯的实证主义法学研究,但是我们发现,在受他影响的法权理论家中,并不乏重要的实证主义者。胡果就曾经深信,他能从康德哲学中获得实证主义立场——当然并不是从后者的法权哲学著作中获得,因为当胡果在 1789 年发表其《法权教程》的时候,康德的法权哲学著作尚未面世。然而晚至二十世纪,我们仍然能在著名的法权实证主义者中发现不少"康德主义者"。谁要是"理解"了这一现象,就会获得作为法权伦理学的康德法权理论计划的一个更清晰的轮廓,同时也就获得了属于这一计划的关于"无道德主义的法权道德"的概念网络。

对于受到康德启发同时又不以道德立场作为出发点的法权理论而言,最有影响力、最有成效的例子是凯尔森的《纯粹法权理论》(1960)。作者并没有放弃康德哲学对客观性进行合法辩护这一宗旨,但是他没有按照康德的《实践理性批判》,而是按照《纯粹理性批判》的模式来理解客观性:他追求的先验法权理论是逻辑学,而不是法权伦理学。凯尔森把《纯粹理性批判》理解为对经验科学的奠基,并把康德关于自然科学的观点挪用到康德不曾深思熟虑过的法权科学上来。为此,他首先确定了法权领域内一般地被称作客观有效性的东西,然后寻求它们的必要条件。法权规范的标志性特征在于其强制性,但是现在的问题在于,强盗也使用强制力。因此看来,法权客观性不能仅仅落在强制力之上。

　　为了把法权规范的"客观"强制力与单纯暴力的"主观"强制力区别开来,凯尔森通过四个相互补充的要素对"法权"概念做了定义。概括地说,这几个要素给出的概念远比经典法权实证主义中的命令理论更贴近法权事实(参见赫费 1987,第 5—6 章)。凯尔森的理论出发点是:(1)法权不是由命令构成的,而是由规则和规范构成的;(2)规范本身归属于设定规则的权威;凯尔森接着认为:(3)法权是由关于授权或权威的等级秩序构成的;(4)作为等级秩序的顶点和一切法权权威的最终基础,法权假定了一个根本规范。这个屡被误解的根本规范要求我们去服从内在于法权的最高权威,服从每一个立宪者,从历史上来看,也要服从历史上最早的宪法。

　　凯尔森曾经提出,这个根本规范是法权的先验逻辑前提(1960,204—209)。他在这一前提中看到的是一个康德先验统觉的对应物,也就是确立了客观有效性的那个"顶点"的对应物。由于康德本人并没有提出这样一个关于法权的(先验)逻辑前提,因而他当然不能反对凯尔森,而只能赞成他,赞成他的创造性深入思考。现在的问题只是,这一根本规范是否能够完成他提出的任务,以及它能否使一切法权的客观有效性成为可能。

只有在法权秩序的框架内,我们才能谈论应被服从的"立宪者"。但是这里需要确定的是,把法权秩序与单纯的权力结构或者与有组织的违法活动"区别"开来的到底是什么——这样一来,对法权的定义就变成了一个循环。谁要是想避免这一结局,不采用任何一个法权术语对"立宪者"这一表达进行定义,恐怕就不得不谈论有充分能力贯彻其意志的个人或群体。凯尔森本人其实已经看到,这种单纯的权力考虑不仅完全有可能存在于违法组织那里,并且还主张着仅仅是主观的有效性。简单地说,单凭凯尔森的根本规范,还根本无法定义法权责任的客观有效性。

凯尔森尽管没有把实证效力定义为实然,而是定义为应然,但是他并没有把这个应然(即效力)当作应然来研究,没有根据责任来审视法权规范,而是仅仅把它看作现成的现实。这样一来,法学意义上的应然就变成了一个准自然——这倒是与凯尔森对康德《纯粹理性批判》的理解完全一致,而法权理论也就因此变成了关于准自然科学的理论。如果从准自然的角度看,法权的强制力权威必然对当事人表现为简单的暴力。

当违法者的压制性的权力对于每一个牺牲者而言事实上都变成了自然现象的时候,法权强制力对合法性的要求总会油然而生,于是继之而起的法权逻辑也就纯粹内在地转变成了法权伦理学。为了定义专门针对法权的效力,我们需要某种最小化的道德,一个初始层次上的正义。这个规定着法权的正义就在于:至少在一些法权规定中,那些法权强制力的当事人同时也是法权强制力的受惠者——法权秩序颁布的禁令(如禁止谋杀、禁止偷盗),最终还是为禁令所针对的人的生命和财产安全而服务的。

这里勾勒出来的用以反对某个不包含伦理学的法权理论的观点,并没有诉诸与凯尔森的法权理论意向相抵牾的某个真正的道德旨趣。相反,它与凯尔森的目的是一致的,即对法权的独特效力种类做出定义。只有在人们追问法权之责任的地方,关于客观性的道德理念才会证明是不可或缺的。其实,在人们满足于实证的,尽管还是客观的效力的地方,向法权伦理学的过渡就已经是必需的了。即便是一门关于有限客观性,即关于合律法性的理论,也发现自己不得不抛弃对法权伦理学的防备,而且要推进对某个超越根本规范的"顶点"的追求。在这一推进中,与每一个法权秩序相关的那个相对客观性,即合律法性,也就朝着绝对的、对每一法权秩序普遍有效的客观性——即道德合法性——开放出来了。

在法权科学中,还存在着一个与自然科学不同的复杂性。康德本人在法权科学的逻辑学方面并没有什么著述,因而也始终没有注意到这个复杂性;何况按照《纯粹理性批判》的模式,根本无法思考法权问题。对法权而言,除了存在理论的或实证的视角外,还存在着实践的或道德的视角。因而存在着两种不同的关于法权的客观性理念,相应也存在着两种不同的客观性法权科学。除了存在着实证的客观性理念——即效力——之外,还存在着作为规范性可能性的、由法权伦理学加以研究的法权道德这一理念。这两种思考方式尽管完全相互兼容,但是并非简单并列。因此这一共存命题还需要通过某个优先性命题加以完善。即便是一个仅仅具有实证定位的法权理论,也必须承认道德视角的优先性。没有这个视角,法权本身的客观性要求以及它并非只在权力中有其根基的强制力就难以理解,一个自相矛盾的情势就会产生:从系统的角度看,在诸科学的和谐交响中无可争议的实证法权论,实际上是和一个充满争议的法权科学,即法权伦理学密不可分的。

诸如绝对法权命令这样的道德性法权概念不仅仅可以服务于法权的规范化,也即用来区分正当的和不正当的法权——事实上,人们已经用它来对合法的强制力权威和犯罪暴力做出概念上的区分了。在其法权伦理学中,康德始终没有提出这一问题。因此,他也就避免了这样的一个回答:在绝对法权命令获得法权规范力之前,它已经向法权定义——尽管只是对某个单纯的实证法权的定义——证明了其作为现代性对位点的重要性。

在上一章中,我们已经为绝对法权命令找到了第二个任务,即法权构建的任务。但法权构建的任务和法权定义的任务只意味着同一件事情的两个方面。每个对法权定义而言不可或缺的那个法权道德都同时也刻画了一些"法权"制度的合法性。这同样适用于法权构建性的道德。后者的意思是说,只有在强制力有别于犯罪暴力,只对服从强制力的人本身有益的地方——就像"禁止谋杀"这一例子表明的一样,强制性社会关系才是合法的。

第三节　法权从意向中的解放

对于康德的道德概念而言,还有一个重要的区别,但是它在当今的伦理学讨论中只扮演着一个无足轻重的角色,这就是:对道德义务的承认来自自由信念,还是来自外在于道德的理由,如获取好处、避免惩罚。道德性与(道德性,而非法学上的)合法性之间的这一区别对康德研究者而言当然并不陌生。因为康德还曾主张,只有一个人纯粹为了义务本身,而不是为了任何一个隐藏的考虑而履行义务的时候,他才是真正道德的。因为,如果他要是追求道德性的话,他的立场就会被理解为意向伦理学。针对这一伦理学的是第三个去道德化命题。由于前两个完全去道德化的命题难以令人信服,因此第三个命题只主张部分的中立化。这个命题虽然承认道德视角(当然并不总是足够明确),但是却拒绝不恰当的道德化,就像吕勃①(1987)所说的,它拒绝"意向对判断力的胜利"。

一般而言,对道德化的批评是针对着政治而表述出来的。由于后者的重要任务之一在于立法,因而它也理所当然地适用于法权。吕勃(1987,37ff.)的批判则直接针对着康德,即:当康德说良知不可能犯错的时候,他就为良知主张了一个判断上的确定性,而从后传统社会的道德立场看,这一确定性具有意识形态上的缺陷,它只有凭借大量实质性的,在康德那个时代仍然具有不容置疑的文化效力的规范,才能得到解释。

在吕勃看来,求助于不犯错的良知,这在政治上是危险的。事实上,它危害的是民主主义斗争文化的条件之一,即妥协能力。此外在很多情形下,政治的关键在于效率、执行力和稳定性。道德诸原则虽然会在其他情形下产生影响,但是相比对它们的机遇性的"运用",它们本身的争议则小得多。谁要是在此情形下诉诸道德正直的最终基础即良知,就会抬高其理论的重要性,而他的行为则会成为政治修辞。即便这一诉求在主观上得到了诚实的表达,但

① 吕勃(Her mann Lübbe,1926—　),德国哲学家,曾任苏黎世大学哲学与政治学教授,"里德学派"成员,著有《德国政治哲学史研究》《词语之争:语言与政治》著作。——译注

在客观上却难以成立,因为这是一个与事实格格不入的道德化。

　　在政治中究竟何处诉诸良知才是合理的,这里还不是讨论这一问题的地方。此刻的问题只是:把道德化归罪于康德及其绝对法权命令,这是否切中了要害? 在《德性论》中(VI 401,5f.),康德宣称导致谬误的良知乃是"荒谬之物";同时他也承认,批评者们并没有理解他。康德并没有主张客观的不可缪性,他的主张正好相反,他坚信人们在对质料性规范的客观判断中很有可能会犯错误。按照康德的说法,只有在另外一个视角下,也即在对"人们是否已经把良知和实践理性做了比较"这一提问做出主观判断时,人才不会犯错。根据康德,在"p 在道德上是好的/坏的"这一假设上人们很容易犯错,但是在"我深信,p 在道德上是好的/坏的"这一假设上则不会犯错。

　　此外,康德在道德意向中看到的不是合律法性的替换项,而是对条件的明确化。由于道德性为合律法性设置了额外的条件,因此道德性就意味着"合律法性再加某某",意味着与相伴着的义务自身的协调一致。康德在《德性论》中的说法"以合乎义务、出自义务的方式行动"(VI 391,4)乃是不容置疑的:在道德中,合律法性不是被悬置了,而是被超越了。最后,康德也反对批评者极力避免的东西。与过分强调无标准的内在性的做法相反,康德特别致力于某个客观尺度以及可普遍化的准则。为了按照自己的信念在法权之前行动,康德树立了这一义务,即:使主观信念接受客观的验证程序。这样一来,康德的道德性伦理学就不会使黑格尔主义者吕勃不快,也不会使这位民主主义斗争文化的代言人大动肝火了。

　　对吕勃的选项而言,这个本质性的差别相当棘手。就像在卢

曼那里发生的一样,这里也产生了第三种理论可能性——虽然是
以不同的方式。吕勃把"简单意向"和"判断力"这两个选项对立了
起来,但是按照康德,二者都是与普遍原理联系在一起的。只要吕
勃很少思考这一对于判断力任务而言无疑尚未解答的道德联系,
他对意向伦理学的批判就与片面化的法权道德化相去不远。

　　不过现在康德并不满足于对普遍原理的承认。如果道德概念
与(道德)合律法性难以合辙一致,这恰恰可能会导致余怒尚存。
事实上,如果有人在法权之情形中主张的不仅仅是合律法性,那么
他提出的就是一个值得怀疑的意向法权。然而康德多次无比清楚
地强调,法权意向不属于法权定义,同样也不属于道德性的法权定
义。"把义务同时变成激励"并非对法权的要求,而只是对德性的
要求(例如《法权论》;VI 218f.,231;《德性论》VI 389)。康德通过
把法权道德同自己的严格道德概念,即"道德性"分离开来的做法,
使自己避免了道德主义批评甚至其他批评。康德主张把法权从意
向中解放出来,这一点经常被康德解释者们忽视,更不用说一般的
伦理学讨论了。

　　这一解放并非一个单纯的计划,相反,它包含在康德的法权概
念以及与行动自由的相容性之中,并且为法权与强制性权威的联
系提供了基础(第五章第二节)。在《法权论》体系中,我们再次发
现了这一从意向中的解放。康德曾提到某个与公共法权相衔接的
前国家的法权道德,即"私人法权",其原因恰恰在于,私人法权中
的责任不要求超出其单纯合律法性之外的任何承认,因而需要某
种公共性的保证。

　　康德把法权从意向中解放出来的做法不仅可以纠正哲学史的

偏见,而且对于系统的伦理学讨论也富有成效,因为每一个道德哲学都包含一部分行为理论或理性心理学,责任所针对的实践主体将在这一道德哲学中得到定义。作为道德性中属于行动理论的方面,意志自由是一个争讼不休的问题。而法权伦理学的巨大优点就在于"取消"了意志自由,而满足于行动自由或归责能力。由于伦理学讨论在这一视野中得到了根本简化,而最近的伦理学却没有更为频繁地联系到法权伦理学上,这令人感到吃惊。不管怎么说,把法权从意向中解放出来的做法使绝对法权命令的概念更为精确了。在法权文化中,现代性的对位点并没有与道德性捆绑在一起,法权的道德主张其实要节制得多。

　　如果人们不是在绝对关系,而是在某个相对关系中解读去道德化命题,如果这一命题并非主张完全告别道德,而只是主张道德在其中具有较微弱的重要性,那么这一命题就可以得到完全的赞同——由于这一道德性,道德也就从法权概念中被割裂出去了。

　　把法权从道德中解放出来的做法在康德的效果史中扮演着一个无足轻重的角色,这绝非偶然。这一解放具有系统性的意义,这是康德本人也没有充分意识到的。这一解放给道德与义务的关系,也即道德合律法性带来了道德性高估,而康德在其伦理学奠基著作中把这一高估仅仅看作一个有缺陷的模式。不无矛盾的是,道德是从非道德中产生出来的;而对于法权道德而言,道德向道德性的上升并非必要。这样一来,普遍道德,也即那个对法权与德性之区分保持中立的道德,就不可能存在于出自义务的行动了。相反的是,道德意义也与那个仅仅从中产生出来的义务具有一致性。康德从道德性概念中排除出去的东西,正是那个在基础伦理学中有待讨论的普遍道德概念必须接受的东西，即与道德的一致性。但是，这一一致性的道德地位并不适用于全部实践，而只局限在法权领域。与此相反的是，对原则的放弃则附属于个人道德。

在《永久和平论》中（VIII 366），康德曾为公共法权状态之故提出了一致性命题。他说，即便是一个由只具有知性的魔鬼组成的民族——也就是一个由开明的自我主义者组成的民族——也需要一个国家（参见赫费 1988a，56ff.）。这样他就解释了自我兴趣，当然是那个属于国家关系之合法性基础的自我兴趣。不过，康德没有看到的是，这一命题不仅对公共法权，而且对法权整体都是有效的。其实即便对康德称为"私人法权"的前国家法权道德，也可以从当事人的开明的利益出发来寻求合法辩护（参见赫费 1987，第12—13 章）。

凡是康德和德国观念论扮演着某个角色的地方，我们都可以发现一个对于现代性的自我意识而言至关重要的命题，即：道德在近代社会获得了一个全新的起源，也就是说，在康德那里，道德主体发现了他的自律。当然，这一发现并非总是不容置疑，在尼采之后的一众哲学家那里，自律的道德已经变得疑窦重重。不过毋庸置疑的是，康德确实主张这样的命题。我们看到，这一命题并不适用于法权领域，因为在后者之中，或者某个他律的主体已经具备了充分的道德合法性。

从另一个方面说，康德其实也没有收回他的自律思想。毕竟，谈论法权中的自律，这完全是可能的。一个自然主体的意志可能并不是自律的，但是诸法权主体的共同意志——也就是公意（*volonté générale*）——则是。就像在个人层面上一样，社会层面上也具有"普遍化"标准,它就存在于严格普遍的赞同能力中。正如一个自然人通过把幸福设为自己的主导原则来证明自己的道德一样,法权共同体亦是如此。我们知道,康德把福利国家理念从道德所要求的国家使命范围内排除了出去,但相反的是,他完全认可对福利国家有利的社会实用性观点。现在我们看到,康德的立场在哲学上比政治自由主义信条具有更丰富的含义,因为它是从康德的根本性法权——国家道德中产生出来的。个人层面上对幸福主义的批判对应着法权领域中康德对福利国家的批判(关于针对康德的若干批判性评论,参见本书第五章第一、三节)。

　　不论如何,康德在其伦理学奠基著作中提出的道德概念与之后在法权伦理学中对合律法化的恢复是不一致的。按照《奠基》中那个开门见山的著名观点(IV 393,6f.),"唯独一个善良意志"能被看作道德的,也就是说,"没有任何限制地是善的"。这一颇具挑衅意味的观点并非对某个主题句在修辞上的夸大其词,而是贯彻在整部著作之中。其实在该书的"前言"(390,4f.)以及更为详尽的"第一章"中,康德就说过,按照道德法则去行动,还算不上道德的善,道德的善必须"出自义务"(397f.),"出自对法则的敬重"(400f.)。进一步说,一个行动的道德价值恰好在于那个把法权道德从意向中的解放排除在外的东西,即行动借此得以完成的准则(399f.)。此外,尽管与道德的一致性属于法权本身,然而康德也通过一些实例讨论了作为基础的动机。他不想确定道德诫命或禁令究竟存在于何处——他已经预设了,它们不言自明是人所周知的。他要指出的是,即便是司空见惯,当一个义务与私利难以一致时,还要去履行这个道德义务,这意味着什么?康德想通过这些例

子表明,道德正确的行动将会受到冲突性的私利的危害。只有在
"义务与爱好对立"的情势中遵循道德诚命或禁令,一个人的行动
才算是真正道德的,也即是出自义务的(参见本书第七章第二节)。

当然,在人们乐意在普遍化标准这一基础上对绝对命令做出
简化时,道德性还没有被包含在这一标准之内。它是在其他两个
要素的基础上才产生出来的。第一个要素是由"行动!"这一号召
伴随着的绝对命令,它首先不是判断标准,而是行动标准。第二个
要素是,提出普遍化要求的并非某些行动规则,而只是准则本身。
康德所理解的准则乃是特定的意志规定,也就是行动者为自己设
立的原理。因而凡是人们遵循可普遍化准则的地方,意志本身就
被证明是道德的。现在,绝对命令就对《奠基》一书提出了准则的
可普遍化要求。而在这一命令之中,普遍道德标准是不能已然
存在的。事实上,这一命令已经展现了一个专门的尺度,即针对欲
求能力的道德标准。由于这一能力对应着德性,因而我们熟悉的
那个绝对命令就是德性命令,而非法权命令——它是道德性的
尺度。

在《奠基》一书中,合律法性只是一个在对比中对道德欲求,也
即对道德性予以勾勒的对立概念,它本身并没有内在的道德意义。
在《实践理性批判》中,康德对道德的理解亦是如此:道德被规定为
爱好向的对立物,而后者是"关于自爱或自身幸福的原则"(《实践
理性批判》§3)。由于《德性论》体现了同样的理解,因此这里就有
双重发现。一方面,康德在《法权论》中使用的道德概念与《奠基》
中的道德概念并不一致;另一方面,后者也没有完成给自己预设的
任务。《奠基》并没有为整个《道德形而上学》,而只是为其第二部

分即《德性论》奠定了基础。

但是我们必须使这一双重发现明确化并在此过程中弱化它。准确地说,《奠基》的开端并不是关于善良意志的(规范伦理学)命题。构成体系性开端的实际上是一个(元伦理学)定义,这一定义已经为基础伦理学、为关于普遍绝对命令的理论做了预先准备。在一定意义上,这一论证的底线是:它对法权理论和德性理论的分野持中立态度,也就是说,"道德之善"等同于"无限的善"。而对于那个中立的,因而也是最普遍的道德概念,康德本人并未给予特别的关注,解释者们亦是如此。在康德及其大多数追随者那里,作为伦理学的系统性第一步,即对"无限的善"这一视角的合法化论证,都只是昙花一现。

当康德仅仅认为善良意志是绝对至善的时候,他就把普遍道德概念——"无限的善"——运用在了人类实践的个人方面。这一运用毫无疑问是合法的,而正是在与这一运用的关系中,这一合律法性也是一个有缺陷的模式。但是,把普遍道德概念仅仅运用于欲求能力则是不合法的,把它用于社会关系的结果可能也是如此。在这样的运用中,道德就从意向中解放了出来。也许我们必须更为准确地说,道德概念甚至一开始就不与意向绑定在一起,这样也就用不着后来再与它分开了。作为关于共存的道德,道德本身毋宁说本来就与意向没有羁挂。同样的关系也适用于自由概念和自律概念。一旦这些概念被定义为专门针对德性的,也即联系着欲求能力的,它们也就失去了对法权的有效性。作为纯粹的自我立法,因而也是被理解为独立于欲求的概念,它们又赢回了自身的合理性。这里存在着两种可能的运用方式:在一种情形下,自我立法与欲求活动相关,因而它的意义无异于意志自律;在另一种情形下,自我立法关系到社会共存的结构。在两种情形下,自由都应该被规定为纯粹实践理性,它构成了实践的秩序原则——它在前一情形中规范着个人方面,在后一情形中规范着社会实践。

相应的情形也适用于实践理性概念。普遍纯粹实践理性对专门运用领域(如欲求能力,或者共存)持中立态度。它只存在于绝对善的理念之中;作为标准,它只具有普遍法则性,而不必使后者本身成为法则。这里的尺度就在于:实践理性概念是没有任何附加条件的(*tout court*)普遍化能力。

第四节　没有道德主义的法权道德

《奠基》一书并不包含与个人实践相对的中立概念。因此人们可能会相信,康德当时尚未考虑到把法权当作道德考察的对象,或者他未能足够清楚地看到法权与德性之间的差别。然而由于康德在其批判时期之前已经长期致力于道德法权理论,即自然法权的研究,而且从未放弃这一研究,因而第一个可能性是难以成立的。由于他早在前批判法权哲学中就已经认识到法权的特殊性,即强制性的外在立法(参见 C. 里德 1971,168ff.),因而第二个可能也同样不能成立。

有些康德解释者曾经尝试从个人道德及德性论出发来理解《奠基》与法权论之间疑难重重的关联。不论是新康德主义者如柯亨,还是某些法学家们,无不倾向于把法权放在为道德性服务的地位,甚至赋予它保护道德自由的功能(有关证明请参见克斯汀

1984,52ff.；库尔 1984,59ff.）。雅斯贝尔斯也曾认为（1957,135），康德曾经把法权和道德性结合在一起，法权"来源于"所谓的"人类向道德存在者的转变"。在这一与道德性相关的法权解读中，对《奠基》所做出的专门针对德性的解释得到了间接肯定，从而不再被看作有缺陷的。

然而，这一"对法权的道德美化"（克斯汀,46）不论就事实还是就康德而言都是不合理的。法权具有要求他人履行义务的权威，而德性只具有让自己履行义务的要求。由于自我约束按其定义而言不用考虑任何外在的强制力（参见《德性论》VI 381），因而道德自由也就得不到法权保护。法权的伦理化和意向法权越是使自己迎合道德上不合法的干涉，就越难以成为道德自由的工具。尽管对自由而言，法权具有某种保护功能，但是我们将会看到，这一功能并非针对着道德自由，而是针对着行动自由和自由任意的。在法权和伦理学的关系上，既不能把法权理解为属于伦理学的次级等级，也不能把二者分开来理解。与事实相符的只有某个并列等级，法权和德性（伦理学）在这一并列等级中服从着同一个立场，服从着绝对至善的理念。在欲求能力这里，次级等级产生的结果是作为特殊道德概念的道德性；而在法权这里，其结果则是从意向中解放出来的道德。

针对这一康德解释，自然也会产生这样的批评，即：康德在《奠基》中举出的那些例子（如"虚假承诺"或作为其变项的"寄存物"）暗示出了一个法权义务。因此，《奠基》不可能只是专门针对德性的。另一方面，康德确实格外重视道德性和德性。正因为如此，我们甚至可以认为《奠基》是不连贯的著作，即：它尽管包含着法权道德的内容,但是却特别针对着被从法权道德概念中排除出去的那个意向。

但是只要我们注意到德性的双重定义,这一不连贯的印象也就消失了。在形式意义上,这里涉及的是职责的种类:德性存在于"自我强制"或者"内在自由"之中(《德性论》VI 380,396),而法权则存在于对他人的强制或"外在自由"之中。从质料上说,义务可以按照内容分为两种,即法权义务和德性义务。现在,如果说康德的《奠基》从形式方面看局限于《德性论》的话,那么在内容上则预告了整个的《道德形而上学》。在法权的质料范围内,它们从形式上强调着那个"对法权的敬重"(《德性论》VI 390)超出了可强制范围的道德性——甚至是那个法学意义上的道德性或法权意向。但凡有人出自法权意向而行动,他就不是因为害怕惩罚而遵守法权诚命;他对法权的敬重也存在于那些"边缘域"中,后者正如没有见证的寄存物(《实践理性批判》§1)一样,仍然受到"法权臂膀"的保护。

本质上说,康德从传统中继承了对德性的这一双重定义,而这一定义直到今天还显得那么贴切:假如存在着一个法权道德,同时,只存在一个义务种类的话,那么公共法权秩序就不仅有权威,而且甚至有不可推卸的使命,通过惩罚的威胁来保证一切道德义务能得以维持。这样,尽管国家仍然恪守着《德性论》的两条主导原则(VI 385ff.),也即为了自己的完善和他人的幸福,但是它却面临着成为集权统治的危险。康德之所以能够摆脱这一危险,即不再对法权予以形式性而是质料性的道德化,缘于他从内容上使法权道德服从如下两个限制性条件:

作为紧急情况下可以借助强制力得到实施的道德,法权道德包含的义务首先只是针对他人,而非针对自己。不论是禁止自杀、色情自渎、自我麻痹、撒谎、吝啬以及奴性,抑或是关于道德自觉和发展自身天赋的诚命,康德都把这些禁令或诚命统统纳入了道德范围,但并不把它们看作法权的合法论题。例如,康德因此也批评了一些同时代的法学家,因为他们一心要把保全自己的生命变成法权义务(《伦理学讲义》196f.)。如果活在我们这个世纪,康德也许会对那些主张简单的同性恋、"婚前淫乱"乃是犯罪行为构成的法律嗤之以鼻。如果是今天,他可能也会要求对吸毒禁令予以更为彻底和细致的辩护;而"自我麻痹"和"忽视天赋"也不再是可接受的禁令理由。

第二个限制性条件是,在针对他人的义务这一范围中,有必要把那些效果和声誉已获认可的责任与那些人们尚未注意到的、针对他人的责任区别开来。法权道德与整体社会道德根本没有重合之处。利他——或者保守一点说,关心、同情和团结等态度——可能是必要的,然而如果把它们变成人们的相互责任,也即通过强制力来推行,这显然是困难的。

如果说第一个条件主要涉及经典的国家使命的话,那么第二个条件则对法权国家向福利国家的演进至关重要。这些新使命当然不能借助功利主义,并在所有当事人的较大化福利之中得以正当化——只有诉诸责任,福利国家在道德上才具有合法性。

道德性法权概念是以直言命令这一形式展示给作为某种(易受诱惑的)的理性存在的人之面前的。因此,康德道德性法权概念的不同方面展示了同样多的基石。通过指出概念关联整体或法权与道德的区别,这些基石也突显出了某个关于平和的分离或统一的表象,因而不仅避免了对法权的道德化,也避免了对法权的去道德化。这样,我们就在康德这里发现了一个概念之网,它的分化与现象惊人地相符。于是与单纯经验——实用性法权结构相对的那个对位点——也就可以得到更好的、更清楚的定义:

1. 绝对法权命令的道德特征最终只有在批判性道德的属性中才能找到,这一属性在《奠基》中当然只是附带地被定义为绝对至善,同时并非完全附带地被确立为普遍合法性的最高标准。在绝对至善这一理念中存在着道德的立足点,在严格可普遍性中存在着道德的标尺,而这两点一起构成了道德、法权道德和个人道德的决定性共同点。不论是法权道德中的社会关系,还是个人道德中的欲求能力,都可被纳入道德概念和标准之中。

2. 如果说在欲求能力的情形下,绝对至善存在于善良意志即道德性之中的话,那么绝对完善的社会关系则不依赖于后者——道德性法权的产生并不伴随道德性的意向。相反,那个除了合律法性之外还主张着对法权责任的内在认可的意向法权,则有责任使自己达到形式性的道德化。

3. 道德责任包括两种类型,即传统上的德性义务和法权义务。道德性法权概念局限于第二种类型,即在概念上承载着强制力的、作为罪责的义务。法权秩序在道德上要求越多,事实上实现得就越少,因为它强制着它无权强制的东西,从而难免落入质料性道德化之窠臼。

第四章　实践形而上学与人类学

　　凭借着前面提到的人权,现代性也就承认了那些不可相对化的原则,即绝对命令。按照绝对命令的提出者康德的看法,它们的合法性是与某个长期以来遭到鄙弃的理性形式——即形而上学——联系在一起的。因而对现代性而言,关键在于还需找到一个妥帖的自我理解。换言之,现代性喜闻乐见的,是那些其合法性并不依附于支配性形而上学批判的原则。

　　如果康德的理论没有错,而且我们为了使人权合法化也确实需要某种形而上学的话,那么对后者的重建之尝试就是值得的。因为人是个体,单凭这点就拥有特定的权利——"因为他是人,而非因为他是犹太人、天主教徒、新教徒、德国人、意大利人,等等",因此借用黑格尔在《法哲学原理》(§209)中的说法,这一"意识"对我们而言始终是一个"具有无限重要性的思想"。相反,如果形而上学重建的基础是诸如人权这样的与生活世界相关的现象,那么它所获得的就不仅仅是学术关注。因为自孔德、尼采和逻辑实证主义以来——对于那些处在怀疑者中间的有教养的人来说,自斯多亚和文艺复兴,甚至自哲学学科的独立以来,也就是自亚里士多德以来,总之自许多人、许多时代以来——之前那个"一切科学的女王"(《纯粹理性批判》A VIII),即形而上学,已经从根本上变得一文不值了。

　　然而"形而上学"这一传统意味十足的头衔还在某些地方扮演着某种正面角色。例如，图根特哈特（1976）和阿佩尔就分别根据某种事实，根据某个基础哲学的需要，要求其形式语义学和先验语用学拥有这一头衔。这一表述本身在某个哲学研讨会上登台亮相（欧尔缪勒1987），更伴随着质疑登上了1987年在斯图加特举办的黑格尔大会（亨利希—霍斯特曼1988）。作为近代之特征的形而上学批判和新形而上学蓝图之间的变化交替，至今还在上演。

　　但总体而言占着上风的还是怀疑。不仅"要伦理学，不要形而上学"这句话（帕齐希1971）长久以来阴魂不散，就连那些赋予康德伦理学新的意义的哲学家们（如罗尔斯和另一种方式上的哈贝马斯），也都对此持保守态度。尽管罗尔斯对他的正义论做了康德式解释（1971，§40），但却称之为"政治的而非形而上学的"理论（罗尔斯1985）。哈贝马斯尽管早就与阿佩尔的根本哲学主张保持了距离，但最近却还在谈论"后形而上学之思"（1988）。

　　谁只要跟这整个的怀疑论保持对立，就难免遇到一个艰难的抉择。康德哲学是按照审判实践的模式被称为批判哲学的，这一实践就是一个先行审查。在某些重要的但同时困难重重的情形中，我们也需要预先调查，事情是否已经足够有希望使最终审查的代价得以正当化。因为没有什么最终判断是可预期的，因而人们也就满足于某个有限的证明目标。在这样一个先行审查的意义上，我们追问的是，能不能通过形而上学对绝对法权原则予以如此之清楚的限定，以便我们可以更好地在最终审查上节省精力？需要追问的是两个问题：首先，哪种形而上学属于绝对法权原则？

或:法权中的"形而上学"到底意味着什么？其次,这种形而上学的意义何在？或:法权中的形而上学究竟有多大效力？

第一节　从形而上学到实践的转向

为了刻画自己的特殊任务和独特地位,哲学给自己加上了一系列骄傲的头衔。*Meta ta physika*[①] 这个关键词起初只反映了编辑者的无可奈何,但哲学家们很快就相信,这个名称正如康德所言,"不应该被理解为不精确的,因为它本身正好与科学本身相对应"(《形而上学》L,XXVIII/1 174)。哲学要求超越经验(*ta physika*),但是在使自己不成为神秘的特殊知识的同时,能够保持在科学理性的范围之内。

哲学的骄傲不会就此止步。正如亚里士多德所言,人类具有天生的求知欲,而且这一欲求只有在关于独立于经验的根据的知识中才能实现(《形而上学》I 1 以及《分析篇》II 19),因而对经验的超越也就获得了某种人道的,甚至生存论的意义。形而上学的完成乃是理论,它成了人类生存的最高形式(《尼各马可伦理学》X 7)。然而,形而上学的批判家们则把这一骄傲看作彻头彻尾的傲慢,要按照"骄兵必败"的谚语来终结这一傲慢。如果要避免这个败局,或者不想败落太深,就得遵循节制的政治学。

康德对这一政治学并不陌生。他并没有为法权形而上学主张任何例外,而是把它的使命限定在一个很小的范围,即"形而上学

[①]　即形而上学,字面意思是"物理学之后"。——译注

的始基"上。另一方面,形而上学既没有完全放弃它的特征,也没有放弃它惹人的傲慢。凭借着"始基",康德就进入了亚里士多德以来追求终极基础的传统。尽管这一原则追求并没有背离节制政治学,但是它既不关心关于世界整体的知识,也不关心某个至高无上同时独一无二的存在者。形而上学仍旧是基础哲学,但是它不再是单数的,而是复数的。它不仅有自然哲学("Meta—Physika"),也有实践哲学("Meta—praktika");在实践之内,形而上学不仅包括(作为"奠基"的)第一性形而上学,也包括(作为"道德形而上学"的)第二性形而上学,而后者不仅作为法权形而上学,也作为德性形而上学而存在。

　　但是对于这位批评者而言,这一节制是不够的。他把任何一种原则追求都蔑称为"基础主义",并且用或科学理论的或政治学的质疑来对付这一主义。一个完人的标志是"四主德",而一个糟糕的哲学家或基础主义者的标志则是"四主恶":

　　第一个批评是:"自命不凡",这一批评并不特指法权。批判理性主义教导我们,原则性反思要追求终极确定性并且借此追求准确无误的知识。而形而上学经常被人们一股脑地与宗教相提并论。第二个针对形而上学的批评存在于人权这一情形中。这个政治学的同时也是现代性理论的观点认为,法权原则的合法性依赖于宗教,这些原则威胁着现代法权与国家秩序在世界观上的中立性。第三个批评也是政治学的,但是这次具有民主政治的性质。哈贝马斯对罗尔斯《正义论》中"唯物主义部分"的批评(1983,76f.),更适用于法权形而上学:这位哲学家觉得自己是关于正义的专家(哈贝马斯忘记了,批判理论觉得自己才是关于非正义的专家），但是这位作为正义专家的哲学家并没有从贵族式的哲学家王的理想中完全解脱出来，事实上他企求某个通向真理的特权通道，因而与民主的科学文化相冲突。如果有人在这三个论点之上还对形而上学抱有一线希望的话，那么他恐怕要对第四个论点俯首称臣了——马克瓦德批评道：人们"完全沉湎于原则性的事物，沉湎于先验的云中漫步"（1987,112）。他也提及布鲁门伯格关于"寻求最终理解的可怜的单纯"的名言。不管怎么说，原则性反思面临着理智上无用和穷极无聊之危险。

面对这四个指控，法权形而上学宣告自己是"无罪"的——它不是上述被批评意义上的基础主义。针对第一个批评，我们要说的是：诚然，形而上学参与着人的"经验主义有限性"，并因此面临着种种错误风险的威胁，但是这一伴随着可错性的不幸乃是无足轻重的。形而上学正是凭借着它独特的反思性，才摆脱了另一个困难，即奠基困境。进一步说，今天毫无疑问还存在着一些像汉斯·约纳斯一样的哲学家，他们承认，其道德原则"如果没有宗教的话，可能是完全无法奠基的"（1976,36）。然而宗教奠基与康德的自律伦理学并没有什么联系，它在法权形而上学中根本就没有出现过——纯粹实践理性中的"宗教预设"，即灵魂与上帝的不朽性，在其中没有扮演任何角色。康德在《实践理性批判》中提出的"宗教预设"涉及一个与道德奠基迥然相异的问题（参见第十二章第三节）。更进一步说，只要形而上学仅仅被定义为原则研究，那么它就提供不了一个有利的回答。它只是某个更根本的追问——这与民主的科学文化一点都不矛盾。

从政治角度讲，西方哲学中对这一更根本问题具有两种模式。

亚里士多德的论据是自然的社会刺激和成功人生的理念。近代哲学并没有直接攻击这一观点，而是形成了一个开放的问题，并借助这一问题强化了对原则的反思。对亚里士多德曾经贬低的东西——即："竟然连城邦也有强制特征"——进行合法辩护，这正是政治性原则反思的首要任务，而人权正是在这一框架内有其位置。人权是一些如果不借助公共强制力权威就不能获得完全实现的不可剥夺的权利。在亚里士多德那里，人在本质上是政治动物，社会理论意义上的基础性反思正是在这里作为政治哲学产生出来的。这一观点在近代以来（康德也属于霍布斯以来的近代传统）没有被抛弃，而是被改造了。人的政治本质变成了法权本质；而由于法权包含着其公开实施，因而前者也就自我完善成了国家本质。社会理论意义上的基础性反思也相应地发生了变化：它不再是未曾分化的政治哲学，它更准确的名称是法权—国家哲学。

在《法权论》中，康德不仅谈到了法权概念及其强制力，而且谈到了平等、紧急法权、私有财产、婚姻和父母法；他不仅提出了诸如"什么是货币?"、"什么是文契?"等问题，还进一步讨论了契约的不同种类；此外，他还讨论了包括刑法和赦免法在内的国家法，甚至最后还讨论了国际法权和世界公民法。任何一个最终看到这些丰富主题的人，都会认为"寻求最终理解的可怜的单纯"的说法根本不值一提。

随着反对的观点在基础主义争论中出现，我们才置身于形而上学争论的前沿阵地。当康德把他的法权形而上学称为"体系性知识"（《法权论》，§A），并借此把它理解为一门按照必然法则将所有部分整合在一起的知识时（参见《纯粹理性批判》B 860/A

832;《法权论》VI 218"注释"),情形亦是如此。谁要是仅仅讨论形而上学的体系性要求,谁就尚未进入使绝对法权原则成为"形而上学"的那个内核。关键在于,这些原则的来源不应该是经验。这样一来,康德就提出了一个并不那么谦虚的要求。如果说,第一个形而上学概念只存在于某个问题,也即基础性反思之中的话,那么第二个概念则超越了回答方式,自身就包含着一个命题。

这一命题究竟意味着什么,则是一个充满争议的问题。当罗尔斯不把他的正义理论称为形而上学的时候,他要避免的是诸如理智世界一样的那些存在论假设;长久以来,这些假设由于尼采对"离群索居者"的污蔑而沦为牺牲品。准确地说,只要有人耐心追寻,事实上就会找到这种论断。康德曾经在《永久和平论》中主张,人凭借其不可剥夺的人权而成为"某个超感性世界的国家公民"(VIII 350,26ff.)。在《法权论》的"结束语"中,他甚至提到了"人类完美的法权宪法……自在之物"(《法权论》VI 371,33f.)。但是,这些陈述并没有司法性的意义,而只具有某个外在意义。它们难以证明为什么绝对原理对于道德性法权秩序来说是不可或缺的。它们只是说出了这些原则的存在论状态而已。

现在,对存在论解释的讨论完全就是值得的了。相对于绝对法权原则,存在论解释只具有次要的、单纯外在的意义。因此,我们在《法权论》中极少会碰到相应的陈述,它们也不在核心位置上。我们的先行审查还停留在节制政治学上——它至少是临时地取消了存在论解释。

康德关于法权之形而上学特征的核心命题是由其他两个陈述构成的:与法权伦理学上的怀疑论相反,它主张法权具有道德原则;与法权伦理学上的经验论相反,这一核心命题在经验之外有其源头。作为法权和国家,政治的合法性基础存在于政治经验之外:因为政治(*Politika*)始于超政治(*Meta—Politika*)。

我们乐意把某个非经验的奠基理解为一个知识论问题。从某个独立于经验的道德奠基中产生出来的是一个独特的诱惑,当然也是一个挑衅。它之所以充满诱惑,是因为它赋予纯粹反思的是构造道德法权原则,并借此赋予一切实践以清楚定向的能力。这一主张之所以是挑衅性的,是因为关于其可能性的怀疑已经根深蒂固了。康德把纯粹理性知识叫作先天综合判断。重建形而上学的强烈要求需为这一判断形式辩护,而一个温和重建则会考虑它在多大程度上需要这一判断。

毫无疑问,绝对命令对于康德而言乃是"先天综合实践命题"(《奠基》IV 420,14f.);在《道德形而上学》中,他曾提到"出自单纯概念的先天知识体系"(VI 216,28f.)。第一种情形涉及的是意志与行为的结合(《奠基》IV 420,29f.),第二种情形涉及的是每个人"自在"拥有的"普遍立法"(《道德形而上学》,216,34)。二者都关乎某个实践现象。只是因为这一现象把经验——在实践上得到定义的经验——和经验性的规定根据排除了出去,即"拒绝来自任何一种爱好的无前提的条件"(《奠基》IV 420,29f.),因此相应的知识才必须取消经验。不论对于理性的知识理论还是形而上学的存在论,它们在伦理学中都只具有辅助性意义。法权伦理学在原本意义上是形而上学的,这并非因为它要思考的是世界整体或其终极根据,也非因为它界定了某个知性世界或因为它主张着先天综合判断,更非因为它做出了神学假设。法权伦理学是形而上学的,是因为它的对象，即法权道德，超越了任何一个经验性的规定根据。具有形而上学属性的并非关于道德的哲学，而是道德本身。

康德保留了形而上学的生存论意义，但同时取消了哲学的重要性，这样他就在自己与亚里士多德之间开启了一个本质性的差别。即使人类天然的求知欲在原则知识中得到了满足和实现，即使作为人类生存最高形式的理论仍然成立，但原则知识在实践领域内只扮演着一个微不足道的角色。实践形而上学并不存在于我们熟悉的理论形而上学之中，而是"被运用于"人类的实践。它与理论形而上学具有根本区别，也不再依靠理论的逻各斯，而是依靠实践的逻各斯。它的实现形式不是理论，而是道德判断和道德行动。

实践性人性的最高形式存在于道德实践和法权之中，存在于某个合法的法权与国家秩序中。哲学将道德现象诉诸概念并对道德意识给予超越性的澄清，同样，它也可以借助某个道德标准遏制错误的判断和自我幻象。然而它能带来的充其量不过是辅助性的工作，真正的使命不在于道德理论，而在于人类实践。那个被哈贝马斯所忽略的对正义论的民主化正好就发生在这里：法权形而上学的一流专家并不是那个致力于终极奠基的哲学家。不论这个哲学家的论辩是语义学的还是语用学的，或者是普遍的还是先验语用学的，哲学家都需离开国王的宝座，成为现实中的国王的咨询者——这个国王完全按照正义的观点来对法权予以判断。

实践中的经验存在于欲望、需求和利益之中，相反，对经验的超越则存在于对它们作为终极规定根据的否定之中。如果我们现在把经验需求和利益理解为感性刺激并将它们归入现象世界，那么在本质世界的意义上否认这一作为规定根据的刺激的做法就完全是有意义的了。康德对道德所做的存在论解释始终值得讨论，但是这一解释对于实践形而上学而言只具有次要意义。只有关于绝对法权命令的理论能够——哪怕是临时地——摆脱理论形而上学，它才可以被归入某个"无形而上学的伦理学"或者"后形而上学之思"的计划之中。但是由于它包含着另一个形而上学，于是它便不无吊诡地变成了"无形而上学的形而上学"：一个取消了理论形而上学的实践形而上学。

此外，"无理论形而上学的伦理学"计划的始作俑者其实不是康德。在其基本哲学文献被事后赋予"形而上学"这一名称的那个思想家那里，我们已经可以发现这一计划。在《尼各马可伦理学》中，亚里士多德一开始就批评柏拉图的理念论是存在论的，他认为这是一个行之不远的形而上学。于是他另起灶炉。他尝试着认同柏拉图的理念论，追问其真正的伦理学意义，并得到了一个突兀而根本的结论：善的理念与伦理学毫不相关。即便存在着某个唯一的、能被一般道说的善，或者存在着某个分离的、自在自为的善，显然它也不是那个研究伦理学的向善的人类（ἀνθρώπινον ἀγαθόν）所需要的善（1096b 32—35）。

哲学伦理学承认世界关系的多元性，专注于那个对它而言独特的实践性世界关系，并首先排他性地主张某个非经验的维度。对于经验性规定根据的实现，我们将其总称为福利，即社会性福利或集体福祉。如此这般，我们终于找到了那个真正的先行审查的主题，可以过渡到第二个问题上了：在法权之中，是否存在着一个能够超越集体利益、社会福利的规定根据？

第二节　道德人类学

　　康德在其系统性伦理学著作中处理的是两个截然不同的任务。一方面,他研究的是一切道德的概念和原则,是普遍绝对命令;另一方面,他在法权论及德性论中则提出了一个关于实体性道德责任的体系。他相信,这两个任务都可以得到形而上学的或者说纯粹理性式的解决。从体系的角度看,由于第二个任务接续着第一个,因而康德看到的实际上是一个第一性的形而上学和一个第二性的形而上学。法权伦理学属于第二性的形而上学,因为它关于绝对法权命令的理论是建立在普遍绝对命令基础之上的。

　　按照《奠基》一书"前言"的说法,在康德发表的三部体系性伦理学著作中,最早的两部著作——即《奠基》和《实践理性批判》——只属于第一性的形而上学。看上去与法权伦理学对应的只有《道德形而上学》中的《法权论》部分。但是如果仔细追究的话,这一划分就被证明是过于简单了。尽管《奠基》除了"对道德性的最高原则予以追寻和确定"之外别无他求(《奠基》IV 392,3f.);尽管《实践理性批判》只是要为欲求能力"确立"先天原则,从而为作为科学的体系性实践哲学奠定基础(《实践理性批判》V12,1—5)——尽管有这些初衷,从某个重要的视角看,这一伦理学奠基著作还是超出了第一性的形而上学。在《奠基》中事无巨细的举例和《实践理性批判》中少之又少的暗示中,康德已经在构思着那个第二性的形而上学,而其系统性论述则留给了后来的《道德形而上学》。

　　对于法权而言,至关重要的是第二个例子,即"虚假承诺"的例子。在《奠基》以及《实践理性批判》中作为其变式的"寄存物"这一例子中，康德把虚假承诺看作针对他人的谎言，此外也是把他人带到对自己有利的地步的谎言。康德在这里预示了负责合同和财产的法权机构。通过虚假承诺的例子，康德不仅预示了后来的《法权论》，更明确了它的计划。法权伦理学可能会将其形而上学诉求限定在单数的法权命令之上，这样一来，它的争议性和魅力就会减弱，因为它的导向功能将限定在一般的法权之上，而实体性的原则就留给了经验性、实用性思维。康德用法权的例子透露了一个更野心勃勃的计划，这就是复数绝对法权命令。

如果有人相信，法权伦理学由于其形而上学属性而必须完全抛弃经验成分的话，那么他将很容易指出这一双重特征：毫无疑问，康德建立了一个"不与任何人类学相混同的、完全孤立的道德形而上学"计划（《奠基》IV 410,19f.）；同样无可争议的是，他已经在着手实施这一计划了。在《奠基》中，已经出现了一些最终只能以经验方式证明的实例。这些实例尽管具有普遍性，并且也少有争议，但还是落入了那个康德不懈地要从形而上学伦理学中推论出来的经验人类学之内（参见《奠基》IV 388,12—14,25f.）。在虚假承诺这一禁令中（参见本书第七章），存在着某个双重性的知识。符合经验的不仅仅是康德讲述过的这样一个"历史"：当人类陷入困境时，同样能够借助他的同类从困境中解脱出来。他提出的这一"观点"同样借用了经验知识，因为关于谁许诺、谁说话、谁又不能诚实地说话的知识，绝不是理性知识。

由于这些经验要素，康德的打算看上去显然是要失败了。伦理学并没有"从所有那些仅仅可能是经验性的，属于人类学的东西之中完全净化出来"(《奠基》IV 389,8f.),相反,扮演着一个关键角色的恰恰是人类学。它不仅在第二性的形而上学中,而且在第一性的形而上学中就已经扮演着角色。由于道德法则是作为义务或者绝对命令而存在的,因此这也为某个双重性经验知识预设了前提:一方面,这一知识具有一种叫作"实践理性"或"意志"的本质,人们可以把那个带有自我关系的欲求能力归入这一本质;另一方面人们则假定,其意志处于"特定的主观限制和障碍"之中(《奠基》IV 397,7f.;参见《纯粹理性批判》A15/B29)。按照这一"基础伦理学的人类学",人类乃是一种自然的、由于渴望和爱好而难免犯错的理性存在者——不仅如此,对于康德来说,他还具有成为恶人的潜质。

　　既然《奠基》预告了第二个道德哲学,它就要围绕着那些将实践理性付诸检验的基本境遇来完善基础伦理学的人类学。这些境遇的类型包括:禁止自杀(厌倦生命)、禁止虚假承诺(自身困境)、帮助诫命(陌生人的困境),以及最后的文化诫命(舒适性)。

　　有些批评者可能会认为,康德没有实现形而上学伦理学这一目标,这对他是件好事。他们曾经担心,提出绝对命令的这位哲学家会像图根特哈特所说的那样,尝试"把道德整体从一切经验污染中解放出来"(1984,87)。与此相反,他们现在看到的是形形色色的经验要素。康德的伦理学——包括法权伦理学在内——看上去要比所期待的更为可行,而且更少争议。那个所谓的纯粹道德哲学实际上处处贯彻着人类学的假设。如果对它的任务详加研究,它的矛盾也会迎刃而解。尽管人类学对于康德的论证不可或缺,但它难以融入道德责任之中。它只是定义着那个挑战,因此缺乏这一挑战的道德命令始终是无效的——但它使命令本身始终开放着。

被批评者们宣称为歧途，却使康德因此声名鹊起的，是把道德从一切经验中"净化"出来的主张，但是这一"净化"局限于实践形而上学所强调的那个方面。康德本人曾经把这一方面当作论点引用过，这就是"责任的根据"（《奠基》IV 389,12）。就连"通过实践理性来定义人类是否有意义？"这一问题也已经不仅不具有排他性，而且具有经验性质。然而，经验并不决定实践理性的概念，而是决定把实践理性归入人类的权利。如果缺失了这一权利，那么理性的概念将不会被改变，而关于它的言谈将会无的放矢。

此外，要回答"人类在哪些典型境遇中必须算计？有哪些可以应对的可能性？"这类问题，我们需要经验，此外还需要创造性的想象力。在绝对命令中，经验要素也得到了完全的保留。至于说哪些被建议的、尝试着被纳入考虑的应对是道德的，康德认为，这就不再是经验能决定的了。简言之，为了找到准则，经验乃是必需的；为了在准则之下做出道德抉择，则需要某个超越一切经验的因素。

由于人类学因素定义着道德的运用条件，因而我们可以将它归入"道德人类学"之内。当然，它与康德自己所命名的那个研究分支"人类学"并无对应关系，因为后者是作为"实践哲学的……另一个分支"被引入进来并被当作"道德形而上学的对应物"的（《道德形而上学》VI 217,9ff.）。康德在这里处理的是一个在哲学上较为次要的任务，我们可以更准确地称之为"道德教育学"。它预设了道德原理已经得到确立，因此只探索阻碍或者促进其实施的主观条件。这一新颖的、针对着康德而提出的道德人类学,是道德形而上学自身不可或缺的组成部分。使其具有本源性,而非辅助意义的不是它的对应物,而是其部分——道德人类学甚至构成了基础伦理学的内在因素。

我们因此获得了关于第二个问题的第一个结论:即使康德在为伦理学提出了形而上学诉求这一点上无可厚非,他也高估了其有效范围。他在《奠基》之"前言"中提出并在"道德形而上学导论"第 II 节中确认的那个计划被证明是不够准确的,它在准确性上的不足也可以解释一些误解。经过缜密的思考,康德认为道德的纯粹性不能被任何一种外来因素蒙蔽,因此他就在理性领域和经验领域之间画上了一条明确的分界线,这样他似乎就可以正确对待道德责任的起源了。相反,当他相信道德哲学是纯粹理性的时候,则是误入歧途,因为事实上经验乃是必要的。

从《奠基》到某个更为谨慎的理解,我们无论如何都期待《法权论》的形而上学分量不至于缺失太多。必须承认,康德并没有明确地谈论"形而上学",而是以更为谨慎的方式在谈论"形而上学的始基";只有原则是形而上学的,而经验性法权实践的具体过程则始终未被触及。即使这样的评价也高估了形而上学的作用,并削弱了经验的分量。康德相信,"所有的法权公理……都是先天公理,因为它们是理性法则(dictamina rationis)"(《法权论》VI 249)。尽管伦理学完全可以回溯到"只有通过经验才能被认识的人类的特殊本性",但是只有在"从普遍道德原则出发做出推论"时(《法权论》VI 217,1—4),它才会这么做。事实上,人类学因素已经融入了这些原则之中。不论我们把绝对法权原则看作单数还是复数,能够脱离经验的只是这些原则的真正的道德性部分,是责任的根据,是作为最终的规定根据而超越了需求和利益的那个根据。

准备性探讨已经印证了这一期待。在主导着今天法权思考的经验性、实用性思想中,存在着一个双重对位点。除了道德和形而上学因素之外,绝对法权原则还包含着一门道德人类学的基石。只要《法权论》为人权奠定了基础,它就可以从道德理念与这一道德人类学的沟通中产生出来。在关于基础伦理学的人类学背后,道德性法权人类学有其体系性位置。在康德的法权伦理学中,总共出现过三个人类学"层次":

第一个"层次"属于普遍绝对命令。作为法权的预备,"基础伦理学的人类学"把人看作有限的、由于爱好而犯错的理性存在者。在与道德理念的结合中,产生了相对法权与德性的差别而言的中立性绝对命令。

第二个"层次"涉及康德始终如一的第一性正义原则,即单数绝对法权命令。法权人类学在其普遍部分中指出了,在哪些条件下法权是必需的。法权人类学存在于使所谓的人的社会本质成为可能的那个核心之中,普遍法权人类学无异于一门最为普遍的社会人类学。因为普遍法权伦理学不需要更多的人类学前提,因此我们将会看到(参见本书五章第三节),它包含着一门基础性社会哲学的结构。

以单数法权命令为前提的社会人类学事实上同样是简单的、没有矛盾的:自然的理性存在者在同一个外在世界中是以不断繁衍的方式出现的。这一假设尽管具有经验的本质,但是也没有怀疑法权命令的绝对性之特征——这一假设根本没有合法性分量。

即使没有自然理性存在者的共存,绝对法权命令也不会放弃它的责任,事实上它会失去其运用性,成为一个"道德虚构"。另一方面,共存假设对于这一运用性而言乃是必不可缺的。因此,绝对法权命令包含着两个有效性诉求:除了道德诉求之外,还有这样一个经验诉求,即:自然理性存在者的共存是存在的。此外,在经验这边还存在着用以解释为什么人类必须伴随着冲突可能性而生活的终极根据。人类彼此分享着同一个生存空间,但是由于后者的范围有限,因此原则上讲,每一个行为都会对同类造成一定的后果。

复数性绝对法权命令是通过更多的经验性有效性诉求与单数绝对法权命令区别开来的。上面提到的第三个"层次",即专门的法权人类学,完善着普遍人类学。从系统的角度看,康德的《法权论》从一开始就以一种独特的方式在某个因素上草草收场了,这就是:人的肉体性,以及它可能被同类毁灭这一情形。只有在这一条件下,谈论对身体和生命的(人)权才是有意义的。

康德是从外在的"我的"与"你的",或者说是从财产制度开始他的讨论的。为此,他为财产合法性预设了若干关于身体性的特殊情形。正是因为作为"肉体存在者"的人需要特定的生存空间,因为他需要财产以满足他的需求和利益,所以财产制度才是有意义的。康德讲的婚姻法权与人的性别有关,而康德讲的父母法权则与此相关:新生儿只是一些"雏鸟",他们需要各种各样的长期帮助;此外父母法权还预设了,没有一个人在这一帮助需求中曾经替换掉了自己。所有这些因素都具有经验性质,并且对于绝对法权原则而言是不可剥离的;尽管如此,它们并不作为后者的运用条件而起到规定作用(马克瓦德 1987,112)。

　　道德责任本身的基础存在于某个元人类学因素之中,存在于对人类学条件进行道德建构这一挑战之中。绝对法权原则之所以能获得形而上学特征,只是因为道德法则自身引导着某个"绝对必然性",因此它的责任"只有先天地在纯粹理性的概念中"才能找到(《奠基》IV 389,11ff.)。就像在普遍绝对命令那里所证明的一样,这里能脱离经验的也只有责任的根据。其他的一切都是"质料":经验事实通过绝对善的理念获得其典型形式,这点具有方法上的重要性。从一开始那些定义着道德之运用条件的人的条件(conditio humana)的因素开始,经过专门法权原则的条件,伦理学受到了越来越丰富的经验的规定。令批评者感到满意的是,人们并没有随着绝对命令而置身于一个唯恐避之不及的"彻头彻尾的原则,也即先验的云中漫步"之中(马克瓦德 1987,112)。因为,即使普遍绝对命令都已经不再是纯粹先天知识,完全相反,经验早已融入到了绝对法权原则之中。

　　以法权为目标而建立起来的形而上学伦理学的三个阶段,即基础伦理学、普遍法权伦理学和专门法权伦理学,并不是通过道德责任的程度而相互区分的。相反,这一程度并无区别。从概念或元伦理学的角度看,存在着一个最高阶的责任,因为它涉及的是标准伦理学或规范伦理学上的普遍化的能力。不论如何,道德上的差序格局都产生于道德的内在分化之中,产生于完全的义务和不完全的义务之间的差别,产生于针对自己的义务和针对他人的义务之间的差别。但由于(道德)法权整体上同属于针对他人的完全的义务这一类别,因此为了构建道德的等级结构,这一可能性也是不适用的。除此之外,道德责任也会以同样的方式得到形而上学证明,即通过普遍化这一思想实验得到证明。

　　毫无疑问,在法权伦理学中存在着各种各样的诉求。假如这些诉求从根本上认可严格的道德概念,因此也认可独立于经验的那些要素,那么它们的差别就不在独立于经验的程度上。相反,在人类学中存在着基本的和不那么基本的因素。因为身体和生命具有相对于财产的优先权,所以谋杀犯罪要比财物犯罪在道德上更严重——但是,它之所以更严重,并非因为它出自某个真正的道德根据,而是因为出自某个人类学根据。

　　正是在这里,我们可以明确地提出对哈贝马斯主张的哲学的自我克制的质疑了。凭借(商谈)伦理学转向,哈贝马斯并不是要放弃具有理论导向的社会批判,而是要扩展它的可能性。就此而言,“要法官,不要解释者”的命题就是前后矛盾的。现在,我们期待一个能够完善社会批判的伦理学,它能揭示出社会理论定位于其上的那些人权或其他实体性原则。这些原则在哈贝马斯这里之所以是缺失的,其根据并非对形而上学的持续性的取消,因为道德至善的理念始终是被预先设定的——而在于他那里没有一个相辅相成的人类学。

　　哈贝马斯在其“关于一个奠基性计划的笔记”中的观点甚至接近某个境遇伦理学(1983,113)。他认为,“在缺乏特定社会群体的生活世界视域……缺乏特定境遇中的行为冲突时便一意诉诸商谈”,这是不明智的(1983,113)。事实上,在与境遇相关的商谈之前,已经存在着实践性的基础商谈。这些基础商谈只是被带入“智人”(homo sapiens)群体的生活世界视域之中,只是专题化着那些伴随着人的条件(*conditio humana*)而给定的行为冲突。正是从这些基础商谈中产生了最为基本的正义原则，即一切人权。相反，如果有人像哈贝马斯一样只是树立一个基本规范，然后把它的"运用"——即实践商谈的落实——联系到每一个社会条件上，那么他也就拒绝了实体性定向的可能性。

关于人权，也就是关于身体和生命的权利，人类学具有不同的奠基方式。在自然主义人类学，比如霍布斯的人类学中，生命乃优先于其他所有目标的那个目标——它是事实上起着主宰作用的那个欲求。与之相反的，是宗教和政治殉道者的现实，其次是弗里西亚人的竞选口号"宁可去死，也不做奴"（Lewwer duad as slaav），当然还有由于厌倦生命而引起的自杀。罗尔斯把生命解释成众多生命计划的一个条件，而且只是诸条件中的一个，这样，他就弱化了霍布斯的自然主义。但是，罗尔斯并没有说清楚条件的确切类型。关于这一点，我在其他的文献中已经做了详细阐释（赫费 1987，第12章；赫费 1988，63ff.），我的观点是：

谁要是不特别倚重于生命，谁就有意或无意地具有这样的利益——他之所以具有这样的利益，是因为他不能追求什么东西，也不能努力实现他的追求。生命不依赖人们追求或回避的内容，因此作为行动能力的条件，它是某个导向行为的欲求的前提。按照这一观点，生命是一个具有较高逻辑等级的，甚至具有最高逻辑等级的，不复可以置换的利益。生命是人能在根本上成为具有行动能力的存在者的诸多条件之一，因此它具有先验的意义——当然不是先验的理论意义，而是先验的实践意义。成为可能的不仅是认知的主体，更是行动的主体。在此意义上我们就可以举例说：那些试图自杀的人可以自行决定是否以及何时厌倦生命；宗教和政治的殉道者可以自行选择他为什么而牺牲：是为了忠实于自己的信念，还是为了避免被某个强梁迫害致死。

　　专门法权人类学的要旨不是关于人类本质的自然主义定义，而是相对而言对行动能力具有先验意义的那些最基本的、同时不可置换的利益。如果愿意的话，人们可以把这一完善着形而上学的人类学部分大胆地称作"先验人类学"。此外，属于基础法权人类学的还有这样一个偶然事实：人和他的同类分享着同一个外在世界。

第三节　亚里士多德，还是康德？

　　如果没有人类学，康德的法权伦理学就不可能产生，所以在这一计划和实际实施之间还存在着特定的矛盾。不过，这一矛盾相比形而上学与经验之间的矛盾而言要微弱一些。按照这一计划，伦理学的中心必须是某个纯粹先天知识。这样一个不依赖于人类学的因素在康德那里也出现过。这个因素就是"无限"的理念，也即绝对的善。比如说，康德就曾谈论过"内在的无条件的价值"（IV 394，1）或者"自在的善"（396，21）；同时他还通过对比勾勒出了这一理念。但是他却没有把这一理念当作自己的对象——在《奠基》的著名导论中（392，6f.），康德已经开始预设了这一理念，但是却像后天人类学一样很少被专题化过。

　　在《伦理学以及哲学之界限》一书中（1985），伯纳德·威廉姆斯[①]

---

　　① 伯纳德·威廉姆斯（Bernard Williams，1929—2003），英国道德哲学家，代表作有《自我问题》《道德幸福》《伦理学与哲学的界限》以及《真理与真理性》。——译注

曾经提出了一门反基础主义、反还原主义的伦理学。他主张,既不存在一些对于整体实践而言具有奠基性的道德命令,也不存在把一切道德思维还原到这样一些范畴量上的程序。对康德而言,这两个观点都是难以得到确证的,因为我们在他那里看到的是一个对于一切道德实践都起着奠基作用的概念。不论如何,这个概念都要比我们习惯上期待的更为形式化,但它在这一形式性中也很少被讨论过。人们甚至可以借用海德格尔的悲观论调说:我们对道德起源的思考还远不够根本。道德的源泉不是善良意志,而是绝对善的理念。

康德几乎只是把自己局限在那个从绝对至善与道德人类学的联合中产生出来的相对性先天知识之中。从这个角度说,需要重新评估康德的伦理学:这一计划所提出的先天与后天之间的对比,在计划的实施过程中被抛弃了。的确,康德本人在《纯粹理性批判》(A 14f.)中曾经提出,并且在后于《奠基》面世的《纯粹理性批判》第二版(B 29)中曾经坚持认为,"道德性的最高原理及其基本概念都是先天知识",但是另一方面,"它们也包含着经验内容",即"关于欲望和寡欲、欲求和爱好以及诸如此类的概念"。只是,康德在表述其伦理学计划时,再也没有回头考虑过这一视角。他在《奠基》的"前言"中提出的纯粹道德哲学的想法,使先天与后天的整体关联被忽视了。

当然我们不能夸大这一缺陷,因为它只涉及对计划的表述。更有影响的实际上是另一个缺陷。康德没有注意到的是,属于伦理学的,还有一个完全脱离了人类学和经验的因素。他不仅在对这一计划的表述中,而且也在其实施中忽视了这一因素。在第一版《纯粹理性批判》中,康德只是把"关于纯粹、单纯的思辨理性的世界智慧"算作先验哲学。作为根据,他引用了上述的经验与先天知识的连接,因为"一切实践"都与情感有关,而后者"属于经验性知识的源泉"(《纯粹理性批判》A 15/B 29)。但是,伦理学也可能会融入到那个致力于绝对的纯粹先天知识的先验哲学之中。绝对至善的理念尽管已经涉及实践,但是它并不涉及情感——因为这一理念意味着对实践做出评价的最高形式。

由于绝对至善的理念——仅仅在实践领域内——意味着某个纯粹先天的知识,因此就存在着一个完全的实践性先验哲学,它与伦理学中那个严格意义上的形而上学部分相重合。事实上,构成了道德的第一阶段的,乃是绝对至善的理念,而非我们通常所假定的普遍绝对命令。康德本人主张这样的第一阶段,但是对它的论证不论如何还在萌芽阶段。

在一个周全的论证中也许不得不指出的是,为什么一个对实践进行评价的人所提出的问题,只有在绝对至善的理念中才能得到圆满回答。按照先验伦理学的理念,这一证明也许要分两部分实施。在较狭隘的意义上的形而上学观点表明,一个绝对至善的评价胜过一切经验性的规定根据,先验观点证明,绝对至善的理念乃是实践之客观性的条件。康德曾经着手进行这样一个论证,他曾经指出,对行动之合理性的追问虽然始于对技术合理性和实用合理性的考察,但是并不能因此得到充分的解答。这一论证所需的第三个合理性阶段同样不容忽略,这就是无前提的绝对责任。由于这一责任据说超越了一切经验性的规定根据,因此它一方面具有某种前经验的形而上学的特征;另一方面,只有一条前经验的规定根据才能使下面的情形成为可能：一个实践在严格意义上是客观的，也就是说，是毫无例外地必然有效的。"一方面"暗示出的是一个形而上学的观点，而"另一方面"则暗示了一个先验观点。

由于这一双重论点已经为绝对法权命令思想做了预备，因此对它更具体的研究也就超出了本书的研究范围。但是对主张其正义理论兼具康德和非形而上学两种特征的当代最重要的康德主义者之一的罗尔斯来说，还有一个提示或许是可行的（参见本书第十一章第二节）。罗尔斯的正义原则是从理性选择，也即利己中引申出来的。由于利己无异于经验性规定根据的总和，因而那些正义原则似乎的确具有非形而上学的性质。但是不管怎样，选择总是在理想条件下发生的。其中最关键的是知识缺失，因为凭借无知之幕，人们既不能认识他的个人境遇，也不能认识他所生活的社会境遇。这样一来，规定根据也就落在了利己之上，而每个自我认知都缺乏这一利己。此外还有一种通过对自我的否定而得到定义的利己：要么是没有自我的，要么是不再具有经验性质的公利。尽管他不愿意承认（*a contre—coeur*），罗尔斯的正义理论还是形而上学的——当然只是在实践的意义上如此。至于罗尔斯所倚重的这一实践形而上学（例如 1974/75）能否取消康德关于两个世界的理论这一问题，我还是像之前建议的那样，暂时不予回答。

一个老生常谈的观点认为，形而上学是不可能的，至少今天的人们早已经超越形而上学了。相反，康德认为形而上学是必需的。在《未来形而上学导论》中，他甚至把这一必要性比作呼吸（IV 367）。对伦理学而言，这个比较初看上去像是个大而无当的夸辞，但是现在则显得是一个最为合宜的升华，是一个修辞学的极致。

绝对至善的理念对于严格的道德概念是不可或缺的，它也同样属于实践形而上学。从另一方面说，属于形而上学的也只有这一理念。相反的是，康德提出的道德哲学则沟通着绝对至善的理念和道德人类学，它存在于某个相对的先天知识或相对的形而上学之中（参见《纯粹理性批判》B 3，康德在这里区分了纯粹先天和非纯粹先天）。

与亚里士多德的比较不仅确认了非形而上学因素，而且指出了伦理学中古代与近代的现实差别究竟何在。两个时代的区别并不在绝对至善这一理念之中，因为亚里士多德同样对此有诉求。但是，这一理念却与某个不同的人类学或行动理论联系在一起。按照实践的基础性结构模式，绝对至善理念也就获得了一个不同的形态。如果我们与亚里士多德一道把行动理解为朝向目标的自发趋近，理解为欲求（ὄρεξις），那么绝对至善理念就需要对从目标定向到其完全实现的全程进行推演。这样，绝对至善就成了原则上不复可超越的目标，成了在所有欲求得到根本实现这一意义上的幸福。

当亚里士多德把幸福规定为终极目的（τέλος τελειότατον）的时候，他就把幸福理解成了某个至高无上的存在——这有点类似于后来人们称呼存在论的上帝概念的方式。但是，幸福不是某个对象的至高无上（"ens quo maius nihil cogitari potest"），而是一切可期愿的东西的至高无上（πάντων αἱρετωτάτην μὴ συναριθυουμένην）。在亚里士多德的正式规定中，卓绝之路（via eminentiae）的"幸福"构成的是关于一个可设想的最高目标的概念（《尼各马可伦理学》I 5）。这里出现的又是一个形而上学的概念，然而它只有在那个真正的实践形而上学——这一形而上学与道德行为的前经验根据相对应——的意义上才是形而上学的。

　　谁要是把人类行动解释为欲求，那么他就已经预设了特定的目标。预先给定这些目标的，或者是自然需要和激情，或者是有生命力的道德习俗，或者是人类的标志性能力，即人的劳动（ἔργον τοῦ ἀνθρώπου）（《尼各马可伦理学》I 16）。在道德现象中，比如在一个以人权为名进行的抗议中，这些给定的目标就会转变为禀赋。这一事件是从与欲求的距离中产生出来的，它也奠定了近代的意志概念；对于法权而言，它也奠定了普遍意志的概念。对一个从古代宇宙论思想中挣脱出来的世界而言，正是意志把一个可能目标转变成了现实目标，在认可一个目标的同时否定了其他目标，并以此方式建立了道德上合法或不合法的政治秩序。

　　今天的肯定批判正在尝试着把被证明的习性与普遍原理，或者把亚里士多德与康德相互对立起来。欲求伦理学与意志伦理学之间的差别有助于对马克瓦德（1986，122—127）对习性的辩护予以更准确的评价。只要欲求伦理学的目标能通过有生命力的道德习俗而实现，马克瓦德就可以找到援引亚里士多德的充足理由。但是另一方面，我们在亚里士多德的司法性伦理学中也找到了正义与非正义的区别（本书第二章第二节）。这一区别伴随着多个层次，但是系统地看，它在伦理学中始于与某个给定事物的关系，比如与习惯或"习惯体系"的关系、与生命形式（βίος）的关系。作为哲学家，亚里士多德对"实证"区别并不在行，于是他也对此着墨不多。令他感兴趣的只是那个（相对）超实证的问题，即：哪些生命形式能使成功的生命成为可能，哪些在结构上则不可能？

　　由于亚里士多德的这一区分贯穿《尼各马可伦理学》始终（从Ⅰ2到Ⅹ6—8），因此马克瓦德非此即彼的论断——要么是习性和亚里士多德，要么是普遍原理和康德——不仅在道德哲学的事实中，而且在面对亚里士多德的文本时都过于简单了。在亚里士多德作为仲裁人履行自己的义务之前，在他为实体性道德进行辩护并惠及当代之前，在他与康德和商谈伦理学对立之前，他已经完成了一个司法性的，同时也是超实证的批判。他谴责 βίος ἀπολαυστικός，即穷奢极欲的生活；他也谴责 βίος χρηματιστής，即证券商人的生活；谴责"资本主义的幽灵"；与之相反的是，他认可道德——政治的，以及理论的生命形式。

　　因此，涉及马克瓦德的不是对某个古典哲学家的解释，而是系统性的伦理学话语。在这一整体关联中，他的辩护可能要么被归入意志伦理学，要么干脆从后者中解脱出来。在第一种情形下，马克瓦德可能会承认近代的道德主体概念和近代的政治合法性概念。但是他可能会争辩说，为了使道德原理不至于沦为空话，人们要赋予它某种稳定化。在个人那里，道德原理必须要赢得之前被称之为德性的那种道德态度和观点的确定性；在关系到法权和国家时，马克瓦德引入了制度性的预防措施，当然主要是分权措施。

　　谁要是想找到这一双重稳定化，就必须既不诉诸亚里士多德，也不与康德分庭抗礼。因为，康德道德原则的对象是准则，也就是那些已经成为基本态度的行为规则——但是在国家伦理学中，康德关于分权的讨论并不比马克瓦德更少。此外，对习性的辩护恐怕还需要用对道德正确性的辩护来加以完善。这是因为，我们拥有的不应是任何一种"随便什么"的习性，相反应该是例如乐于助

人一样的态度，而非对陌生人之困难的袖手旁观；而对于法权秩序
而言，具有决定性的是要看这一习性是允许还是主张废止蓄奴制，
是保护还是压制言论自由。就此而言马克瓦德缺乏的是一个道德
标准，因此他不但落伍于康德，而且也落伍于亚里士多德。由于对
道德追问保持冷漠态度，马克瓦德也就实践了一个被卢曼不太恰
当地称之为现代性特征的东西，即一个明显的去道德化。相反在
亚里士多德的德性论中，我们发现的是对习性的"道德化"——通
过区分道德的基本态度和非道德的基本态度，他也推进了对生命
形式的批判。虽然亚里士多德在《政治学》中认为奴隶制是合法
的，但是在所谓的国家形式理论中他却反对道德中立，而赞成有利
于共同福祉的立宪制。简言之，马克瓦德对习性的辩护既无助于，
也无损于习性——这一辩护根本不是（新）亚里士多德主义的。

　　借助绝对法权原则，康德拓宽了政治合法性的道德界限。除
了马克瓦德所重视的分权原则之外，康德还致力于研究第二个习
性，即人权。联系着亚里士多德说，在基本意义上被理解的共同福
祉概念被人权概念精确化了：它不再是集体福祉，而是分散性的、
对每一个体都有利的共同福祉。例如，分散性共同福祉就存在于
那些只要是人就能同样享有的权利之中。联系着马克瓦德同样看
重的政治分权原则来说，人权还具有某种系统优先性。这是因为，
国家的合法性首先归功于来自人权的保证，而分权制则具有重要
的，但也只是辅助性的意义，即减少国家权力滥用之风险。

　　回到亚里士多德与康德的伦理学上说，他们的分野并不在其
"形而上学"部分之中。在二者的伦理学中，形而上学所扮演的角
色都首先是实践意义的，而非理论意义的；两个人都具有关于某

个——无疑是温和的——形而上学思想,即关于绝对至善的理念。实际上,他们的分野存在于人类学或行为理论上。亚里士多德代表的是古代,后者把实践理解为绝对至上的目标。而康德代表的则是近代,后者把实践理解为绝对的第一开端。由于这一区别,所有那些重建亚里士多德伦理学的努力都可以找到不少好理由,但亚里士多德的欲求伦理学思想是前近代的,它只有在牺牲意志概念的代价下才是可重建的。而即使那位伟大的"新亚里士多德主义者"——黑格尔,也不愿付出这样的代价。

亚里士多德与康德的共同之处在于:真正独立于经验的只是责任的根据,是我们借以评价实践的那个最高级的理念。在康德伦理学之内,其他一切都是贯穿着经验的——康德从未与现实性决裂。康德伦理学中的经验始于意志概念,并超越了义务概念和绝对命令概念,最终导向了实体性的法权与德性原则。在"按照能普遍化的准则行动"这一绝对命令中,纯粹理性因素,即责任的根据,只是被限定在了普遍化上。而其他两个因素,即"按照某某行动"这一命令特征和更为明显的"按照某某准则"这一普遍化对象,则依赖于某种经验。经验当然具有非常普遍的性质,它也允许哲学家们虽然不至于因此而主张通向真理的专属捷径,但是却可以成为正义原则的"专家"——当然只是针对正义原则的界限而言。

第四节　经验的整合

由于形而上学伦理学与人类学结合在一起,因此能消除许多质疑。尽管如此,这里还存在一些正好针对着形而上学方面的顾虑。人们担心,对准则所做的脱离经验的检验将会低估人类行为的复杂性,还会助长那些自以为是的道德主义,而后者既难以决定自己的生命经验,也决定不了同侪的观点。这样,在还没有带着"自然而然的求知欲"感知多姿多彩的世界之前,人们已经过快地滑到原则那里去了;凭借着这些原则,人们全都想当法官,结果造成了草率的裁断和误判(参见吕勃1987)。

　　一旦我们把绝对命令的运用分成两个阶段,上述的部分顾虑就难以成立了。这两个阶段对应着《奠基》一书"前言"中对"运用"这一表达所赋予的两个截然不同的含义。在第一阶段中,道德义务(如:帮助诫命)凭借着普遍化得到了奠基(《奠基》IV 392,8);在第二阶段中,这些义务被"情境化"了(《奠基》IV 389,31),比如,"帮助诫命"就经历了一个合乎情境的具体化过程。如果说康德在第一阶段中不允许普遍化这一思想实验拥有任何经验知识的话,那么在第二阶段的运用中,他则主张某个"还需通过经验而变得敏锐的判断力"(《奠基》IV 389,30)。而这一主张正好与"自娱自乐的道德主义"相抵牾。

　　由于义务需要被情境化,因此绝对命令的行动定向也就减弱了,形而上学伦理学也不能把道德性的生活态度从所有不确定性中解放出来。在残存的不确定性中,我们也许可以瞥见吸引力的丧失。根据某个轻浮的批评,绝对命令乃是抽象的,是远离生命的。事实上,它的显著特征就在于那个对于实践哲学而言无比贴切的"确切性"。

　　关于这一"确切性"的概念从亚里士多德那里就已经萌芽了;但是这里需要对道德哲学所钟情的那个选择——"亚里士多德,还是康德"——再次予以限制:在《尼各马可伦理学》中(Ⅰ1,1094b,主要是20f.),亚里士多德阐述了一种特别的知识形式,一种框架性知识或概括性(τύπω)知识。这一知识一方面强调着一些不变的规范性因素,另一方面也放弃了历史性和个体性的特殊之处,也即其他那些各不相同的一些生命情境(参见赫费1971,第Ⅱ部分)。由于康德只认为原理和准则具有道德性,并且让行动去完成把它们"翻译"成具体实践的任务,因此他也可以满足于获得一个框架性知识。凭借这一知识,康德使人们在道德实践中关注某个共同核心,而且也避免了把道德实践仅仅理解为普遍事物的危险。由于道德准则不再作为框架,因此它们也挑战了不变的个体性这一因素(康德也因此避免了列奥塔对普遍概念的批评)。

此外,正如在绝对法权原则所属的义务,也即完全义务那里一样,行动定向比在不完全义务那里延伸更广。在法权中,例如虚假承诺这样的单个行动会被禁止;而在不完全的义务这里,只有诸如"乐于助人"这样的生活态度才能成为诫命。由于存在着这一差别,关于经验的不同尺度就是必要的了,而之前关于准则概念的断言也因此有待修正(毕特纳1974和赫费1987a,二者都征引了赫费1971)。只有在完全的义务那里,才需要"通过经验而变得敏锐的判断力",以便"一方面区别在哪些情境下它们有其用处,另一方面为它们进入人的意志开辟道路"(《奠基》Ⅳ389,30—33)。此外,不完全义务中的经验则服务于对义务的"情境化"。

黑格尔在其自然法权论文中曾经批评绝对命令是一个"同义反复的产物",舍勒也曾说它是"空洞而徒劳无益的形式主义"——从此之后便有这样那样变着花样的批评被重复着。为了摆脱这些批评,并且借助康德的工具对质料伦理学进行奠基,人们乐于使用康德本人所指出的那个质料性公式。这一公式是如此之有趣,以至于从关于人作为目的自身的学说,到一门真正的质料伦理学,它的用处仍然难以穷尽。谁要是想为法权和德性义务奠定基础,就必须把绝对命令和人类学因素贯通起来:这一点不仅适用于《奠基》诸实例中对《道德形而上学》的预期,也适用于后者本身:只要想为法权义务和道德义务提供奠基,就必须把绝对命令与人类学因素沟通起来。只要回顾到这些人类学因素,我们就会发现,质料伦理学同样借助于那个形式性公式——那个单纯的普遍化公式和自然法权公式。我们也可以类似黑格尔那样,对这件事情做这样的表述:在绝对法权原则中,实然和应然统一在一个本源性的整体之中。由于法权伦理学除了这一整体外别无对象,因此它就必须考虑到规范性和人类学两个方面。

按照对康德的这一新解释,道德视角是和人类学联系在一起的,因此科学理论对伦理学提出的那些要求也就可以满足了。为了避免应然——实然之错误,我们不应该仅仅从经验假设出发来展开论证;为了避免"道德化"的错误结论,我们也不应该仅仅诉诸规范性因素。一个关于绝对命令的哲学完全可以把经验整合到道德哲学之中,这一结论可以使图根特哈特针对康德的伦理学的一般批评和迪高针对其法权伦理学的批评变得软弱无力。

康德甚至为这一整合准备好了一个贴切的表达,这是一个像形而上学一样古老的词语:自然法权。"自然法权"这一表达正如"形而上学"一样有多重含义(参见赫费 1987,第 4 章),但是它在康德这里获得了一个十分清楚的规定。他的自然法权指的是法权之中不依赖立法者的意志,建立在可靠的先天原则之上的那部分法权(《法权论》VI 229,14f.)。由于这一法权的有效性基础存在于实践理性之中,因此自然法权也就是某种理性法权,与作为(批判)形而上学的法权伦理学相重叠——这里并不存在针对形而上学的附加的指责。那些规定着康德法权伦理学之形而上学特征的限制性条件,对于作为理性法权的自然法权同样有效。自然法权原则的整体并不是先天的("理性的"),只有它的有效性基础才是先天的。

如果我们把"自然"理解为摆脱了人类支配的那些因素的话,那么在康德以及任何一个关于绝对法权原则的基础理论那里,自然法权都具有双重面向。在规范性视角中,人权首先是"自然"的,因为它们为实证法权树立了一个道德尺度。但是,康德在注意到这一合法性方面的同时,并没有看到,他的法权伦理学在另一个"描述性"的视角中也是"自然"的。法权伦理学的经验成分属于人类学,因而也属于那些我们最终只有从经验出发才能认识,但是却不能支配的条件。在人类生活须臾不可分离的那些遭遇当中,人的条件(*conditio humana*)构成了最根本的因素——人类学条件只是先于一切人类历史的一个偶然事件。

康德在高估了法权伦理学之形而上学特征的同时,也低估了自然法权中的自然特征,而这两个错误的评估出自同一基础,即它们操作的都是一个过于简单的选择。不论认为哲学"立足于经验基础",还是认为"只有从先天原则出发才能抽引出其理论"(《奠基》IV 388,4—6),在这一选择中都缺少一个作为中间环节的(法权)人类学。谁要是嵌入了这一中间环节,同时与其对康德《法权论》本身加以修正，不如对其作为形而上学的自我理解予以弱化，那么他就可以抛弃掉某种被偏爱的对立。近代的自然法权最好能被称为"理性主义的"，从而与古老传统中的人类学传统中的自然法权相对立。就在批评者们指责近代自然法权是一种理性主义的简化的同时，支持者们则认为，近代自然法权的优点在于能够克服单纯人类学自然法权所带来的自然主义。而事实是，理性的自然法权和人类学的自然法权在近代构成的是一个整体。只有从这一整体出发，人权才能被奠基为绝对法权原则。

　　"理性法权"这一表达只强调了法权的一个方面，即法权的先天特征和真正的道德特征。与之相对的是，由于另一个表达只能在道德的和人类学的视角中得到解读，因此对近代法权文化而言不可或缺的那些原则就可以凭借着自然法权得到更贴切的刻画。提出绝对法权原则的那位哲学家把他的理论，即法权伦理学，明确地称作是形而上学的，而事实上，这一伦理学是从形而上学与人类学的结合中产生出来的。

第五章　单数绝对法权命令

　　事实上对于康德的实践哲学而言,"绝对法权命令"这一表达本身在相关的文献中并没有出现过。对这一表达在康德的《奠基》中未被提及这一事实,我们也许可以用它与道德性的联系,也即法权概念是从道德性中抽象出来的这一实情来解释。此外,属于法权命令的还有那些典型的运用条件,而后者只有从某个专门的法权伦理学中才能产生出来。令人吃惊的还有,这一表达在《法权伦理学》的一般部分以及"法权论导论"中也是缺失的。相反,类似的"德性论导论"则把自己的最高原理称为绝对命令(《德性论》VI 395)。

　　但是要断言这是一个明显的消极结论,还为时尚早。因为即使我们暂时不用考虑犯罪手法(*modus imperandi*),绝对命令也是与道德法则等价的。康德本人并不是一直坚持"命令"与"法则"之间的术语学差别,在《实践理性批判》第 7 段的标题中,康德提到了"纯粹实践理性的基本法则",也即道德法则,而在文本中他论述的却是绝对命令(《实践理性批判》V 30)。因此,我们要找的这一命令可能是隐藏在另一个不同的标题之中的。事实上,"法权论导论"为法权保留了不同的道德规定,在每一个规定中,道德都具有绝对含义。我们所研究的绝对法权命令有三种形式:首先在陈述语气中被表述为普遍的法权概念（§B），然后被表述为普遍法权原则（§C；参见"附录"：《法权论》VI 371，20f.），最后甚至在祈使形式中被表述为普遍法权法则（§C）。

即使我们把这三个形式放在一起处理，相应的文本，即"法权论导论"中的段落 B 和 C，也过于简短。因此就总体而言，我们难以期待那种当人们对基本思想进行逐步阐释、对某些观点分歧进行追踪，并对明显的误解予以探讨时所产生的深思熟虑的清晰性。然而，如果我们带着系统性的问题直面这个窘迫的文本，就可以随处找到那个在今天仍然毫不过时的问题意识。

与数学不同的是，哲学不能从定义开始论证——它必须从实事中发展出其概念。就道德法权概念或绝对法权命令的情形而言，这一"实事"具有两个要素。就"形式"而言，它涉及道德责任，涉及不同于实证效力的，也即不同于"法学"合法性的那个合法性。如今，我们都知道那个从伦理学导论中产生出来的真正的道德要素。除此之外，这一因素还在《道德形而上学》的一般部分，在《法权论》和《德性论》之前的"导论"中被提及。因此，康德是从对"质料"的规定（§B），是从与法权人类学相应的运用条件那里开始其法权探讨的。

第一节　人类学基础

那些运用条件回答的是这样一个问题：法权职责何在？这一问题可能会有多重含义，它可以从被许可的法权职责滑到可操作的法权职责，最后滑向必然性的法权职责。在没有这一区分的情况下,康德是以专题化的、极其急促且没有任何质疑的方式端出这些运用条件的。为了理解其意义和重要性,为了发现康德定义的基础,一个详尽的解释在这里乃是必要的。这里有一个作为未被诉诸语言的主导观念(*idée directrice*)而存在着的问题,即:对于人类而言,是否存在着一个不可避免的社会关系? 在从私人法权到公共法权的过渡中,康德本人也曾讨论过某个"不可避免的共存关系"(《法权论》,§42)。这一关系涉及法权的根本,也涉及法权的必然职责。康德对此的讨论分为三步:

首先,道德性法权概念涉及的"只是那个外在的、一个个人针对他人的实践关系,只要他们的行动作为事实能够具有(直接的或间接的)相互影响"(《法权论》VI 230,9—11)。在这一整体规定中有三个要素值得强调:

a) 第一个要素适用于伦理学整体。法权是否涉及外在的立法,或者德性论是否涉及内在的立法(从道德责任的角度讲),这一问题只有在关乎到个人而非实事的地方才是有意义的。对康德而言,只有主体才具有归责能力,即具有理性行为(《法权论》VI 223,24f. ,32)。至于说事实上存在着具有归责能力的存在者,人——而非动物——属于这一存在者,这一点只有从经验出发才能知晓。因此经验知识从一开始就已经融入了运用条件——而不是像那个标题所透露的,事实上"法权论的始基"本身也不是纯粹形而上学的。不管怎样,康德所诉诸的经验存在于不变的人类条件之中。我们也许可以补上一个缺失的论点,即:因为人具有思考与语言天赋,因此我们把归责能力和行动自由归于人类——当然我们不得不补充上一个"原则上如此"。这是因为,还有很多人尚未或已经不再具有归责能力，有些人甚至一生都不具备归责能力，还有一些人——要么临时，要么持久——只具有微弱的归责能力。

对法权概念而言同样重要的是，康德对归责能力是满意的。如果说意志自由概念属于德性的话，那么法权则满足于拥有一个温和得多的自由概念。按照以赛亚·柏林著名的批评（1969，37ff.），康德正是带着敌意反对着那个消极自由——做人们想做的、被允许的事情的自由——的概念。康德意志自由观念所经受的多重批评以及那些部分有说服力、部分缺乏说服力的反驳，尽管有其合理性，但是如一些批评者所坚信的那样，并不能适用于康德伦理学的整体。法权伦理学产生于"法权从意向中的解放"（本书第三章第三节），但是放弃了这一假设，即：服从法权伦理学的那些主体都是按照自律原则行动的。

　　b）一个单个的具有归责能力的主体创造不出任何法权情境，一个与自身相冲突的人也不能。只有当存在着许多人，并且他们并非处在一种审美的或理论的（沉思的）关系，而是处在一种实践性的相互关系的时候，法权问题才会产生。人们处在同一个外在世界，想要避免由于各自的行为造成的相互影响根本就是不可能的。

　　c）共同生活不具有单纯的审美或理论性质，这一点还取决于其他两个条件，它们如前两个条件一样具有经验性质。第一个条件是：外在世界是有限的，即"地面是一个……封闭的表面"（《法权论》Ⅵ 311，223f.）。第二个条件是：个人不仅仅具有纯粹的理智，还具有一个根据其广延而要求占据一部分共同世界的身体。此外，肉体性生命还有需求和兴趣，需要物质来满足；为了获取这些物质,人们以多种多样的方式参与着这一共同世界。

如果我们把这三个分支要素整合在一起,那么我们就可以从整体上获得第一个运用条件。凭借着具有归责能力的主体的实践性共存,康德就以无比清楚和明确的方式指出了决定性的因素,也使那些对附带问题的讨论变得纯属多余了。接续着霍布斯,人们曾提出一些争讼不休的问题,如:人为什么要相互影响? 这一影响是友善的还是敌意的? 可能产生的敌意的基础又是什么? 等等。所有这些人类学的——部分也是社会哲学与历史哲学的——附带问题都被康德用道德性法权概念给解决了。但是另一方面,康德也没有简单地把整个人类学束之高阁。他只是专注于一个诉求,即:寻求人类存在的不变条件。在这些条件的框架内,康德强调的是某个不可剥夺的社会关系。如果以这种方式来看的话,康德就可以避免针对近代最早的那些伟大的法权哲学家们、针对着霍布斯提出的种种批评,这些批评从对法权哲学的接受开始,历经鲍可瑙①和麦克佛尔森②,新的表述层出不穷。然而,康德的社会人类学假设并不依赖于市民竞争社会中的经济和社会条件。

通过这一系统性的简化,康德的观点不仅获得了更大的说服力,还收获了哲学上的优美感。如果有人步叔本华之后尘而忽视了这一点(《作为意志和表象的世界》,第四卷,§62),他在《法权论》中就只能看到一个没有结构的作品,从而宣告它不过出自一位垂垂老矣的作者而已。毫无疑问,康德的法权伦理学是一个非常

①   鲍可瑙(Franz Borkenau,1900—1957),奥地利作家,出版家,集权主义理论的先驱之一。——译注

②   麦克佛尔森(C. B. Macpherson,1911—1987),加拿大政治学家。——译注

紧凑的文本。但是对一位哲学家而言,决定性的优美不是文风,而是概念和论证的方式,这一方式在《法权论》中并不少见——因为康德成功地把论点导向了其核心之处,并且对这一观点的简化不仅仅是本质性的。同样不能成立的还有第二个批评模式,即:在判断法权—国家哲学时受到青睐的人类学相对主义假设。按照这一假设,不同的法权奠基应该依赖于不同的人类理想,而关于后者不能再有决定性的结论;并且,(法权)人类学相对主义最终也会成为多余的,而客观的法权奠基也是不可能的。就第一个运用条件而言,存在于康德和同时代哲学家(如门德尔松)之间的差别不在于"他们的人类理想的差别"(奥特曼 1981,43),而在于不同的根本性反思之中。

　　按照第二个运用条件,法权所依赖的并不是"任意与愿望之间的关系(其结果是与单纯的需求之间的关系)……而只是与他人的任意之间的关系"(《法权论》VI 230,12—15)。康德对任意的强调,或者说对行动自由,而非意志自由的强调,与他在归责能力中表达出来的初衷是一致的。另外,如果说人们愿望的东西是只有在其自身能力之外才能实现的话,那么任意涉及的只是人们相信通过自己的行动就可以实实在在实现的东西。由于法权的目标是作为事实的行动及其相互影响,而单纯的愿望则停留在人的内在之中,因此康德的高明之处就在于把行动自由当作自己的出发点。各种各样的内在世界——它们可能还会是异质性的——可以毫无问题地相互共存,但是只有同一个外在世界能够创造出无可逃遁的法权使命。

　　康德把未被表达出来的需求(230,12f.)及其实现(即幸福)一

起归入被他排除在外的愿望之中。按照康德的观点,对同侪之福
祉的关心以及"慈悲和冷漠"(230,13f.)都不是法权的职责所在。
在"论谚语:'理论正确,实践无方'"的第二部分中,康德曾经对霍
布斯进行了批评,并对自己把一切"朝向幸福的意图"统统排除在
外的法权概念之特征做了清楚的强调(VIII 289)。事实上,人们经
常看到的是霍布斯和康德在道德概念上的差别。其实,霍布斯在
第二个自然法则中借助相互性和平等性思想表达出来的道德原
则,与康德的普遍法则标准十分接近。不过在法权的运用条件那
里,我们可以找到二者在描述性方面存在的差别。不论如何,按照
康德的意思,霍布斯并非明显地属于有待批判的那些立场。这是
因为,尽管霍布斯致力于对自我保存和幸福这一自然追求的研究,
但是在具有决定性的第二条自然法则的第二部分中,他却只是谈
到了自由问题(《利维坦》第14章)。

　　实事求是地说,康德反对的是功利主义的法权理论。在"所有
人的福祉"这一标准中,存在于任意和需求之间的概念差别已经被
包含了进来。这样一来,按照康德的观点,存在于法权和关于慈悲
的德性义务之间的区别就被抹杀了(参见《法权论》VI 230,14)。
此外,他认为任意关系满足的只是不可避免的共存之中的那个主
导条件。人们很可能会忽视其他人的简单需求,但是从同一个外
在世界的角度讲,从根本上摆脱其他个人的任意乃是不可能的。
因为康德几乎不了解边沁以及后者在《道德与立法原理导论》中对
功利主义的系统阐述,因此从历史的角度说,康德的批判毋宁说更
是针对沃尔夫和门德尔松的。因为在后两者这里,法权和国家秩
序要为义务人道主义(*officia humanitatis*),要为博爱和团结的

义务负很大的责任。

康德暗含的对功利主义的批评不仅具有法权理论的意义，更具有法权政治学意义。这一批评把社会和福利国家使命从道德性法权概念中排除了出去，康德也就变成了一位政治自由主义的代言人。对康德而言，福利国家的发展在实用意义上无论如何都是合法的：以便借助福利国家，像"针对外敌"一样确保内在的"法权状态"（"谚语"VIII 298）。我们还可以在"不要侮辱他人"这一命令中找到康德式的有利于福利国家的观点，正是因为这一命令，人们才不能"要么把慈悲假设为单纯的责任，要么假设为微弱的爱的负担"——但是康德认为，这一命令只适用于德性义务（《德性论》VI 448f.）。

就系统评价康德法权概念这一目的而言，下面的质疑也是重要的。第一个质疑是，康德激化了任意和需求之间的概念分野，也就是说，很大一部分行动自由实际上是受到需求的支配的。在需求被引向特定的行为，从而与康德的法权概念相容的地方，或者在它们保持为内在，根本不存在法权问题的地方，康德可能都会反对这一质疑。第二个质疑似乎有所不同。按照这一质疑，行动自由——就像康德本人在其财产理论中注意到的一样——是与"外在的'我的'和'你的'"联系在一起的。现在，谁要是宣称自己一无所有，谁要是像一些重度伤残者一样不能提供任何劳动力，那么只有当他获得社会福利的资助时，他才具有实在的行动自由。最后，行动自由是一个比较性的概念。它在多大程度上是现实的，这取决于经济力量、理智能力，取决于精神稳定性，有时候甚至取决于针对他人迅速实施自己想法的意愿。由于在康德对福利国家的批判中缺少这些质疑，因此就会产生这些针对其确定立场的合理质疑。另外我们将会看到,决不能在政治自由主义的意义上来理解绝对法权命令。

按照第三个运用条件,处于相互关系中的任意不依赖于质料,而依赖于形式(《法权论》VI 230,16f.)。康德用这一易被误解的说法表达的意思,只有通过他举的例子才能解释清楚。例如,一个买了东西的人不会被追问这个东西是否对他有利。在这个例子中,任意存在于买卖行为之中,相互关系存在于物品和货币的交换之中,任意的质料(参见 230,16f.)存在于交换伙伴所遵循的意图中,而相互关系的形式在于:交换是在没有强迫和欺骗的情况下,为双方所知晓,并自愿("自由":Z.21)发生的。

关于法权不依赖于任意之质料这一观点,可以从道德视角出发得到证明,因为按照康德的观点,对质料的排除和对形式的重视都对这一视角具有建设性的意义(参见《实践理性批判》,§§2—4)。但是针对这一假定,也有人认为,交换过程也可能在强迫和欺骗之下发生,并因此获得一个非道德的形式。康德一开始使用的是另外一个形式概念,关于他的这一命题的根据只有在法权概念的前道德因素中才能找到。因为绝对法权命令本身与不可避免的社会关系有关,因此只要那些意图不至于变为某种行为,他就可以对它们不予理会。

第二节　人权的原则

谁要是能从道德立场出发来思考具有归责能力的个体的共存,并考虑到康德的普遍法则标准,他就可以获得一个关于法权的道德主义概念:这就是那个经常被引用的表述,即"法权是使一个人的任意与另一个人的任意能够按照普遍的自由法则统一在一起的诸条件的总和"(《法权论》VI 230,24—26)。

这个句子由于言简意赅而容易招致误解,因此需要再加上几条解释——前提是,前面给出的限制都是有效的。尽管康德谈论的是如其所"是"的法权,然而他并没有给出实证法权的定义,相反他展示的是法权的"道德概念"(《法权论》VI 230,7f.)。在这一概念中,人们想到的是一个能够把道德上合法与不合法的法权区分开来的标准。道德性法权概念可能也会主张,它能够以道德上合法的方式对一般的人类共同生活进行合法构造。在第一种情形,也即较为温和的情形下,这一概念具有使法权规范化的意义;在第二种情形,也即或补充性或相反的情形下,它具有使法权得以构建的意义。但是康德本人并没有引入这一区分,至于他赋予道德性法权概念的使命是什么,这要留待下文来疏解。

当康德在道德性法权概念中谈论"自由之法则"时,他似乎收回了把法权从意向中解放出来的想法;相反,似乎他的"自由"意味着意志自由,也就是道德性或者法权意向。但是随着观点的展开,康德在 C 段落中明确地说,人们无须把法权原则变成准则(《法权论》V231,3ff.)。他还认为,如果有人不是从"义务",而是从其他动机中确认法权原则,那么在法权意义上他还是道德的——对法权意向的进一步要求所强调的只是伦理学,也即德性论。康德用"自由"这一限定词把法则限定在了道德法则范围之内,它与自然法则的区别在于,如果没有自由的承认,它不会获得任何现实性。

不过,当康德进一步讨论某个"普遍的"法则的时候,"普遍的"

这一限定词却不能被理解为解释性的。每个法则——尽管没有被表述为专名——都包含着特定程度的普遍性,这一点是如此明显,以至于康德两次明确谈到这一事实(230,22,25f.)。这个普遍性中的特殊性使人想到康德的一般的道德标准——道德性法权概念是康德普遍主义伦理学计划的一个部分。

由于这个普遍性的因素,作为终极规定根据的个人福利和集体福祉就被扬弃了,而实践形而上学的因素则同时显现了出来。那个主张按照普遍标准对法权人类学进行构造的道德性法权概念,实现了"实践形而上学加人类学"的合法性模式。但是另一方面,形而上学局限于真正的道德因素上,即普遍的道德因素上,而其他那些形而上学因素——尤其是那些理论形而上学的预设,则根本没有出现。包含在绝对法权命令之中的形而上学是毫无问题的。

根据这一道德概念,法权是从某个关于行动自由的全面相容性之中产生出来的。康德并没有注意到(或许这对他而言是不言自明的),这一概念首先具有一个消极的方面,即:每个人的行动自由都是受到限制的。这一限制在事实上先于国家法权的奠基,此外也先于私人法权的奠基——它是从一个先于财产权及其公共保障的法权概念中产生出来的。

康德并没有解释,为什么自由在根本上应该受到限制。一个可设想的论证是:诸个人生活在同一个外在世界,因而永远可能的是,或者是一个人想要居住的地方已经有人居住,或者他具有和他人一样的欲求。不管在哪一情形,冲突总会产生,因此行动自由将会受到限制。按照这一论证、这一关于初始自然状态的思想实验,第一个对自由的系统性限制就不是什么道德现象,而是与单纯的共存不可避免地捆绑在一起的某个偶然性和"天然局限"(参见赫费 1987,第 10.4 章)。只要是多个个人分享着同一个外在世界,那么就没有一个人能在不限制他人可能的生存空间的情况下,只主张自己的生存空间。只要仅有一个世界,而人却有很多,相互的自由限制就是不可避免的。

对自由的限制是通过确定的形式获得其道德意义的。并非每个限制在道德上都是合法的,事实上只有那种遵循着普遍的、在各个方面都具有严格平等性的法则的限制才是。康德本人只是强调了第二个积极的方面,即一个人的任意可以与他人的任意"统一起来"(《法权论》Ⅵ 230,26):以严格平等的方式发生的对自由的限制,也因此意味着对自由的保证——按照其道德概念,这一对自由的保证是以完全同样的方式发生在所有人身上的。对自由的限制和对自由的保证,乃是同一个过程的两个方面。只有在人们按照某个普遍法则对自由予以限制的地方,自由才能得到全面而平等的保障。

康德再次把关于法权的道德原则联系在了道德概念上(§C)。概念和原则只是从不同的视角出发表述着同一个事情。法权概念涉及的是客观性法权,而法权原则定义着相应的主观性法权,定义着人们按照客观法权支配着的行为整体(《法权论》Ⅵ 230,29—31)。法权原则构成了用来检验法权强制力意义上的主观要求的道德标准。这些要求先于并独立于实证性法权行为而存在,而我们把那些前实证—超实证的法权称为天赋法权或人权。与人权标准相对应的是道德性法权原则。在"天赋法权只是独一

无二的法权"这一标题下,康德在《法权论》的"导论"中还有这样的
说法:"自由(对于某个具有必要的任意的他人),就其按照某个普
遍法则能与每一个另外的自由共存而言,乃是一个独一无二的、本
源性的、每个人凭借其人性都能享有的法权"(《法权论》VI 237,
27—31)。

　　与道德性法权概念相对应的是正义理念。自亚里士多德以
来,我们对正义做了各种各样的分类。康德所谈论的既非审判的
正义,也非矫正性的正义。由于对自由的限制的相互性,笔者把康
德讨论的正义归为第三个种类,即交换正义。按照这一解释,人类
的共同生活从系统性的角度看就不再首先取决于物品和服务的分
配,而是取决于共同生活的人们所做出的相互交换。人们在交换
中想到的当然不仅仅是经济学上的财产;在系统上具有优先性的
人权中,在对身体和生命的保护中,交换的是对自由的放弃——每
个人都必须放弃在冲突中杀死同胞的权利。

　　康德所表述的道德性基本法权原则不适用于立法者或立宪
者。这一原则的接受者是"自然的法权享有者",是人——只要人
们在尚未具有与国家的关系,而只是在共同的外在世界的基础上
以多种方式相反或相成地活动着。与这一"自然状态"相关的国家
法权关系具有次要的,但同时也是不可或缺的重要性(参见《法权
论》,§§ 41—42)。康德反对对国家的过高评价,但是他却补充认
为国家乃是必要的。

　　最后,康德为法权道德引入了第三个变量,即普遍的(同时也
是道德性的)法权法则。由于法权概念和法权原则所探讨的东西
在这里被表述为一个命令,因此我们也终于找到了那个准确的绝

对法权命令,即:"尽管这样去做,以便对你的任意的自由使用与任何一个人的自由能按照某个普遍法则共存"(《法权论》Ⅵ 231,10—12)。因为这一事实——即遵守着某个普遍法则的行动自由的相容性——已经在法权概念和法权原则中得到了表达,因此后二者也等同于对绝对法权命令的表述。

如果我们赋予一个人法权的强制力,那么我们要同时主张,其他所有人在法权上都被禁止阻止与这一强制力相应的行为和许可。这同样适用于人权这一特殊情况。比如说,只有在法权上阻止了他人对我施加身体伤害的地方,我才具有对自己身体和生命的权利。以积极的方式来说,属于法权强制力的还有一个第二阶的强制力,即:人们允许强制执行被命令或被禁止的事情。如果道德性法权概念没有考虑过强制力的合法性的话,那么它将会是不完整的——但是,不无争议的恰恰也是这个合法性。

例如,罗尔斯就是从社会性基本权益出发来解释正义原则的。为什么这些善是正义的?或者,为什么它们能成为人们在必要情况下用强制力推行的要求?对这一问题,罗尔斯并未给出满意的回答。诺齐克①尽管看到了罗尔斯的理论缺陷,但是同样也没有给出令人信服的答案。现在,康德就可以提供一个保证可以修正这一合法性缺陷的观点了。不同于诺齐克(1974,131ff.)的观点,即强制性职责只有通过两个层次才能得到证明,康德在强制力权威中看到的是每个道德职责的确定因素,只要这一道德职责具有

---

① 诺齐克(Robert Nozik,1938—2002),美国哲学家,其名著《无政府主义、国家和乌托邦》(1974)构成了对罗尔斯《正义论》的一个有力的自由主义反驳。——译注

法权性质。康德采取的是一个只具有一个层次的合法性,他认为,强制力权威与法权"是按照矛盾律结合在一起的"(《法权论》§D;参见§E,以及《法权论》Ⅵ 233,34f.)。康德在这里把"法权"理解为一个主观性概念,也就是一个合法诉求。相应的,这一命题对于客观性法权、对于那个表述了主观性诉求的基本规则也是适用的。

人们其实可以从某个背反论中,也就是从那个存在于严格的法权实证主义与严格的无政府主义之间的矛盾中引出这一合法性。按照实证主义命题,法权秩序持有一沓空白支票——它的强制力处处合法。按照无政府主义的反题,任何一个强制力都是可以被拒斥的。对这一背反论的解决就在于那个同时限制着其效力的强制力合法化过程之中,而合法化和限制的尺度则存在于康德的道德标准中,即存在于可普遍化之中。

在这一论证过程中,合法化任务的典型特征似乎也就更好地显现出来了。另一方面,这一论证重复了曾经属于法权运用条件,但在那里并未得到充分论证的某个疑虑。关于初始的自然状态的思想实验正好证明,不管是法权背反论的正题还是反题,本身都是自相矛盾的。在对无政府主义的探讨中,重要的是要看到,这一思想实验显示出来的乃是强制力的最初阶段。作为多个个人必须分享的同一个外在世界的结果,系统上的初始强制力实际上是在我们的背后发生的——但是无论如何,它永远不能被归结到某个人身上。

弗洛伊德在反对简单欲望原则时引入的实在性原则,在这一社会性初始强制力中有其系统性起源。因此,当弗洛伊德用文化来解释实在性原则的时候,他陷入了迷惑之中。事实上,不可避免的社会强制力产生的根源不是文化,而是单纯的共存。人类社会本性的"阴影面"也潜藏在这一共存之中:柏拉图和亚里士多德以来,主张人之类社会本性的观点本质上是正确的,但同时也片面地强调了其积极方面。不过我们也不能滑向相反的立场,同样片面地只去强调一个消极方面。超越某个忽而积极、忽而消极的眼光,我们就能以一种法学的批判方式看到,人的社会性不仅仅是幸事,同样也是累赘。

　　相对于不可避免的社会强制力,现在则可以实施前面提到的那个思想实验了。如果(主观性)法权与严格的法权实证主义的一致性意味着一个随意的强制力权威的话,那么关于一个法权主张的概念也就被抛弃了。每个人为自己主张的东西,不管是财产权,还是身体或者生命,都同样会被他人所主张。按照无政府主义的反题,凡是在缺乏强制力的地方,人们都为了认同之故而依赖于他人的善意——而生命和财产并不具有主观性诉求的重要性。前面那个暗含着的思想实验对应着道德性法权概念的两个方面。它详细地解释了这一主张:只有通过同样相互性的自由限制,相互性的自由保证才是可能的。因为这一思想实验在康德那里是缺失的,因而他并没有开创出一门批判性法权伦理学所能提供的种种可能性。

　　康德在"伦理学说导论"中没有展开对法权背反论的基本论述,对于这一事实,我们也许可以从历史角度寻求解释并认为,在康德写作《法权论》的那个时代,也即 18 世纪末期,不论是正题还是反题都还没有被认真地提出来。对于这一主题,人们大概也不过是从霍布斯的《利维坦》中引用几个特定的段落而已,如"主权不

应被归为市民社会的法律之下"(《利维坦》第 26 章)。康德曾经在
"论谚语:'理论正确,实践无方'"的第二部分中讨论了霍布斯,但
是他并没有在这一方向上阅读《利维坦》。在康德《法权论》发表半
个世纪之后,蒲鲁东等一众影响卓著的无政府主义者才凭借着这
一反题登上历史舞台。尽管在康德发表该文的四十年前,已经存
在对每个政治统治的激烈批判,即埃德蒙·伯克[①]的《对自然社会
的辩护》(1756),但是这一批判并没有针对每一个国家强制力,而
是针对国家形式。他根本没有提出关于法权的反题,而只是提出
了一个部分,即法权的反题,而康德本应在从前国家法权到国家法
权的过渡中阐述这一反题的。但是不管怎么说,康德在其《法权
论》的第 41、42 和 44 段中并没有对此反题予以讨论。一般而言,
法权背反论的反题(即无政府主义)的确出现在他的作品中,此外
甚至作为"不包含暴力的法则和自由"(《人类学》VII 330)出现在
一个中立的定义中,但是这一反题毕竟没有出现在《法权论》中,在
《法权论》之外,它只在体系性上具有某种被事后追加的意义(参见
《纯粹理性批判》A IV;"谚语"VIII 302;《学科之争》VII 34)。

　　康德在段落 C 中已经为强制力权威的真正论证做了准备,并
在段落 D 和 E 中得到实施。与这一非常形式化的论证相对应的,
是内在于法权概念的强制力权威这一证明目标。

　　人们一听到"强制力",首先想到的就是身体暴力。但是除此
之外,还有很多其他的强制形式;不仅存在直接的强制,还存在间
接的强制,后者是从社会依附或者经济贫困中产生出来的。由于

---

① 　埃德蒙·伯克(Edmund Burke,1729—1797),爱尔兰政治理论家。——译注

康德没有进一步介绍过可能的强制概念的范围，因此人们乐意把一个狭义的、局限于身体暴力的概念加在他身上。事实上，强制力发生的方式是身体的、精神的，还是经济上的，是容易感受到的还是隐藏起来的，是直接实施的还是间接实施的——这些问题都还没有答案。对于基本的立法而言，这些问题具有次要的性质，而康德的高明之处就在于不去深究这些问题。相反，关键的问题是，这一强制力在道德上是否是被允许的？或者在必要的情况下，在多大程度上在道德上是被允许的？康德对此问题的回答既简单又令人信服，即：当一个强制力与一个非法的强制力相抗衡的时候，他在道德上就是合法的。

因此康德首先反对的就是法权背反论的这一反题，严格的无政府主义被他无声无息地拒绝了。"可以有强制力"，康德解释道，但是它只有在两个严格条件之下才是合法的。凭借着这两个条件，康德反驳了那个从法权背反论中产生的观点。首先，只有在已经存在着强制力的地方，也就是说别人已经侵入到我合法的自由空间的地方，强制力才是被允许的。合法的强制力不是攻击，而是保护自己；它不是侵略性的强制，而是防卫性的强制，是反强制。其次，在防卫性强制的范围之内，只有那个针对着非法行为而使用的强制力才是合法的。否则的话，一个小偷阻止被偷的人夺回他自己的财产，这在法律上也就是道德的了。小偷使用的是一个反强制力，他的行为是防卫性的，但却不是合法的，他的行为并不是正当防卫。

在康德看来唯一合法的法权强制力，即正当防卫，表现为两种形式：预防性的和矫正性的。当盗窃行为将要发生的时候，我们有权利阻止；如果已经发生，我们则有权利索回被盗的东西。但是，正如反强制力要局限于正当防卫一样，这个观点也只有上述这样才是成立的。如果有人不但阻止了盗窃，而且还故意伤害了小偷，或者如果有人拿回的东西比被偷的更多，那么这本身就是非法的了。

为了对作为正当防卫的强制力予以合法证明，康德使用了"对效果的阻止"和"与阻止相对立的反抗"这两个概念（《法权论》Ⅵ 231,24f.）。我们可以把这两个概念理解为"实践性的否定"："阻止"是对行动的简单否定，而"对阻止的反抗"则是对一个行动的双重否定。当一个行动按照法权原则具有道德合法性时，简单否定，即阻止，定义着道德上的非法（参见 230,32—34）；相反，非法则存在于对某个合法的行动自由的阻止之中（231,26f.）。康德正确地指出，谁要是否定了这个否定，他就重新占了理。当反抗被用于非法时——不管它是预防性的，还是矫正性的——非法都将被扬弃，而法权将会被再次确立："当对自由的特定使用本身变成了对服从普遍法则这一自由的阻止时（即非法的），与此相对的强制力——作为对自由之阻止的阻止——将与服从普遍法则的自由相一致（即合法的）"（231,28—32）。

在这一合法性证明中，康德只讨论了合法和非法的道德概念，以及人们借助双重否定而重新占理的逻辑操作。这样一来，强制力权威就可以包含在法权原则的概念之内，而康德也不无道理地认为他的合法性证明是分析性的："因此与法权相伴随的，还有一个按照矛盾律结合在一起的权威，后者具有对触犯法权的人实施强制的权利"（Z.32—34）。康德的确曾经指出，法权原则的定义包含着强制力权威,在法律上得到许可的事情也包含着一个第二阶的许可,即在第一阶上被许可的事情是可以被强制的:"法权和能够强制的权威具有同一个意义"(232,29)。

由于绝对法权命令是从道德视角在经验性基本事实——即具有归责能力的主体的共存——的运用中产生出来的,强制力权威在与绝对法权命令的关系中具有分析性质,因此强制力权威也就实现了康德法权伦理学的计划。相对于经验性基本事实而言,权威是通过纯粹理性的方式得到奠基的。正如绝对法权命令一样,法权的强制力权威也是先天的——当然只具有与法权人类学相关的相对先天性。"实践形而上学加人类学"的证明模式仍然是成立的。

第三节　对　位　点

后现代哲学所代表的是一种根本的多元性。不过,它涉及的既非政治多元主义,也非围绕着公共效用和议会影响力的那些团体。"后现代"的鼓吹者或者采用了对社会现实予以描述这一形式,或者将此作为对自己的要求,总之使他们为之奋斗的是多种多样的生活方式和社会文化形式。我们无须重复那些鼓吹多样性的观点,但还是要问,这一多样性多少才算够。它真是如所宣称的那样根本,以至于达到了事物的根基吗?

为了使多元性真正存在,必须满足不同条件。首先,必须有不同的需求、兴趣、能力和信念,否则就缺少形成不同生活方式和文化形式的契机。其次,还需要个人的或社会性的能力,以便能够把这些差别转化为自己的生活方式,并且在困难的条件下保存这些特性。法权秩序对这两个条件只具有间接的影响。相反的是,它对第三个条件则具有直接的和本质性的意义:即不同个人和群体按照自己的独特方式去生活的权利。绝对法权命令正好为此表述了一个标准。也就是说,每个个人和群体都有主张独特方式的权利,当然也有主张任性(Eigensinn)的权利——前提是,这样的要求有相互性,对每一个人都同样有效。

　　绝对法权命令是上述所有一切条件的尺度所在,如果没有对这些条件的认可,一个权利平等的自由之中的共存就是不可能的。因此我们可以再次回顾卢曼的观点,即社会的整合不能超越道德;但是在这里,相反的观点才被证明是正确的。只要一方面受到压制,就根本谈不上整合。"整合"这一表达流露出来的是一个用来评价融入社会的人们的平等性的标准。这里正好存在着与卢曼相反的观点:如果没有绝对法权命令所主张的最小化的平等,如果没有法权道德的基本层面,社会的整合就是不可能的。

　　绝对法权命令是通过人类学思考与道德评价——在实践的意义上,也是形而上学的评价——之间的相互作用而得到奠基的。不论是人类学,还是实践性的形而上学,都主张某个统一性和普遍性。后现代哲学以及关于根本多元性的理论已经开始思考这种契机的可能性。通常来说,人们对人类学和形而上学的因素抱有戒心,因为据说它们会偏向特定的生活方式,并因此冷落那些在今天得到越来越多实现的根本的多元性。的确,存在着一些人类学和形而上学的观点,人们完全可以用意识形态批判的方式,认为它们企图把个别的生活规划塑造成普遍有效的标准和价值。但是对于那些通过其联合而构造出绝对法权命令的人类学和形而上学因素而言,这一点并不成立——它们并不包含统一化趋势。相反,这些条件得到了明显的强调,因为没有它们的话,愿望之中的多元性根本就不能生存。

后现代哲学要在当代音乐会上主导声音的旋律,但是对多元性的赞美显然高估了它的能力。后现代所主张的多元性可能比迄今为止的一切都要根本,但是与一味根本下去相反的是,它急需某个对位性的统一性。在与多元性声音的关系中,绝对法权命令不仅仅是统一性的反调,事实上它在方法论上有一个更准确的意义。作为假如没有它多元性就不可能成立的条件之一,绝对法权命令在系统上优先地具有先验重要性。

现在我们就可以回到这个问题上来了,即:绝对法权命令的任务域有多大范围? 是否绝对法权命令只回答那些关于法权规范化的相对温和的问题,例如:哪些法权基本原理是合法的? 哪些是非法的? 或者,它承担的任务只在于去指出,为什么在一个社会中应该有法权? 我们就多元性所说的,同样适用于个体性:绝对法权指出的是一个如果缺少了它,行动自由的共存就不可能存在的条件。正是在这里,康德意义上的法权伦理学获得了一个更大的意义。当人们期盼着从一个道德原则之中通常只能得到规范性意义的时候,康德法权伦理学的基本概念,即绝对法权命令,还接过了一个对法权予以构造的任务。此外它还要求,对人类的共存从根本上进行合法性构造。同时,先验法权伦理学的分量也得到了提升。它不再是一个分支性的社会伦理学,而是社会理论的基本学科。

在法权伦理学的框架之内,首要的、严格意义上的形而上学观点把关于法权的道德概念看作绝对法权命令,并且根据其责任把它看作纯粹的理性概念。第二个,也即先验的观点指出,只有在绝对法权命令的基础上,社会世界才能被构造成一个客观有效的世界。当然,这里涉及的不是我们所熟悉的理论客观性,而是实践客观性;不是关于自然的对象世界的真理,而是从人类的共同生活中产生出来的世界正义。在形而上学观点中,我们给对位点的定义指向着主导性的经验性法权文化;在先验的观点中,这一对位点获得了一个构造性的意义:也就是说,在人类之中建立起某种法权强制力,从根本上来说在道德上是合法的。不仅如此,为了使每一个人的行动自由成为可能,建立强制性的法权关系在道德上也是必须如此的。

另一方面,对于个体性、多元性和一般而言的行动自由而言,绝对法权命令表述出来的只是众多条件中的一个条件而已。它只是讨论了社会的方面,并且也只是从(强制性)法权的视角做了讨论。从国家理论的角度来说,它讨论的是法权国家问题。是不是社会性的使命因此就被从合法的国家活动之中排除出去了?既然我们已经把绝对法权命令解释成了交换性正义的原则(赫费1987,尤其是第 3.2 章),现在毫无问题的是,我们可以用矫正性的正义去完善交换性的正义,不论是以这种方式还是那种方式,之前的不正义都可以得到补偿。借助这一原则,福利国家的优点就可以合法化了。

补偿原则的适用范围有多大?它怎样能被用于具体情形?这都超出了这里所探讨的基本问题。但是,按照绝对法权命令的自我理解,我们在这里还必须回答这样一个问题:应该把这一命令理解为强制性共存的充分条件还是必要条件？康德本人并没有提出这一问题，但是它对法权哲学和国家哲学至为重要。也就是说，它决定着下面的选择：如果这一命令展示的是一个必要条件，那么它追寻的就是一个先验社会科学的理念。它所体现的将是政治合法性的原理，表述的是那些如果缺少则不存在任何法权秩序的职责——不仅如此，如果不能杜绝这一情况，即某个法权秩序在必要的职责之外还承担非必要的但是可操作的职责，那么就没有一个社会在道德上是合法的。相反，如果这一命令表达的是充足的合法性的话，那么它将不满足于仅仅成为一门先验的社会科学，而是要成为一门政治理论，甚至成为一个政治纲领：成为致力于最小化国家或者守夜人国家理念的政治自由主义——如果不是从一门关于补偿的严格政治学来看的话，政治自由主义将拒绝任何一种福利国家和文化国家形式。

至于康德本人对这个"充分条件，还是必要条件"的选择有什么看法，这当然可以存而不论。事实上这里体现出来的是对绝对法权命令的一个较为温和的理解——对现代性对位点的一个仅仅是先验的，而非政治学的或自由主义的理解。对于从先验解释到政治解释的过渡，我们需要更多的思考。其中的一些思考在对第二个运用条件的解释中已经提到过（参见本书第五章第一节）。康德并没有提出诸如此类的问题，在单纯的先验法权伦理学框架之内，似乎也不存在这样的契机。

第二部分　绝对法权原则的实例

第六章　功利主义一览

近代以来在思想方式和生活关系上发生的根本变迁，并非没有对道德及其哲学理论——即伦理学——提出挑战。有时候人们甚至有这样的印象，正是在这一领域内，现代性获得的破坏性的力量远超其再生的能力。直到今天，在较高的伦理学"需求"和满足这一"伦理学需求"的较低的论证潜力之间，还存在着一个错误关系的风险。

功利主义是少数几个抵制现代性"解构性力量"的伦理学立场之一：在德语哲学圈里，这一主张显得自相矛盾，与主流观点相抵牾。因为在这里，人们把功利主义看作一个直白的效用道德，人们把它与私利和机会主义相提并论，认为它的"极端"是"纯粹的价值虚无主义"（哈特曼[①] 1935，79）甚至是"赤裸裸的经济主义"。事实上，功利主义致力于所有人的幸福这一主张完全不同于自私自利和机会主义。它之所以能够在晚期封建主义和早期资本主义的大不列颠激发出一系列的社会和政治改革，这绝非偶然。即使在今天，在关于世界经济秩序、我们为后代所承担的经济责任，甚至在

---

① 　哈特曼（Nicolai Hartmann，1882—1950），生于拉脱维亚的德裔哲学家，批判实在论的主要代表，20 世纪最重要的形而上学家之一，曾受教于新康德主义马堡学派的科学和那托普，代表作为《知识形而上学概要》。——译注

非人类中心主义的动物保护等问题上,功利主义仍然没有穷尽其社会批判潜力。

在德语哲学圈里,对功利主义的压倒性反对可以回溯到 19 世纪。尽管当时人们已经翻译了功利主义伦理学两位经典作家即边沁和密尔的作品,但那个时代的文化领袖仍然武断地拒绝了功利主义。在《德意志意识形态》的"道德、商业和剥削理论"一章中,马克思和恩格斯指责功利主义是"人民对人民的剥削"。尼采把功利主义列入"浅薄的思维方式和幼稚"之列,认为"任何一个对构形力和艺术家的良知有所觉悟的人,都会无不鄙夷同时无不同情地轻视它"(《超善恶》Nr. 225)。在《偶像的黄昏》中,他向功利主义射出了他的"名言和利箭":"人们并不追求幸福——只有英国人才这样"(Nr. 12)。

对绝对法权原则而言,功利主义意味着对位点的对位点,它构成了当今经验性、实用性伦理学最行之有效的模式。在讨论绝对法权原则的几个实例之前,我们先来研究与康德理论相对应的功利主义。

第一节　对正义的质疑

自边沁和密尔以来,功利主义的经典著作所经历的批评并非如此周全:有的批评针对人类的幸福可加计算这一思想;有的针对计算的价值理论前提,即"快乐和对不快的克服是唯一可以作为终极目的而具有追求价值的东西"(密尔:《功利主义》第 2 章)。最后,人们还批评功利主义,认为它并没有充分证明自己的道德原则,即所有人的最大幸福这一原则。在这些针对功利主义的批评中，最重要的是第四个批评，它是以正义之名提出的批评。

虽然说，边沁所引进的幸福计算工具（即幸福计算法）在后世得到了多重改良，但是我们万万不可为这些聪明的建议所迷惑，而忘记了，个人之内的和人际间的效用比较至今也没有得到进一步的解决。然而功利主义可以降低它的要求，放弃完全可计算性的思想。不同于从书面上理解这一计算法的做法，功利主义可以成为某种调节性的理念，或者说一个主张，以便为了实现均衡选择这一目的，去搜寻可能的行动可能性，并从人类福祉的角度权衡它们的利与弊。

针对快乐主义提出的第二类批评往往不是非常尖锐，至少乍看上去是这样。对于托马斯·卡莱尔①主张快乐主义只是"猪才配享有"的"猪的哲学"这一批评，人们可以用内在的区分，例如密尔的质的快乐主义来回应。此外，量的快乐主义在用于这一批评时，也做不到毫发无损。因为人们具有各种各样的能力和兴趣，因此按照动物的模式恐怕是找不到什么幸福的。除此之外，功利主义还要求考虑别人的幸福，因此人们在给定的生活关系之中必须放弃掉他的一部分幸福，甚至按照密尔夸张的说法，要放弃掉全部幸福（《功利主义》217f.；德译本 29）。在不准备放弃的地方，要追加内在的惩罚（良知的煎熬）和外在的惩罚（社会、法律惩罚）。如果我们把所有人的幸福看作间接的意图（*intentio indirecta*），从而与尼采的批评——即"人类并不追求幸福"——相对立，那么其他的怀疑也将难以成立。为了幸福的缘故，个体行为以至于公共行为中的特定障

---

① 托马斯·卡莱尔（Thomas Carlyle，1795—1881），苏格兰哲学家、社会评论家。他曾批评功利主义哲学把人仅仅当作欲望的造物，而非上帝的神圣造物。——译注

碍和壁垒原则上都已经被清除了；为了有价值的生命，游戏空间和活动场地也被开辟出来了——但是，幸福本身则没有定论。

按照第二类批评，功利主义在证明其道德原则时存在着困难，其他的道德理论也无不如此。争讼不休的是，道德原则的证明应该是什么样子。此外，即便密尔所青睐的证明尝试难以令人信服（《功利主义》第 4 章），但是人们还是能够追加上一个结论性的证明。

在迄今为止所提到的问题域中，关于功利主义的讨论都属于"规范科学"。通过对理论诉求的细分、补充性假设或者演绎，这一科学取得了长足进展。最后，这一理论甚至可以以一种"批判"的形式——更好地说，是"自我批判的功利主义"——得到辩护（参见赫费 1975，第 7 章）。相反的是，那个以正义的名义被提出来并因此获得其独一无二的重要性的批判，则难以被整合到"批判的功利主义"思想之中。在功利主义批判的框架之内，它越出了"规范科学"道路，而主张某个真正的范式转换——这一主张的基础是一个双重命题：按照差集命题，功利主义和正义只具有部分不同；按照优先性命题，在差异性的种种情形中都存在着正义的优先地位。

人权理念是最重要的正义原则之一。单单从概念来看，人权也不允许以更大的集体福祉之名义而受到伤害。相反，功利主义并没有排除的是，在特定的外围条件之下，奴隶社会或封建社会、警察国家或军事国家在道德上不仅是被允许的，而且甚至是必须如此的——前提是，整体的福祉因此得到了提升。功利主义呈现的是一种集体性的自我主义，它允许对少数人进行压迫或歧视，甚至允许侵害他们的人权——只要这关系到多数人的更大改善，并能提升后者的集体福祉水平。

　　尽管功利主义和正义之间的对立可以通过更进一步的考察得到缓和,尽管按照特定的经验性假设,即边际效用递减法则,从功利主义之中甚至可以产生出严格的公平交易,然而,即使不必向被歧视者提供补偿,一个人的不幸在面对他人的幸福时可能始终会被错估。当功利主义因为额外的正义考虑而放弃了平等的共同福祉这一抉择,也即在福祉上无差别的($wohlfahrts$ indifferent)选项时,完全相反的抉择对我们的道德意识而言似乎才更为正确。只有那些抉择,即在正义上无差别的($gerechtigkeits$ indifferent)选项是合理的时候,它们才可以服从最大化集体福祉的附加标准。

　　功利主义和正义的差别基础,是对规范性基本概念的不同定义。按照功利主义,"道德之善"等同于"对所有人的整体的善"。相反,在"正义"这一出了名的多义性概念之中,至少"道德之善"这一含义等同于"对每一个人的善"。当功利主义在集体意义上定义着善的时候,正义对善的定义至少在一个方面具有个体性意义。在差异性这一情形下,个体性的福祉,也即正义,具有优先地位。

　　把"道德之善"定义为集体福祉,这构成了功利主义伦理学最内在的核心。根据我的判断,这一概念在逻辑上不依赖于其他诸要素,因此构成了核心的核心,或者首要的核心。同时,我把功利主义的其他要素降级为它的外在核心或次要核心。为了对这一降级、这一出于系统性目的的降级进行更为明确的刻画,我把功利主义的核心局限在上述的定义上,而把其他因素看作它的外围。不过,我们仍然可以在这一定义中区分出内壳和外壳。比方说,我会把快乐主义列为它的内壳,只要它还没有作为"逻辑的快乐主义"被蕴含在集体福祉的概念之中;与此相反,我会把关于可测量性和人际间可比较性的思想列为它的外壳。

在对法权关系和国家关系的判断和抉择中,正义理念自古就在哲学以及前哲学的讨论中扮演着一个特殊角色。由于边沁在《道德与立法原理导论》一书中从标题开始就已经研究了立法的基础原则,因此人们也就期待着一个对正义理念的全面探索。然而边沁使这一期待落空了。他对自己的功利主义伦理学的正确性如此之自信,以至于认为后者不需要任何彻底的检验。他也认为对正义的批评根本就不值得一个简短的注释;在另外一些法权哲学著作如《法律概论》、《政府片论》中,我们对某个差异化解释的寻求同样也是徒劳无益的。尽管如此,边沁还是提出了功利主义的关键命题。在《论动机》的第 10 章和《道德与立法原理导论》的第 40 节,边沁还是一如既往、不加质疑地把正义首先称作"一个幻象"、"一个虚构的人格"、"一个虚构的工具",以便能够轻而易举地把它纳入自己的命题:"正义的指导原则无非是仁慈的指导原则的一个部分而已"。

在功利主义的经典文本中,密尔的同名著作释放出的不仅仅是最大影响力,更是哲学上最具挑战的一个辩护。在第 5 章中,密尔研究了"正义与效用之间的关联",他仍然忠实于边沁的假设性命题,即正义属于幸福最大化的原则。通过诉诸上面所说的一致性("正如普遍承认的"、"正如人们一般而言乐意同意的",见于《功利主义》240f.;德译本 72f.),密尔主张正义与共同福祉的一个部分或分支是相重叠的。但是他也必须支持这个部分性的一致,否则他就必须放弃在导论中所确认的那个关于功利主义的排他性主张(206;德译本 6)。不同于边沁教条主义的自负腔调,密尔很重视这个正义批评,他甚至过于乐观地认为这个批评是唯一真正的困难,并且用了最长的一章讨论这一问题。

　　功利主义的第三位经典作家西治维克①虽然以完全不同的方式谈论正义,但是对于正义与功利主义的关系,他也没有提出什么新的见解——他甚至低估了这个问题。他把正义理念归结为直觉主义,并且认为正义理念与功利主义的联系毫无问题,以至于他对此不置一词(《伦理学方法》496—498)。关于功利主义与正义的关系,我们至少可以确认的是,在《功利主义》一书中,密尔从哲学上对同名的伦理学提出了最具挑战性的辩护。其实在对正义批评进行介绍的时候,密尔已经超越了边沁。他看到的是两部分的批评,但只驳回了其中一个批评,即那个差集命题。密尔把正义归结为共同福祉,同时赋予它先于其他一切共同福祉的规范性优先权利("它的要求要重要得多"、"超级联系力":241;德译本 74)。

　　时至今日仍然讨论功利主义与正义的关系,这似乎有点多余。因为按照罗尔斯的正义理论,上文提到的范式转换已经得到了广泛的实施。至于说康德凭借道德性法权概念辩护过的理论立场(《法权论》§B),目前也已经被英语圈的伦理学话语所采纳——只不过相比康德而言,这里谈论较多的还是边沁和密尔。另一方面,这一范式转换并没有得到普遍的承认,比如特卡普(1988)最近就尝试着发展出一门"正义功利主义"。此外,罗尔斯的批评可能从直觉上来说是令人信服的,但是其具体论证却不尽人意。因为罗尔斯没有从语义学上研究过伦理学的基本概念,如"道德之善"或

------

　　①　亨利・西治维克(Henry Sidgwick,1838—1900),英国功利主义哲学家、经济学家。——译注

者"正义的",因此他不能确定正义与功利主义的准确分歧点究竟何在。进一步说,虽然他预设了一个正义的意义或规范性的基本态度,但是严格说来,除了对它所做的引申之外,一无所获。功利主义不把正义看作一个独立的、规范性的基本概念,而只把它看作一个最广泛、最显然的善行(边沁:《道德与立法原理导论》,第 10章,第 36 节),或者一个对被普遍化了的幸福愿望的态度(司马特1973,67)。因为一个彻底的批判首先要对正义的立场进行合法性辩护(这正是罗尔斯所缺乏的),而这对于功利主义来说,直到今天都还是一个好机会。

第二节　次主题:刑罚

人们可以把正义概念之糟糕的歧义性当作一个论据来使用,以便在某个科学的、哲学的话语中能够取消掉这一概念。然而古往今来,哲学就因为其基本概念的歧义性而著称,这也是人们从根本上屈服于黑格尔所说的"概念之累"的缘故之一。同样,密尔也未能免除这一来自正义的批评,尽管他以一种过于简单的方式,因这一概念缺少确定性而将其置之不理。

为了从根本上阐释这一批评,密尔首先使自己确信存在着这样的歧义性(《功利主义》242;德译本 75)。然后,他开始寻找一个共同的区分标志,但是他并不是从被他指出的那些正义含义中提炼出这一标志的。他也没有区分基本的和非基本的含义,而是从词源学上寻求某一个"基本观念"(*idée mère*)(245;德译本 82)。最后,他把所承诺的功利主义合法性赋予前面提到的那个核心的正义含义。密尔提到的六个正义含义表现出了令人吃惊的多面性，他的思考是流畅的，甚至是优雅的。但是要想找到一根主线或者更深入的完备性，则难免失望。为了找到系统性的整体关联，我们可以构造出三对含义，并在它们之中看到一个综合性的正义理论的不同主题：

密尔从一开始就完全令人信服地把正义当作对法律上得到保证的权利的承认，并且越来越令人信服地把这一规定与对道德上糟糕的、不合法的法律的暗示对立了起来。在这两种情况下，对主体要求的伤害都是不合法的。同时要指出的还有正义理念的两个层次。法律上得到保证的权利涉及的是法律运用的正当性，而道德上好的或者坏的法律则涉及立法的正当性。第一对含义已经指出，不能把正义的多义性简单归结为模棱两可或者模糊思维，它反映的毋宁是事情的复杂性。我们用"正义"一词指的是一个道德立场，而不是社会关系。我们认识到它有不同的层次和方面，因此同一个道德立场可以展现在不同的视角之中。

因为正义立场有不同的视角，因此它与功利主义的关系也有不同的表现。因此这里存在的不应该仅仅是"差集还是包含"这样的选项，也不仅仅是"优先性还是从属性"这样的选项。我们也许同样可以找到某个"一半对一半"式的正义原则，即某个既独立于功利主义（"差集命题"），又依赖于功利主义（"包含命题"）的正义原则。在此情形下就会产生出一个优先性问题：在哪一种正义视角下，功利主义可以为其包含命题提供辩护？

有一些理由赞成按照正义立场首先对立法进行评判，因为一部法律的运用正是在这一法律的条件之下才能发生。此外密尔本人也凭借第二个正义含义对被归入现存法律的那些单纯的实证法权要求进行了限制。不仅如此,边沁早在《道德与立法原理导论》一书的标题中就已经确认了立法对于法律运用的优先性,也就是说,他寻求的是立法的原则。为了从概念上确立这一优先性,我们可以把规则的正义称为第一性的正义,把规则的运用称为第二性的正义。

为了直观地面对针对功利主义的可疑批评,从乌尔姆逊(1975)以来,人们一直区分"极端的行为功利主义"和"有限的规则功利主义"。由于边沁为立法确立了功利主义原则,因此我们几乎可以把他看作那个被改良了的形式,即规则功利主义的先驱。但是乌尔姆逊则认为,密尔才代表着这一改良形式。至少对于正义讨论而言,我们对此不能赞同(关于密尔是否是规则功利主义者这一问题,请参见哈里森、M. 西蒙斯、贝尔格,以及库珀1979)。由于密尔只罗列了不同的正义含义,因此他在第一对正义含义中已经错失了把功利主义从对正义的批评之中解救出来,只为立法之故而对包含命题进行辩护,只为法律的运用而承认独立于功利主义的原则(比如在第三对含义中提到的公平与公正原则)的机会。

在密尔罗列出来的第二对正义含义中,即按照效果所做的分配和作为不守信用的不正当之中,我们可以看到用以评判道德法则——或更一般地说——正当的行为规则的那些实体性标准。因为,即便按照其《道德与立法原理导论》一书的标题而言,边沁讨论的都不仅仅是立法,而且也正是我们用以理解传统道德规则的那个"道德"。其实密尔也没有把自己限定在法权法则之内。

通过第二对含义,功利主义的任务也再次得到了细化。这一对含义指出了规则的两个层次,以及它与正义的整体性三层性关系。不同于我们所熟悉的那个简单形式,这里存在着某个具有内在层次的规则功利主义。同时,功利主义的压力就大大减轻了,而我们熟知的规则功利主义在一定意义上被分成了两半。包含命题也就可以把自己限定在第一个层次上,即对上述标准的正当化上,限定在按照效果而做出的分配上,以及对失信的禁令上。相反,第二和第三个层次,即对效果和失信的具体化以及对具体规则的运用,则可以在不依赖于功利主义的情况下,从在第三对含义中提到的公平和公正诸原则那里得到定义。这样,我们就可以把公平原则与对规则的具体化联系起来,把公正性联系到对特殊规则的合乎情境的运用上。

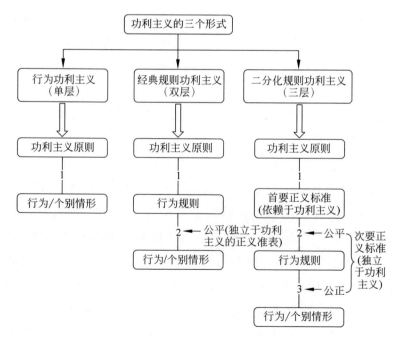

密尔所缺乏的,不仅仅是对具体正义含义的独特性和意义的系统性思考,而且当他把公正性看作一个"间接的义务"时(《功利主义》243;德译本 78f.),他无论如何只是认识到了这一概念的次要结构,而一系列的含义始终没有被提到过。比方说,存在于个人正义(也就是作为德性的正义)和制度正义(也就是政治正义)之间的差别被忽略了,此外没有被注意到的还有那三个运用领域,即分配正义、交换正义和程序正义——在这三个领域之中,正义与功利主义的关系尤其具有完全不同的表现。

因为程序正义的原理尝试着把公正性理念翻译成可运用的规则,因此它属于第二性的正义,从而作为独立的原则被留给了规则功利主义。但是还有两个运用领域始终是多余的,人们不得不为此对包含命题分别进行辩护。一旦它适合于分配正义的原则,那么它对于交换正义,也即收受双方的等值性而言,可能就会被证明是错误的。

密尔认为,前面所提到的六个正义含义也许过于大相径庭,以至于很难在其中找到一个共同的、系统性的基本含义。不论如何,密尔对优先性命题的辩护和对差集命题的反驳在这里并无直接关联,事实上在第二个思考序列中,他寻求的是那个语言史上的本源性含义。他合理地指出了欧洲语言中存在于"正当"(gerecht,just)和"法律"(law),也即存在于"权利"(Recht)和"法律"(Gesetz)之间的联系。但是当他把法权局限于实证效力("实证法")的时候,他就把这一联系给狭隘化了。因为,不论是拉丁语中的"iustum"还是希腊语中的"δίκαιον",它们的所指都不限于实证的设定。被密尔注意到,但是却被低估了的是:从词源学的角度说,在"法权"(Recht)、"权利"(right)和"所有权"(droit)之中,还伴随着一个更为清楚的规范正确性的方面。这些表达和对"正"和"直"的观念,和对右侧身体部分予以更高评价的观念密切相关,同时也与长期以来所流行的"右边"(rechts)对于"左边"(links)的更高评价有关系(例如 linkisch 一词的意思是"笨拙",而其词干 link-的意思是"左边")。"法权"(Recht)不仅仅本源性地意味着正面的效力,而且意味着有效者的正确性。

从"效力"和"有效性"的统一性中,"正义"可以凸显出其中一个方面。如果说,英语和法语的表达"Justice"(正义)和"justice"(正义)强调的是现行有效法权规则的实施,也就是德语中的外来词"Justiz"所表示的第二性正义的话,那么"正义"也意味着对现行法权规则的道德判断,也就是意味着规范性的第一性正义。我们知道,尽管密尔在其第一序列的思考中以暗示的方式承认了这一优先次序,但在其词源学的注释中,他看到的则是正义概念的基本元素与法律的单纯一致性。在这里,他暗中倒转了边沁实际承认的那个内在于正义的优先性(即"立法先于实践")。密尔过高地评价了法律一致性,在一个与功利主义的规范性、批判性兴趣背道而驰的实证主义趋势面前缴械投降了。根本上讲,密尔躲开了正义批判的高潮,也就是说,正是规则的正义以及当存在不同规则等级时的更高等级规则的正义,与功利主义原则看上去是相冲突的。

而且,在与法律的一致性中,密尔尚未找到那个他用包含命题来辩护的正义概念。在第三个思考序列中,康德借着正义感强调了罪当该罚和强制力权威。人们很可能会把这两个形式性因素归入第一性和第二性的正义,不过密尔并没有在这一选择上表明态度,而似乎只是不去回答它。也许我们可以弱化前面提到的批评,并且认为,密尔虽然没有把自己局限在第二性的正义上,但是也并非仅仅专注于第一性的正义。这一始终未被做出的选择表明,密尔缺乏的是问题意识。

密尔关于这两个形式性因素之作用的陈述也难免矛盾。这是因为,密尔在一开始(《功利主义》246;德译本 84)就把强制力权威("may be *exacted*")以及诉求特征("claim")归结为义务("duty in every one of its forms"),而后来却把它们限定在正义上(247;德译本 87)。由于第二个陈述能更好地与其他陈述保持一致,因此下面的解释就是值得关注的了:借助罪当该罚,密尔从根本上把道德从关于普遍福祉的保留领域里分离了出来;借助强制力权威,密尔在道德范围内把正义与其他义务,如大度和仁慈做了区分。正义的要求可以被强制;相反,仁慈的人获得的将是惩罚(良知的煎熬或者社会谴责),而不是强制。

密尔同样借助完全的义务和不完全的义务这一传统区分来阐释正义的特性。他认为,在两种情形中都存在着一个道德责任:在完全的义务那里,它对应着一个明确界定了的个人或群体,而在非完全的义务那里则并非如此。由于强制力权威以及明确界定的法权要求只属于正义,人们就可以把更大的责任归为正义,并承认正义批评的第二个部分,即优先性命题。至于为什么正义可以在道德范围内主张某种规范性优先地位,密尔并没有为此提出特别的功利主义理由。他只是发现了那个他想用包含命题来辩护的确切论点,即:对明确界定的法权主张造成破坏的罪当该罚,或者对损害正义的罪当该罚。在一条曲折的道路上,密尔是否找到了这个正确的点呢？

密尔与世俗功利主义相去甚远，这不仅仅是因为他试图对快乐主义的要素予以完善。不同于无差别地、直接利用功利主义原则来度量一切行为的做法，密尔承认的是效用：有的效用有道德意义，有的则没有。在那些道德上相互关联的效用范围内，他再次区分了完全的义务与不完全的义务，以便使作为完全的义务的正义只是构成功利主义责任的一个小小部分。密尔也同样证明，正义具有令人印象深刻的差异化能力。他看到，我们相互承认的那些法权其实具有某个实证的抑或道德的特征。比如他就以道德法权的标准为例，暗示出公正性——它被理解为每个人遵守法权的义务（243；德译本 78f.）——具有滞后性的含义。最后，他把违反法权的行为归为罪当该罚，并且正是在罪当该罚中着手对功利主义进行了辩护。

以正义批评之名义所进行的功利主义范式转换已经误入歧途，但是这一批评的理据却不是罪当该罚。这一批评使人们注意到，法权诉求适用于每一个人——只要他是人；它主张，人权不能以功利主义方式被合法化。为了自我辩护，功利主义现在要么必须承认第一个关于人权思想的分命题，并收回第二个分命题，以便指出，人权可以以功利主义方式得到很好的合法化辩护；要么，它必须一开始就已经怀疑第一个关于人权的分命题。第一个辩护策略包含着一个相对于特定正义理论而言的较弱的、仅仅是合法性理论的差异；第二个策略包含着一个较强的道德实践性的差异。密尔没有采用任何一个策略。通过不把罪当该罚联系到人权，而是联系到每一个违法行为这一方式，他也就摆脱了这一正义批评。

　　另外,人权概念涉及的是对正义的判断(*diiudicatio*),而惩罚则涉及对正义的实施(*executio*)。因此,只要惩罚特征显示的是某个补充性的问题,那么实施问题就已经预先设定了判断问题。只有在人权能够被证明为首要的正义原则这一前提之下,只有在人不依赖于这些原则的自由承认这第二条前提之下,才有可能提出这一问题:尽管存在着这些原则,人们又是如何将之付诸现实的?惩罚之威胁为此问题提供了一个可能的答案。只要惩罚措施已经被高悬于上,而它的实施又如此显而易见,以至于根本不值得做出违法行为。那么在开明的私利之前提下,对惩罚的承认就是可期待的了。

　　密尔既没有注意到关于惩罚的命题转换,也没有注意到其补充性的正义含义,因此他没有看到的是,事实上他已经避开了那个对正义的批评。密尔对正义所做的定义缺乏系统性的思考和一定程度的完整性,这可以通过修改和补充得到完善。但是,尽管密尔要辩护的是一个最高的道德标准,他要回答的是从正义的主导任务到补充性问题的判断问题,这一修正并非易事;此外,对实施问题的回答也无助于对判断问题的回答。

　　尽管如此,功利主义对于违法行为的罪当该罚这一第二性问题,仍然是完全成立的。因为,这里同样存在着一个正义批评,即:对某人予以惩戒之所以具有合法性,只是因为当事人罪有应得,而不是因为这一惩戒有助于共同福祉(参见本书第八章)。如果功利主义能避免这一批评,并且从共同福祉出发为罪当该罚提供合法辩护,那么,虽然它还不能辩护其排他性要求,但是针对这一要求的怀疑则会被减弱。

第三节　一个失败的辩护

密尔把对惩罚的需要解释为一个自然的抵抗本能,并相信这一本能与同样自然的同情感密切相关,正因如此,抵抗非法行为的不仅仅是某一个人,而是所有同侪,甚至是所有具有感情的存在者。密尔认为,这里还会出现一个作为第三要素的更高理智,借助它,人们就可以洞见自己的利益和社会利益之间的关联。在这一通过同情而广为传播、通过理智而得到支持的抵抗本能中,功利主义原则强调的是一个真正道德性的东西("在它之中无不道德")。这里需要理解的是一个双重任务:惩罚愿望应该接受合法性辩护;另一方面,要局限于那个有助于共同福祉的部分。

惩罚需要的合法性应该与某个限制联系在一起,这个普遍化的论证目标颇有道理。但是,下面的具体论证则不无问题:按照第一个质疑,抵抗的兴趣无差别地针对着每一个攻击行为,而只有对非法行为的阻止才是合法的。这样一来,虽然人类的防卫兴趣应该和同情、理智联系在一起,但是这一联系并不能保证人只是确保自己免受非法伤害。借助功利主义原则,人们现在也许可以在合法防卫和非法防卫之间划上一道界限。但是密尔在这里疏于论证的是,在每一个非法行为前,并且只在非法行为之前实施自我防卫,这只有在集体福祉中才能发生。这里也许可以解释一个对正义的批评,因为集体福祉只澄清了为什么人在面对非法行为时"按照惯例"应该干预,而不能解释为什么原则上应该如此。

如果密尔是一位坚定的规则功利主义者的话,那么他可能会诉诸作为第二性正义的公正性来反驳这一批评,因为这一公正性被规则功利主义看作不依赖于功利主义的原则。但是这一论点还不足以使密尔从上述批评中摆脱出来。因为,当功利主义要对惩罚需求上的道德予以合法化时,它宁愿以不依赖于功利主义的方式对上述要求之实施予以确定——至少,对一个与某种要求背道而驰的并因此非法的行为的定义必须是依赖于功利主义的。正因为密尔关注的是惩罚需要以及法权的实施,他才缺乏这样一个定义。但这一定义正是正义批评的关键所在。

第二个质疑:防卫就其概念而言是前瞻性的,因为它要阻止一个人自己成为牺牲者,而他人成为违法者。相反,惩罚是回顾性的,它是不法行为的后果,并因此施加于这一不法行为,从而获得了某个中立意义上的报复特征。惩罚当然可以以次要的方式获得一个前瞻性的意义,并且以一般预防或特殊预防的形式尝试着去避免不法行为。但是,它首先还是要回答不法行为的问题,因此具有回顾性的意义(参见本书第八章)。在关于刑事处罚的讨论中,关于一般预防(威慑)的理论是功利主义的,而报复理论则是康德式的。颇令人吃惊的是,密尔没有阐释过这两点可能性,不仅如此,他倾向于某个反功利主义的惩罚理论,即倾向于报复理论,也就是说,他主张的是以怨抱怨(《功利主义》256;德译本105)。

同情和理智的关联还面临着更进一步的困难。正如密尔所言,如果知性有助于把对社会的危害看作个人性的危害,那么人们为了防卫之故就不需要任何同情了。密尔本人并没有提出这一质疑,这表明,他虽然知道正义和仁慈之间的差异,但是并没有清楚意识到这一差异的重要性:如果说仁慈可以凭借着同情对私利进行限制的话,那么人们就可以从凭借知性而来的开明的私利那里,把正义要求发展成为有利的东西。与其说同情和知性在密尔那里是两个非此即彼的因素,还不如说是两个相互补充的因素。如果说知性拓宽了自然的防卫本能,那么只有当一个人自身同时受到威胁的时候,他才会对威胁着社会的那些风险感兴趣。相反,如果听从同情感,那么只有在他人受到威胁的时候,他才会做出防卫的努力。

正义要求可以从某个开明的私利那里得到合法化证明,这一点尤其适用于密尔本人的主题,即惩罚需要。但毕竟,这里还需要一个额外的论证,它始于一个悬而未决的问题:威胁的发生是直接的,还是要经过社会这一媒介? 人们需要自问,为什么人们需要一个像惩罚一样的制度,以便激发出防御的动机? 因为人们相信,直觉和开明的私利已经呈现了足够的驱动力。对此问题的回答存在着一个第二阶的风险,即搭便车风险(Trittbrettfahrergefahr)。因为在社会面临危险的时候,在他人面临危险的时候,我就会这样算计:别人都在保卫自己,那么我就可以窃喜于躲避风险之好处,而不用自己承担采取防卫措施所带来的不利。自己保护自己是明智的,但是更明智的是等待他人来保卫自己——但是最聪明的莫过于动员别人去防卫,而自己则畏缩不前。

搭便车风险刻画的正是存在于正义之实施过程中——而非正义之定义中——那个使惩罚意愿具有正当性的第二性的或者说补充性的难题。回溯性地看,惩罚应该将搭便车行为中"不合法的"好处颠倒过来——由于人们必须对惩罚有所忌惮,因此惩罚可以前瞻性地阻止人们参与到搭便车行为中去。同时得到澄清的还有关于惩罚的双重概念：惩罚首先应该是补救，然后才是阻止不合法的好处。

在一个错误选出的论证中，不足和差错屡见不鲜。我们现在提出第四个反驳：如果惩罚的道德合法化存在于功利主义原则之中，那么密尔将难以真正维持其优先性命题。在两种情形下，那个真正的道德性因素都是同一的，以至于责任的程度似乎也是同一的。密尔所辩护的命题就事实而言可能是令人信服的，但是就其论证过程而言则并非有效：与仁慈相对的，是更高的正义责任。

人们现在也许就能凭借那些与正义——在这里指的是惩罚的正义——有关的善的基本特征而对这一规范性过程予以合法辩护了。根据密尔的观点，惩罚涉及的是安全需求，而相比这一需求而言，对食物的需求其实更为基本。与后一需求相比，仁慈和正义在概念上并无不同。就像《圣经》中那个撒玛利亚人一样，①谁帮助了一个他根本没有法律义务去帮助的人，或者谁把一个素不相识的人从饥饿中救了回来，谁关心的就是基本的善——从规范性的视角看，他只不过是履行了关于仁慈的第二性义务而已。为了维护正义的优先性，就不能质疑受到保护的善的基本性质——正如密尔本人看到的，这里的区分标志在于对得到明确界定的法权主张的呈现还是不呈现。密尔并没有指出的是，这一从功利主义基

---

① 撒玛利亚人的典故出自《圣经·新约》之"路加福音"（10：25—37），耶稣在此设喻说，有一个犹太人从耶路撒冷去耶利哥，落在强盗手中，被剥去衣裳，打个半死。祭司和一个利未人途经此处，也不施以援手。唯有一个被犹太人视为异族的撒玛利亚人路过时动了慈心，不仅用油和酒倒在他的伤处包扎，还扶他骑上自己的牲口，带到店里照应。耶稣以此教训门徒，要爱人如己，当他人处于危困时，要不计后果，施以援手。——译注

础中产生的差别为规范性等级次序奠定了基础;但是,对正义的优先性予以功利主义合法证明,这一首要的证明目标尽管始终是貌似合理的,但是却从未被实现。

对我们而言,密尔始终没有完成其主要任务。也就是说,他在对正义概念所做的广泛的研究中,并没有找到语义学上的那个关键点。他虽然言必称边沁的名言"每个人都只能算作一个,没有人被算作一个以上"(《功利主义》257;德译本 108),但是事实上用这句话表达的是一个根本性的平等,他在其中也看到了一个正义含义。但是他没有看到的是,功利主义只是把平等看作计算集体福祉的基础,而非这一计算的结果。这样一来,个体便成了实现其他目的的单纯手段,因为在集体福祉中,一个人相对于别人的幸福允许被算错。这一"允许算错"完全可以被马克思和恩格斯刻画为"人对人的剥削"。而正义理念反对的正是这一为了集体而把个体工具化的做法。

不允许在上述意义上把人工具化,这对于道德意识而言早就是不言自明的了。康德在其关于绝对命令的第二个次级公式"人以及根本说来每一个理性存在,都作为目的自身而存在"(《奠基》IV 428)中就已经表达了这一原则,而人们对这一观点的认可则更为悠久。因此令人吃惊的是,为什么英语哲学圈的功利主义长期以来宣称自己是唯一的道德原则,而没有更早地用正义理念对之进行限制。从密尔来看,其原因不在于功利主义拒斥正义要求,因为在《功利主义》(259;德译本 109f.)中,密尔至少是间接地讨论了人权。他认为奴隶和自由人的差别是不合理的,同理还有贵族和农奴、权贵和平民之间的差别;他也反对建立在肤色、种族和性别基础上的贵族制度。在其他关于自由和女性压迫的著述中,密尔同样批判了诸如此类的非正义。

英语哲学圈中的范式转换之所以发生得如此之晚,其原因也不在于针对功利主义的对立思想尚未获得哲学上的明晰性和确定性。因为,当代功利主义批判家罗尔斯所诉诸的实践哲学——即康德的伦理学——早在密尔的《功利主义》之前就已经产生了。密尔甚至多次引用了这位格尼斯堡的哲学家,但是他并不清楚他们二人之差别的基础是什么。密尔对共同福祉有一个非常模糊的概念,这一模糊性阻止了他看到这一悬疑:"在集体意义上带来益处的东西,是不是在个体意义上同样也是有益的?"或者:"集体福祉是否总是与个体福祉相一致?"

密尔缺乏相应的问题意识,这可以通过他对康德的一个简短引文看出来(《功利主义》249;德译本 91)。他在这里认为,康德并没有注意到绝对命令产生于功利主义,谁要是追随康德的道德原则,谁就必须考虑到"人类的整体利益,或者至少每个人的利益"。如果要使这一康德批判一语中的,他的"或者至少"就不能包含选言含义。不管共同福祉的概念是在"或者"之前还是之后,它都必须与功利主义立场相对应——但事实却并非如此。与此相反,密尔提出的是一个正好与正义批评中的差集命题相对应的选项。因为在选项的前选言支"人类整体"中存在的是功利主义立场,而在后选言支"人类个体"中则是那个正义立场。由于人类的集体利益在概念上不同于个体利益,因此密尔恐怕不得不决定让康德的道德原则与这两个可能性中的哪一个相一致。而密尔放弃了这一决定这一事实,正好表明了一个有缺陷的问题意识。这一缺陷与密尔真正的康德命题无关，事实上它是由奠基着这一命题的那个概念工具造成的。

由于道德合法性，即正义，至少部分地意味着"对每个个体的好"，因此它不能被整体归入功利主义名下。在一些集体福祉和个体福祉相一致的情形下，亦是如此。当密尔说，正义和功利主义并非毫不相干，二者的关键都是当事人之利好的时候，他是完全正确的。如果有人把这一利好当作共同的属来看待，他甚至可以认为二者具有同质性。但是利好的种类却是不同的，前者涉及集体利益，后者涉及个体利益。由于正义和功利主义原则构成了同一个属的两个不同种，因此边沁——密尔的同质性命题的变项，即包含命题，是难以成立的。功利主义和正义立场的相互关系不同于母集和子集，或者总纲和分纲之间的关系。如果我们不考虑它们在次级意义上还具有等级关系的话，那么它们二者从一开始就是相互并列的。

如果正义就存在于个体利益之中，那么它本身并不表达这一利益的种类和方式。对利益的内容规定被留给了另一些非规范性的思考。基于这一理由，使正义和功利主义引以为傲的是同一个优点（参见司马特 1973，73）；对于后者而言，一个随意的辩护性观点也就失去了力量——即便是正义立场，也是对经验开放的，它拥有对生活之变动不息的外围条件做出灵活反应的能力。

一件事情是否有益，这在很大程度上取决于每一个个人，取决于他的禀赋和历史，他的需要和兴趣。因此比较明智的是去采纳一个关于利好的主观概念，但是不论如何，我们都可以通过特定的、关于"真正的利好"的客观建议来对这一概念予以完善。密尔提出的质的快乐主义建议无论如何是值得商榷的。而"人应该培养更高的满足能力"这一要求，则包含着家长式的特征，因此并不是那么容易相容于正义理念。在不涉及建议而涉及强制性义务的地方，只有当人们——如同在自由权利的合法辩护之中那样——能够指出那些既具有个体性，又具有不可或缺的善的时候，"家长主义"才至多是被允许的（参见赫费1987，第12章）。

即便按照被认为具有导论性质的罗尔斯的正义理论，对功利主义与正义之关系予以研究也算不上是不公平的。在密尔的《功利主义》中，在那个通常被当作对同名的哲学立场做出的最具野心的辩护中，这一研究遭遇的也是多重质疑。至少就与正义的关系而言，要么它的最高级是一个传奇，涉及哲学上一个更有野心的辩护；要么它只是一个形容词的原级。密尔的《功利主义》堪称最有野心的辩护，毫无疑问它也是最有成效的辩护，而且相比于边沁的《道德与立法原理导论》，它更引人入胜。但是事实上，人们却对来自马克思、恩格斯和尼采的尖锐批评报以欣赏——对正义这一中心问题而言，功利主义在哲学上还算不上是个挑战。

第七章 虚假承诺之禁令

第一节 《奠基》中的法权实例

通常而言,哲学中的举例应该使抽象的思想变得直观。但是《奠基》一书中的例子却不限于这一功能。诚然,在对绝对命令的示范性运用中,后者经历了某种举例说明,但是在这一例证中我们也可以感受到一个崭新的哲学使命。康德一旦展开了"绝对命令"概念并研究它的有效性,他就始终坚持"前言"中的意图,也就是说,他的工作无非是寻求和确定"道德性的最高原则"(《奠基》IV 392,3f.)。伴随着对一些例子的解释,他远离了这一意图。他的眼光超越了第一性道德哲学或基础伦理学的使命,已经致力于研究那个第二性的道德哲学——相对于基础伦理学而言,后者可以被称为应用伦理学;但就它与具体实践中道德责任之运用的关系而言,它最好被称为关于道德义务的理论。第二性的道德哲学在这里涉及绝对命令的复数形式,也即无条件有效的道德命令的例子。[1]

---

[1] 之前对此所做的论述见于:赫费 1989a。

　　康德一方面把对义务的系统性讨论预留给了未来的道德形而上学，另一方面却已经在《奠基》一书中通过举例这一零散形式预示了这样一门形而上学。但是他的讨论并不全是零散的。因为他在"第二章"中两次讨论过的那些例子（《奠基》IV 421—423 以及 429f.，参见 435，11）以及他在"第一章"中——当时还没有第三个例子——引入的那些例子（397—399，以及 402f.），即自杀禁令、虚假承诺禁令、发展其天赋的命令、帮助的命令，它们作为道德义务的四个例子分别构成了后来的道德体系的"基柱"。

　　尽管康德有所保留地把"对义务的划分"完全保留给了后来的《道德形而上学》（421，31f.），但是该书的第二部分《德性论》已经在其"伦理学要素论"中运用了《奠基》一书的两个视角，即："习惯性的"、可能是由门德尔松（《耶路撒冷》115，127）做出的对自己的义务和对他人的义务的区分，以及完全的（值得内疚的义务）义务和不完全的（值得赞许的义务）义务的区分。对《奠基》一书中的例子而言，《德性论》具有特殊的重要性，除此之外它还构建了后者的次序。不管怎样，它在一个不同于《奠基》的视角下阐释了第二个例子。因为对针对他人的完全义务的立法属于《法权论》，因而作为针对自己的完全义务的撒谎禁令就得到了下面的讨论：

　　《德性论》在一开始就提到"作为动物的人类针对自己的完全的义务"，其中首先提到的就是自杀禁令，即这里提到的对自残的禁令（《德性论》§6）。紧随"人类仅仅作为某种道德存在，针对自己的完全的义务"的是撒谎禁令（《德性论》§9），紧随"人类针对自己的不完全的义务"的是"展开和增加其自然的完善性的命令"（《德性论》§19—20）。构成"伦理学要素论"结尾的是针对他人的、不完全的德性义务,而这些义务的顶点又是《奠基》中的那个例子,即帮助命令,只不过它在这里被更普遍地称作"仁慈的义务"而已。

对于《奠基》一书的哲学架构而言,这绝非一个可有可无的理由——《奠基》中的例子乍看上去平淡无奇,但是它们并不仅仅意味着单纯的例证,因为它们已经包含着后来《道德形而上学》的预设框架和主框架。康德的注释,即"对义务的划分……在这里只是随意地做出的"(《奠基》421,31—33),并不具有消极意义,好像这一划分是未加选择的任意拾掇一样。康德的"随意"(beliebig)具有中性的含义:名称虽好,只是未得到奠基;也就是说,《奠基》中的划分虽然不是错的,但是只是到了《道德形而上学》中才能被合法化。从历史的角度看,康德的注释(《奠基》IV 421,31—38)也许回应着策尔纳[①](1784,1—25)针对门德尔松的义务划分而提出的质疑。康德在其《奠基》中未能深入讨论这一质疑,是因为当时他的著作已经付印了。

《奠基》中的例子不仅预示了一门个人性的伦理学,而且也用虚假承诺的例子预示了一门法权哲学。如果我们看一下后来的《道德形而上学》,就会发现虚假承诺一方面属于普遍的撒谎禁令,因而违反了人针对自己的义务——只要这一例子能被归入《德性论》,那么《奠基》中的例子就正好预先宣告了它的结构。从另一方面说,康德在《奠基》中虽然关注的是普遍的撒谎禁令(IV 403,

---

　　[①]　J. F. 策尔纳(J. F. Zöllner,1753—1804),柏林牧师,他于 1784 年发表于《柏林月刊》上的文章"什么是启蒙?"直接激发康德写出了著名的"回答一个问题:什么是启蒙?"——译注

10f. ），但是他讨论的却是不针对自己，而是针对他人撒谎的特殊情形——他解释的与其说是虚假的誓言，不如说是虚假的承诺。仅仅从这个角度看，这个例子还不能被纳入到法权伦理学之中。康德恐怕不得不在此之外强调对承诺和契约的有意破坏，而非仅仅强调在放弃承诺时的不诚实。由于康德并没有这么做，因此我们必须更谨慎地说：撒谎禁令也可被纳入法权伦理学之中。

此外，虚假承诺是《奠基》一书中唯一与法权伦理学相关的例子，因为对于康德而言，针对自己的义务——正如不完全的义务一样——同样展示了单纯的德性义务。当然，我们不能过于夸大这一例子的法权哲学意义。在虚假承诺中，康德既没有解释绝对法权命令或道德法权的基本原则，即遵守某个普遍法则的行动自由的共存性（《法权论》§§B—C），也没有讨论过私人法权的首要原则，即那个使私有财产合法化的实践理性的法权预设（《法权论》§§21）。同样，它不涉及对公共法权的合法性辩护（《法权论》§§41—44），更不涉及公共法权的关键机制，即刑法。

关于康德在《奠基》一书中针对德性伦理学讨论的是基本的义务，而为法权伦理学讨论的相反则是较为次要的责任这一事实，可以从这一作品的意图中得到解释。因为真正而言，全部《法权论》的首要主题只涉及合法性，因此留给关乎道德性的《奠基》的，只有一个在法权伦理学意义上具有较小分量的例子。从另一方面说，虚假承诺中的可信性始终面临着风险，因而直至"建立在契约基础之上的一切法权"的基础都处于风雨飘摇之中（"论所谓由于博爱而撒谎的权利"，VIII 426,22f. ）。

康德在《奠基》中讨论的虚假承诺不仅是一个在利弊上处于中

立的撒谎，从两个更深入的方面看来，更是不诚实的一个特殊情形。康德阐释的不是一个前中立或后中立的谎言，而是一个"有害的谎言"；不同于与他有过思想交锋的贡斯当（"论所谓由于博爱而撒谎的权利"），在这里受到伤害的不单单是"一般的人"（VIII 426），而是，被骗者的合法要求被骗走了。依照这两个额外的方面，我们必须在康德以暗示方式解释出来的历史和他自己所诉诸的观点之间做出区分。因为康德对虚假承诺所做的批判建立在一个可信性缺失的基础上，而至于这一可信性缺失是否危害到某人，这一问题本身无关紧要，因此康德对这一外在谎言的解释和废除都是整体性的。他在讨论贡斯当时明确地说（VIII 326），他所摈弃的不仅仅是那个危害着特定个人和群体的有害谎言。只要人们能够通过某个内在的谎言导致可信性的丧失，那么从康德的合法化策略的核心来看，他讨论的就不仅仅是外在的谎言，而且也是任何一种谎言。

如果下面的思考能够集中于虚假承诺，那么它们就是有意识地要为复数性绝对命令找到那个出于两个理由比其他例子更容易得到辩护的例子。首先，这一例子不能落入今天的道德意识根本而言对之缺乏理解的那些针对自己的义务之中；其次，它属于完全的义务，而绝对命令正是在这些义务之中才假定存在着一个更为严格、更容易理解的不能思（而非不能意愿）。如果绝对命令在这里能得到证明，那么它就可以成为一个可运用的道德原则。至于它在其他例子中有可能不起作用的原因，恐怕还是在其"外围条件"上。在康德试图指出具有道德价值的个别义务中，人们恐怕不是针对程序，而是针对证明的目标就已经产生了合理的怀疑。

作为一个完全的义务,对虚假承诺的合法化尝试无论如何包含着困难。这一禁令必须能在与不完全义务的区别中无一例外地成立,也因此挑起了严格主义的这一指责。不管怎么说,在虚假承诺这一例子中存在的不仅仅是绝对命令的可运用性问题,而且还有第二个有待商榷的严格主义问题;第三,还有康德和功利主义之间展开的关于伦理学基础的争论。

功利主义看重的是行为的后果,也就是它对人类福祉的价值,因此人们便称之为目的论伦理学,并且把它与作为义务论伦理学的康德学说对立起来。这样一来,功利主义就经常被看作一个思前想后的理论,因为它认为对后果的思考是不可或缺的,同时也把康德完全拒之门外了。在这一对立中,按照功利主义的观点,道德义务是从经验的、实用的考虑中产生出来的,而这样的考虑在康德理性主义的——在此意义上也是形而上学的——伦理学中则被禁止了,这都没有错。从另一方面说,功利主义的准则,即"促进最大多数人的福祉",则与康德的帮助命令相一致——当然,要对后者做较狭义的理解。在这一命令中,要把对它的奠基和对它的运用区别开来。康德在对帮助命令奠基时排除了经验的、实用的考虑,这也许是论辩的逻辑使然,因此恐怕必将受到功利主义伦理学的欢迎。这是因为,对于必须注意行为对同侪的福祉造成的后果这一义务而言,如果要避免一个循环论证,就不能拿这样的论点来论证,即对义务的敬重服务于同侪的福祉。如果有人与其说在非功利主义的根据上,不如说在康德的根据上接受这些义务,那么他只有每次都重新考虑其行为对同侪的福祉造成什么后果时,他才能履行这些义务。

对后果的考虑在康德伦理学中也扮演着某种角色。首先要指出的是(尽管这或许有点微不足道),康德在对道德原理的运用中就已经诉诸对后果的考虑:但凡有人严肃地对待帮助命令,就必须知道,哪些行为具有克服、至少具有减轻困境的后果。至少在不完全的义务当中,康德已经追问着后果考虑的第二种形式。敏感的人们感受到的困难,远比他们能减轻、甚至能克服的要多得多。对他们而言,考虑在哪里能使帮助最大可能获得成效,这在道德上不仅是允许的,甚至是必须如此的。同样的结论适用于发展自己的天赋这一例子,因为这里存在的可能性通常远远超出人们能够实现的范围,因此那些定位于后果的考虑在道德上就是非常可行的。

康德与功利主义关于伦理学基础的争论当然涉及更多,它不仅涉及运用,而且已经涉及对道德原理的合法辩护。康德在这里当然也采纳了后果考虑,虽然是以一种明确限定的形式。虚假承诺的例子很好地向我们指出了,哪些后果考虑的形式是被康德允许的;更进一步说,至少在虚假承诺这一例子中,康德对功利主义的后果考虑是深思熟虑过的。

第二节　逻辑学与语用学

在这里的例子中,绝对命令总是被解释为"对道德义务的检验"。与此相反的是,在对动机根据的抽象之下发生的义务履行中,康德谈论的是"合乎义务"(《奠基》IV 397),从《实践理性批判》以降(V 71,34;81,15;118,13;151f.)谈论的更是合法性——虽然是道德合法性,而非实证法权的合法性。《奠基》一书要寻找和确定的那个最高原则（IV 392,3f.），其名称是"道德性"。如果绝对命令要实现其作为最高道德原则的使命，恐怕就必须为道德性、为意向的纯洁性颁布标准；在对诸如虚假承诺的禁令一样的法权义务中，绝对命令恐怕必须成为相应的法权意向的尺度。

另一方面，按照康德的观点，在人们首先按照道德义务行动，其次因为道德义务的存在而不按照其他根据来行动的地方，道德性才会显现出来。对合法性而言，道德性不是中立的，因为它意味着一个作为合法性之前提的第二阶的道德。至少在康德那里，对动机正确或形式正确的检验是建立在内容正确或质料正确的基础之上的。这一检验不是在呈现独立的条件，而是在明确着合法性的要求（本书三章第三节）。

这样一来，就可能存在着两个不同的标准，一个针对道德合法性，另一个针对道德性。也许可以进一步设想的是，只有第二个测试——也就是在承诺中针对法权意向的测试——能通过一个非经验的检验，而第一个针对撒谎禁令的测试则能通过一个经验的、实用的检验。康德也许可以避免这一情形，这样就使其理性伦理学的计划更少争议，当然也就更少魅力。因为作为脱离经验的形而上学而被追求的道德奠基始终局限在道德行为的形式性一面，因此它对于质料性的一面，即由具体内容构成的义务体系而言，似乎是空洞的。通过在《道德形而上学》以及《奠基》一书的预示性例子中使质料性义务合法化，康德因此就避免了这一折衷的道路。

康德在绝对命令中同时出现的是合法性和道德性的标准，对上述具有独特复杂性的例子的讨论就可以表明这一点。康德并没有直接检验准则的普遍合法性。在一个与道德性问题相关的论证环节中,他首先设计了一个克尔凯郭尔式的非此即彼意义上的选择情境;只是到了第二个与合法性相关的论证环节时,他才引入了纯理性的普遍化程序。由于缺乏贴切的名称,我把第一个环节叫作绝对命令的语用学,把第二个环节叫作绝对命令的逻辑学。只有逻辑学能够正确地把绝对命令看作对道德义务的检验,而语用学则不是。

在这里,绝对命令的语用学据说只用来解释完全的义务。在自杀禁令中,要么屈从生活压力而选择自杀,要么在绝望中继续生存;在虚假承诺的例子中,要么做出只有在不诚实中才可能发生的借钱行为,要么保持诚实,并因此放弃了走出困境的机会。

现在我们要说的是,这两个可能性都是错误的,康德所设计的非此即彼面临着一个困境。但是两个错误的可能性却出自不同角度。如果有人在绝望中仍然"忠实于"自己的生命,这就与他的私利相矛盾,正如一个尽管会因此陷入困境,但仍然为人诚实的人一样。对私利的伤害并不是边缘性的;对生命的厌倦和困境是涉及生存意义的处境。另一方面,康德在语用学论证环节中已经预先设定,如果有人因为厌倦生命而选择自杀,那么他就违背了义务命令。如果有人为了摆脱困境而对别人撒谎,他也同样违背了义务命令。这样一来,康德的非此即彼就处在一个义务和爱好之间的戏剧性选择之中,按照《圣经》的话说,就是"不与我相合的,就是敌我的"。在康德设想出来的极端情境中,谁要是选择了义务,就必须牺牲爱好;谁要是选择了爱好,就反过来违背了义务。

在构造这一困境时,康德显得不得不如此,因为在义务和爱好之间,经常存在的要么是一个自然的和谐,要么是一个曲折的和谐。人们通常具有一种"自然的"生存欲望(《奠基》IV 397,33f.),生意人习惯于做一个诚实的人,以便不失去顾客(397,21)、债主和信用(402,18ff.)。因为义务和爱好在更大的范围内也是一致的,所以人们可以把意向的纯洁性和"出自义务的行为"仅仅设定在某个困境这一情境之中。不仅在义务和爱好的冲突中人们就可以认识到,谁选择了义务,谁就因此放弃了他的私利。这里,也只有在这里,一个行为的内容正确性连同它的道德性一起得到了证明;在《奠基》一书的例子中,事实上康德证明的远不止合法性。

然而,对道德性的检验并不在于对它的普遍化,而在于它与极端化的选择情境之关系当中。此外,被道德性预先设定的东西,只有在第二个论证环节,也即真正的普遍化程序中才能得以证明:每一个可普遍化的准则都是合乎义务的。因此康德才用讨论上述例子的方式表明,道德性不会只是自为地接受检验,而是只会联系着一个关于(道德)合法性的知识而接受检验。

作为第二阶道德的道德性,为第一阶的道德,也即合法性预设了前提,因此它预设了关于合法性的知识,只是没有对这一知识进行证明而已。人们可能会对这一方法表示怀疑,而事实上我们将会看到,它与康德的首要关切,也就是对道德懈懒的反对,是一致的。从论辩逻辑的角度来看,对道德性的测试是假设性的,因为只要哪里存在着道德法则,哪里就没有爱好的位置。

在尚未讨论的第二个论证环节,即绝对命令的逻辑学中,关于康德的道德标准——即绝对命令——是否为道德命令,还是仅仅为道德禁令提供了一个标准,这还存在争议。回答必须是:既是,也是。从模态逻辑来看,禁令和命令是相互对立的,一个禁令的标准似乎只能同时成为一个对许可的标准，而不能成为命令的标准，因此这一回答看上去是自相矛盾的。但是当人们同时考虑第一个论证环节，也即义务与爱好的困境时，这一矛盾也就消失了。

康德对第二个论证环节，也即对道德义务证明的实施在一开始并不积极。他虽然在承诺这一例子中主张"行动概念自身已经包含着某个自为的法则"（《奠基》IV 402,37f.），但是他对"诚实法则"的论证则是建立在矛盾之上的（e contrario）——他证明了，不诚实的承诺不具有可普遍化的能力。尽管康德把绝对命令表述为一个积极的命令（"只按照那些准则行动……"），但是他在《奠基》中对这一概念的运用却无一例外是消极的，是作为禁令的标准而被运用的。这一"消极运用"涉及的，不仅仅是自杀禁令和撒谎禁令这两个完全的义务。康德在不完全的义务中也讨论了与义务相冲突的准则，并且主张，人们可能不会把针对陌生人困境的文化抵触或冷漠接受为普遍的（自然）法则。这也印证了某种可能是支配性的理解方式：绝对命令只是关于禁令的标准。

另一方面，在激化为某个两难困境的境遇中，被禁止的事情与某个积极的作用处在对立之中：自杀变成了生命延续，虚假承诺变成了诚实的承诺，对自己禀赋的忽视变成了发展自己的禀赋，最后，对陌生人困境的冷漠变成了帮助。在一个严格的"义务，还是爱好"的两难困境中，不存在"洗手不干"的第三条道路。就像康德在其《单纯理性界限内的宗教》说的，"顾及道德法则的意向从来都不是冷漠的"（VI 24,13f.）。由于在道德和单纯的私利之间缺乏一个居间性的解决方案，因此绝对命令不仅直接担当了道德禁令的标准，而且由于"未禁止"和"允许"之间存在的模态逻辑的等价性,它也担当了道德许可的标准。并且,由于选择性的行为可能性所具有的严格选言性质,即"或者自杀,或者延续生命;或者虚假承诺,或者诚实承诺",绝对命令也为道德命令提供了一个直接的标准。从这些视角来看,不论是不完全的义务,还是完全的义务,都是"作为义务"。反过来说,不论是完全的义务,还是不完全的义务,都是"不作为的义务",也就是说,谁在承诺中做不出不真诚的事情,谁就自己(eo inso)"实施"真诚;谁对陌生人的困境做不到无动于衷,谁就去乐于助人。

第三节　关于严格主义的两个概念

康德的学说经常被批评为严格主义,按照后者,绝对命令主张在所有道德义务中都要有对它的绝对敬重,但这与我们的道德直觉并不总是一致。也就是说,在义务冲突中,也即在一个义务只有在限制其他义务的情况下才能被履行的地方,很难有绝对有效的义务。尽管康德为这样的义务提供辩护,但是他对人类抉择的困难性的考虑却是不合理的。

当然,并非每一个冲突都够得上义务冲突的地位。一个人的不同利益的冲突也不同于自己的利益与道德义务之间的冲突。在同一个义务的不同运用任务之间,存在着义务冲突的第一种类型:以帮助命令为例,人们更应该留在病重的父母身边,还是应该选择拒绝?不论人们在诸如此类的"运用冲突"中如何做出决定,帮助命令的有效性始终得到人们的承认。只有在义务冲突的第二个阶段,也即存在于不同义务类型之间的"优先性冲突"中,严格主义的问题才会产生出来。

　　伦理学中讨论最多的优先性冲突涉及撒谎禁令和帮助命令之间的冲突。对于反直觉主义的严格主义而言,最受偏爱的例证就是这一事实,即:康德在其"论所谓由于博爱而撒谎的权利"(VIII 425)中,"针对谋杀者"而主张说真话的义务。但是,发明这一例子的既非康德,也非康德的批评者贡斯当。它讨论的是一个古老的主题域,在历史上也有不同的回答。早在索福克勒斯的悲剧《斐罗克特》(V.100—111)中,这一问题就已经得到了讨论。当《圣经·旧约》和色诺芬、奥维德、昆提利安以及启蒙时代的法权哲学家如格劳秀斯、普芬道夫、托马修斯和沃尔夫都认为撒谎是被允许的,甚至有时是必须的时候,康德则恪守着奥古斯丁、托马斯·阿奎那主张绝对的撒谎禁令的传统。当然,这一看法始终是充满争议的。叔本华在其第二部获奖作品《论道德的基础》(§17)中带着令人尊敬的理由为作为"对付暴力和狡计的紧急防卫"的撒谎做了辩护。对于那些部分地已经可以说是不诚实,部分地要被算作人和人之间文明而优雅的交往的诚实的边界而言,这些令人尊敬的理由也是可设想的(关于"撒谎"的概念史,参见缪勒1962,毕恩1980;关于最新的康德解释,参见盖思曼1988,考斯嘉德1986;关于较早的解释,参见盖思曼—欧勃勒1986)。

　　接下来的讨论不涉及对康德关于撒谎禁令的全部"理论"的讨论,而仅仅涉及《奠基》中的讨论。康德在《奠基》中既没有讨论运用冲突,也没有讨论优先性冲突,而只是讨论了义务和爱好之间的竞争关系。他在这里所主张的严格主义,反对的是为了自爱而寻求例外的道德慵懒(《奠基》IV 422,5,24)。一个针对道德慵懒而提出的道德严格主义或"意向严格主义"有别于所谓的合法性严格主义，因为后者禁止道德义务中存在任何一个例外，从而也禁止对其他道德义务有利的例外。

为了细致地回答对严格主义的批评，我们首先要在义务的约束方式和影响范围之间做出区分。为此，我们需要给影响范围构造出两个绝对有效性的概念。不过，康德并没有这样做，因此也招致了一些误解。康德按照约束方式提出了"直言责任，还是假言责任"的选项，并以无比清楚的观点表明，道德义务只能是直言的（绝对的），具有不依赖于私利的有效性。但这并不是说，一个道德义务必须绝对毫无例外地有效。相反，一个相对于私利而存在的无例外性——简言之，相对的无例外性——有别于永远有效的绝对的无例外性。相对的无例外性——也即道德严格主义——严禁撒谎，以便能因此带来好处，或者能避免某种弊端，比如某个合法的惩罚。与之相反，一个有助于他人的正当利益的撒谎（如拯救他人的生命），其本身并无不道德之处。这才是合法性的严格主义所持的观点。

康德本人对完全的义务和不完全的义务的区别是：前者不允许例外，而后者则偶尔允许。不论人们现在是否想到杀人和盗窃的禁令，或者是否想起《奠基》一书中的虚假承诺禁令，他都必须承认：法权义务属于完全的义务，因此我们关于相对的无例外和绝对的无例外之间的区分似乎就是多余的了——我们将获得这一印象：对绝对法权原则而言，只有合法性的严格主义才是成立的。

尽管如此，不论是在作为独立于私利的约束方式之中，还是在作为独立于私利的立法中，《奠基》一书对第一个较弱的严格主义概念都是满意的。为了不仅维护道德的假言特征，也维护其直言特征，应该被摒弃的只是那些有利于爱好的例外。在这一摒弃，而且只有在这一摒弃中，谁维护道德责任的无条件性，谁才是不容妥协的，也就是说，谁才是满足于相对的无例外性的。完全的义务和不完全的义务之间的差别，与存在于相对的无例外性与绝对的无例外性之间的差别，并不是相互重合的——在相对的无例外性中存在的，毋宁是一个内在的差异化过程。不完全的义务所允许，而完全的义务所拒绝的那些例外，仅仅与爱好有关。

人类生活中经常发生的是，同一个境遇往往牵涉着多个不同的义务，而最终只有一个义务能在牺牲其他义务的代价上得到实现，也就是说存在着优先性的冲突。对这一主题的哲学意义，康德是估计不足的。只要这一主题像在伦理学导论中那样只依赖于道德责任的基础，那么事实上它就可以被取消掉。因为，优先性冲突类型上的义务冲突的存在，乃是人类所处境遇的复杂性造成的，拿贡斯当的例子来说，只有通过另一个不诚实，才能最大可能地阻止一个不公正的发生。这种复杂情况具有行为理论上的基础，因为后者只是确定着道德视角的运用条件，而不是道德视角本身。

只要康德像在《德性论》中那样提出一个道德义务的体系，恐怕就不得不谈论这些义务的影响范围问题。因此，为了避免掉进对绝对命令的合法性的过高评价这一陷阱，他就必须在义务的直言性规定基础和它的无例外的——或者允许特定例外的——效用之间，画上清楚的界线。在同时出现多个义务，而其中一个根本不能或者不能完全得到履行的地方，对绝对无例外性的要求就是毫无意义的，它根本不能成为一个人的道德性的证明或者反证。但是正如前文所说,那个为了爱好之故而禁止任何例外的相对无例外性则可以胜任这一任务。

我们平常所说的意向伦理学,经常无非是意味着对例外的绝对禁止,也就是合法性的严格主义。有人认为,特定的道德义务值得用任何代价——甚至值得用破坏其他道德义务的代价——使其有效。如果给某个人提出一门责任伦理学,他就像是被卷入了一个更大的行为复杂性、正好也是一个道德行为的复杂性一样。哪里存在着相互竞争的义务,哪里就有廉价的主张:与其"教条主义地"认为一个义务绝对比其他任何一个义务都"更道德",还不如首先对这一义务冲突有所感受,然后借助某种权衡来解决这一冲突。因为有意的不作为本身就具有行为特征,因此在每一个情形之中都发生着权衡行为。谁不去阻止一个不法行为(如谋杀),谁本身就已经做了不法的事情,即在帮助这件事上的不作为;谁要是通过撒谎来寻求阻止谋杀,谁就犯下了不诚实这一非法之事。在这一两难困境中,权衡就在于寻求较小的恶;在一个全新的整体关联中,阿多诺的名言被证明乃是至理:当人们因为(潜在)的谋杀行为而遭遇到两难困境的时候,如果不做不法的事情,将不能在这一错误中做出绝对正确的举动。

我们总是一厢情愿地把康德与贡斯当的著名争论理解为一个关于优先性冲突的个例,并且相信康德主张撒谎禁令具有绝对无例外的有效性。一个人在可以因此救下别人一命的情况下甚至都不能撒谎,这对于大多数读者而言实在是荒诞不经的事情。但是"博爱"这一在"论所谓由于博爱而撒谎的权利"一文中出现的标题概念必须被理解为一个爱好,当然是一个值得尊敬的爱好。康德首先讨论的不是存在于撒谎禁令和帮助命令之间的义务冲突，而依旧是"义务，还是爱好"这一选择问题。现在，也许我们可以对康德的历史做点改变，假设存在着一种不是出自单纯的爱好，而是出自某种义务感的帮助。当被迫害的一方恰恰是被问询是否在家的那个人的配偶时，甚至还存在着一个实证法权意义上的帮助义务。存在于撒谎禁令和一个不但不确定，而且被明确界定的帮助命令之间的义务冲突，涉及的是一个被康德回避掉的个例。

此外，即便康德在其道德哲学著作的某些地方（例如在"论所谓由于博爱而撒谎的权利"，VIII 430）曾经接近更强的合法性严格主义，但是这一严格主义并不包含在《奠基》一书对实例的讨论中。《德性论》中对合法性严格主义的讨论和反驳虽然不像我们在这里必定期待的那样彻底，但是它至少被弱化了。在其中一个"诡辩论的问题"中，康德曾经谈到诸规定根据的冲突，并以提问的形式提出了"道德——实践理性的允许法则"。他认为，这一法则本身虽然没有使未被允许的事情变成允许的，但是却使对某个更大过失的防范（从事后来看）成为允许的了（《德性论》VI 426，12—14）。《法权论》为法益权衡提供了另外一个例子（《法权论》VI 334）。康德说，当一个凶杀案有太多共犯的时候，一个统治者就被允许不去判处嫌疑犯以罪有应得的死刑，而是判处流放。最后，康德承认了"紧急法权"，按照这一法律，特定行为难逃惩罚，因为它伤害了他人的权利，但尽管如此还是不应惩罚（《法权论》VI 235f.）。

尽管康德不论对关于道德——实践理性的某个"后见之明"，还是其他的视角，都只不过是顺带提及，他从根本上对义务冲突之问题谈之甚少，但是我们还是可以在他那里找到一系列关于法益权衡的观点。如果我们把这些分散的观点汇总在一起,也许就可以发现,斯多亚学派关于行为规则——这些规则的绝大部分在例外境遇中有效(弗什纳 1983,36)——的区分对康德而言并不是绝对陌生的。

在我看来,更重要的是另外一个方面:斯多亚学派的区分预设了,人们知道在那些不会出现额外义务的地方,什么是道德上必须要做的事情。由于《奠基》追问的是道德的终极性规定根据,并且合情合理地讨论了义务和爱好之间的两难困境,因此我在其中寻求的只是对义务的"正常情况"的奠基,而不是对优先性冲突这一例外境遇的奠基。

当然需要在这一冲突中重申《奠基》的问题,以便使下面的观点得以明确:由于这一冲突不能按照自爱原则得到解决,因而行为必须遵守某个具有普遍化能力的准则。这一准则在形式上看来要比我们熟悉的那些简单准则复杂一些。如果我们把这些简单准则(诚实或不诚实的准则、乐于助人或冷漠的准则,等等)叫作基本准则,那么,首先,那些能够解决义务冲突的准则就是由不止一个基本准则所构成的,而每一个基本准则必须已经通过了绝对命令的检验——进入复杂准则的不是不诚实和冷漠,而是诚实和帮助命令。其次,复杂准则包含着针对基本准则的优先性规则。这一规则会在诚实与帮助意愿的关系中被表述为:只有在条件 A 之下(例如救命),违背诚实才是被允许的。最后,为了使复杂准则主张具有道德性,它的最小条件就存在于这一优先性规则的可普遍化能力之中。简言之,在康德伦理学的框架内,我认为,优先性冲突可以通过一个由两阶段组成的普遍化程序得以解决。

第四节　非经验性的普遍化

在康德构建出来的义务和爱好之间的两难困境中，存在着一个确定的并且独一无二的中介，以便不是非要把爱好变为牺牲品。这一中介是"自爱的过分要求"（《奠基》IV 422,27），它具有语用学命令的含义：在对生命的厌倦中只有自杀，在缺钱而无力偿还的时候只有不诚实的许诺……现在，我们在绝对命令的思想实验中要检验的是，是否每一个语用学命令只涉及某个特殊的（ad—hoc）中介，或者涉及一个能被树立成普遍（自然）法则的中介。一个自然法则在任何时候，对每个人都是适用的：凭借着绝对命令所要求的普遍化，康德就拒斥了某种双重偏爱：

第一个方面，即我要终身遵循我现在顺服的那个准则，提出的是一个较弱的普遍化要求。在针对自己的义务中，真正起作用的只是对情形的普遍化（*Fall—Verallgemeinerung*）。不同于对当下瞬间的偏爱，应该把个别的、特殊的情形普遍化到关于情形的一个总类之中去。好像谁要是在厌倦生命这一不愉快感中选择自杀，谁就要在每一个不愉快感——例如饥饿感、干渴感、疲劳感——中选择自杀一样。但是康德说，这在一个由不愉快感支配着的生命过程的决定性部分的存在来说，乃是不可思议的。与之相应的生物是一个失败的构造——如果生命不是去消除通过饥渴而指示出来的能量缺乏，或者作为困倦而出现的睡眠缺乏，并因此使生命进程得以可能，那么生命就会被中断、被破坏掉。

这一例子的结论显示在两个问题上。首先要检验的是，康德在对人类生活的定义中是否通过愉快和不愉快的感受而做出了一些可疑的目的论假设？这是一个讨人喜欢的对康德的诘问，给它找到一个令人信服的答案，远比在问题中招致一个怀疑论调要容易得多。与之相对的是另外一个尚未被提到的问题，对它的回答则要困难得多，即：一个可能缺失的对情形的普遍化是否构成了一个论证，从而把自觉自愿发生的自杀界定为一个不道德的行为？这个在哲学上更重要的问题，同时决定着另一个问题：针对自己的义务究竟是否存在？今天针对此类义务的怀疑无论如何必须从这一问题开始，对这一怀疑的消除亦是如此。

　　与"对朱庇特合法的事情，对公牛是不合法的"（quod licet Jovi, non licet bovi）①这一充斥着偏爱和贬低的口号相反的是，准则允许一个人做的事情，对其他所有人都是允许的。第二个，也即较强的普遍化要求是：我现在顺服的准则，必须也为任何一个他人所遵守。正是由于这一对个人的普遍化（Personen—Verallgemeinerung），康德的绝对命令概念也就包含着正义的理念。由于这里额外地提出了对情形的普遍化要求，因此绝对命令就不能被局限在正义上。此外，康德并不是直接借助正义论来给针对他人的义务进行奠基。他并没有把一个以撒谎方式许诺的人解释成为一个许诺机制中的搭便车者。对于谁做出了虚假承诺，谁就具有类似搭便车者的行为的观点，康德虽然不会反对，但是他可能还是认为这一暗示是一个不充分的论证，因为它并没有回答

---

　　①　"Quod licet Jovi, non licet bovi"，拉丁谚语，一方面它具有"只许州官放火，不许百姓点灯"的双重标准意味，另一方面也意味着"成王败寇"这一"胜利者的正义"。———译注

搭便车为什么不道德这一问题——而康德则是借助对情形的普遍化回答这一问题的。按照他的解释，只是因为搭便车者的准则，即虚假承诺不能被理解为一个自然法则，因此这些准则才是不道德的。

在《奠基》一书中，康德不知疲倦地为每一个不道德准则的例子主张它们原本缺乏的可普遍化特征。关于虚假承诺，他在第一章中说："我可能会想说谎，然而绝不可能想要一条用来说谎的普遍法则"（《奠基》IV 403，10f.）。在第二章中他又说：准则"绝不能被当作普遍的自然法则"，并且"它永远不能与自身相一致"，最后，"它必将与自身相矛盾"（422，29f.）。

康德在这里主张实施的检验具有纯理性的性质，它与当今伦理学话语中的两个普遍化程序截然不同。首先，它有别于某个单纯语言逻辑学上的普遍化概念。如果有人像黑尔①（²1965，第2章）那样只是要求一个连贯的语言使用，那么尽管他树立了一个非经验的标准，但同时却不能满足康德对道德原则的要求，因为从系统性的角度看，语言逻辑学的普遍化既不具有独立的含义，也不具有原初含义。只有让一个准则与其他准则针锋相对，然后发现那个可以被刻画为"道德上善"和"道德上恶"的同一个属性，黑尔才能对诸如虚假承诺这样的准则做出道德判断。康德认为，只有把诸如虚假承诺这样的准则与其他准则——例如由于厌世而自杀的准则——相比较时，才能发现前者是值得摒弃的。

①　黑尔（H. M. Hare，1919—2002），英国道德学家，长期执教于牛津大学，其元伦理学理论在20世纪后半叶具有重要影响，著有《道德语言》《道德思考：层次、方法与要点》等。——译注

　　由于语言逻辑学上的普遍化只能检验道德语言的内在一致性，因此当存在多个可选择的道德语言时，它就难以回答，到底哪一个语言是切合于道德的。为了避免相互区别但是又具有一致性的道德语言之间的相对主义，黑尔([2]1965，第 7 章)通过一个功利主义伦理学的变项来完善了他的普遍化程序。因为在这一完善中正好存在着系统性的首要道德标准，因此黑尔的伦理学从总体上说属于功利主义。黑尔的普遍化原则只是在一个几乎不言自明的方面扩展和完善了这一立场而已——即使在康德的绝对命令中，也包含着对语言逻辑学一致性的要求。

　　当康德主张虚假承诺"这一法则的普遍性""将会使承诺……本身变得不可能"时(《奠基》IV 422，31—35)，他的观点已经与对普遍化的经验性、实用性解读有了区别。如果有人追随森格的观点(1961，第 4 章)，认为一个不论被谁做出都具有不受欢迎之结果的行为在道德上是不合法的话，那么他代表的就是一个规则功利主义，他所诉诸的目的——后果考虑超越了"行为自身的概念"(《奠基》IV 420，33f.)。

　　我们也可以把那个被理性检验所允许，属于"行为自身的概念"的后果考虑叫作内在于行为的考虑。它严格区别于不被允许的、外在于行为的考虑。外在于行为的后果与相应的行为概念毫无关系，但是却在抉择中扮演着某种角色。就承诺这一例子而言，康德认为可信性是内在于行为的，而从困境中的解脱则是外在于行为的。在帮助命令上，外在于行为的后果存在于对某个精神奖励("感谢")或物质奖励("金钱")的期待之中，而内在于行为的后果则在于：人们在经历了一系列可能会极其复杂的行为之后，事实上终于克服了某个困境,例如,把一个溺水的人及时从水里拉了出来,或者有人克服了困境,使一个怀疑生命的人重新获得了勇气。因为人们在类似的内在于行为的后果中不能确信他们怎样才能实现这些行为,因此即便是康德伦理学这样的一个雄心勃勃的伦理学,也不能完全把人从关于适合于道德的生命活动的全部不确定性中解放出来。

回到优先性冲突这一问题上来说,这里有待完成的行为不同于康德与贡斯当所谈论的那种行为,它应该被理解为具有复杂结构的行为。基于给定的情境,它包含着两个方面:诚实或不诚实、帮助或拒绝。对复杂的行为而言,内在的问题是,下面的选择中到底哪一个更为不义:在诚实的不帮助中,还是在不诚实的寻求帮助中?而下面的问题则是外在于行为的,即:为了不使我的谎言最终被识破,我煽起那位可能的谋杀者的怒火,进而危及我的生命;还是我更愿意诚实一些——这两者之中,哪个风险更小?下面的问题恐怕也是外在于行为的:怀着对一大笔奖赏的期待,我决定撒一个可以救人一命的谎言,这一行为是否更为有利?

如果认为,理性的——在康德意义上也是形而上学的——普遍化程序只允许内在于行为的后果考虑,我们也许可以反驳说,这并非康德本人的观点。有人认为,在虚假承诺的例子中,康德认为"人们因此想要获得的那个目的"是不可能的(《奠基》IV 422,34f.)。如果这一目的是外在于行为的话,那么康德对这一目的的暗示就与理性的意图相冲突了。但事实并非如此。因为康德是紧接着虚假承诺之不可能性而主张这一目的的不可能性的,因为他还用缺失的可信性来为这一不可能性奠基,最后,因为可信性属于承诺概念,因此我把康德的这一暗示理解为这样一个说明:因为在缺失的可信性之中承诺是不可能的,因此在没有任何附加的后果考虑的情况下,更谈不上那个与承诺相伴随的目的了。目的的不可能性已经逻辑地蕴含在了承诺的不可能性之中。结果是,康德的理性证明目标并没有被伤害——尽管这一证明尚未开始。

康德虽然一再主张虚假承诺的不可思议性质,但是他对这一主张的证明却是少之又少。事实上他只是在一个分句中暗示到了这一证明:"没有人会相信承诺给他的事情,而是会把这些说法当作无用的假装来嘲笑"(《奠基》IV 422,35f.,"假装"(Vorgeben)一词在这里意味着"徒劳的假装",参见《德语词典》,第 26 卷,1071页)。由于康德没有详细论证过这一观点,因此这也导致了许多误解。因为,如果那个被制定为普遍自然法则的准则是自相矛盾的话,那么早在这一准则之中,而不用等到附加的外在于行为的准则之中,就已经存在着这一矛盾了。由于这一矛盾不存在于诸如此类的承诺的准则中,而是存在于虚假承诺的准则之中,因此这一矛盾必定存在于"承诺"与"虚假"(在"不诚实"的意义上)的结合之中。

在较早的一篇阐释性论文中(赫费 1987a,109—112)中,笔者曾把这一矛盾放在存在于作为对自我义务的承担的承诺和作为对自我义务之放弃的不诚实之间的对立中进行考察。按照这一阐释,人们之所以不去遵守清楚明白地做出的承诺,其根据乃是一个矛盾的准则,他使一个自我义务同时变成了一个非自我义务。直到现在我还是认为这一阐释是正确的,只是还不完善而已;为了重构《奠基》一书中的这一例子,需要增加两个论证环节。首先,要超越"可信性的丧失"这一中间步骤来寻求这一矛盾;其次不能允许这一矛盾出现在虚假承诺的个别情形中，而只能出现在虚假承诺的普遍化中。

如果没有这一中间步骤，这一观点还不能与《奠基》的典型问题处境——即另一个人被欺骗了——发生联系。一旦人们从可信性中抽离出来，那么存在于承担义务和放弃义务之间的矛盾也就处在某个"虚假的誓言"之中。前面提到的矛盾于是就导致了一个更为严格的、一个德性伦理学的（而非仅仅是法权伦理学的）证明目标，即在第二个例子中没有被讨论的，对针对自己的义务的伤害。当人们在第一个语义学论证中把可信性证明为承诺的决定性因素时，那个典型的中间步骤将会得到再斟酌。这一证明具有某种语义学的"前步骤"意义，因此可能会完全是经验性的。

正是在这里，出现了对康德伦理学而言的那个人类学和形而上学的典型性相互作用（参见本书第四章第一、二节）：人类具有能够承诺并因此保持诚实或不诚实的可能性，这一事实具有众多人类学的，也许还有社会历史学的前提，而我们只有通过经验才能获悉这一可能性。但是，人类一旦到了能做出承诺的地步，当他面临着"诚实，不诚实"这一选项时，他在道德上就被禁止选择第二个可能性，康德认为，这一点只能以独立于经验的，因此也是形而上学的方式加以规定。经验的独立性首先适用于诚实承诺的规定性基础，其次才适用于关于道德的前哲学知识，即自然的义务意识，再次，哲学伦理学提供的只是一个滞后性的确定过程。

《奠基》一书中的其他例子同样包含着这样一个语义学证明，例如，自杀禁令的例子就包含着通过愉快感和不愉快感而对人类生命做出的定义。在文化抵触的禁令和帮助命令中，首先被质疑的不是判断,而是对语义学前提的理解。笔者推测,康德的前提在一个情形中意味着:在自然的理性存在者(也即人)这里,对天性和禀赋的培养属于(作为实践理性的)意志概念。在另外一个情形,也即帮助命令中,康德认为,自然的理性存在者都有可能陷入困境,对于大多数自然的理性存在者而言预先决定了的是,他们在这一困境中原则上不会始终得不到其他人的帮助,这也是意志概念的题中之义。

在语义学前论证上产生的是作为合法化主论证的可信性的丧失。然而,经验性、实用性解释诉诸的就是这一可信性丧失。由于康德在《奠基》中使用的是可信性丧失这同一个论证,因此也许有人会说,康德不经意地偏离了自己纯理性的解释。事实是否如此,康德是否真地滑向了经验性、实用性解释,这取决于论证的方式。

在经验性、实用性解释中,可信性的丧失展现的是一个外在于行为的后果,而在理性的解释中则是内在于行为的后果。关于可信性的丧失是否真的是一个内在于行为的后果,这一问题的答案取决于语义学前论证和合法性主论证之间的连接关系。首先,必须把可信性纳入承诺的单纯概念之中,以便可信性的丧失从根本上能具有内在于行为的含义。其次要指出的是,内在于行为的条件会遗失在关于不诚实的承诺的(自然)法则之中,一个关于虚假承诺的法则也会因此变得自相矛盾。只有当可信性首先显现出某个关于承诺的确定性因素,并且当这一因素的丧失与某个关于虚假承诺的法则一起被设定时,康德才达到了他的第二个目标,即:他能对道德禁令予以纯理性的证明,并且能联系着爱好对之予以严格的、普遍有效的证明。

第五节　一个重构建议

康德并不是以个别的方式推进其由两个部分构成的论证过程
的。他的多重保证，即虚假承诺的普遍化将会遭遇到一个矛盾，与
那些准确论据的缺失形成了独特的对比。针对缺失的证据，我想
引入一个建议，并且认为，如果没有一个类似的重构尝试，对康德
的辩护和批判都将难以令人信服。

语义学的先行步骤

对矛盾的重构始于"关于那些自在行为的概念"（《奠基》IV
402,33f.），一个陷入困境的人正是凭借这一行为来尝试走出他的
财务危机的；顺便还要问的是，一个通过虚假承诺而发挥作用的意
义因素是否存在？另外，承诺概念也是一个经验性、实用性合法化
的出发点，按照后者，承诺是一个社会强制性行为规则这一意义上
的机制（参见罗尔斯 1955,103ff.；R. P. 沃尔夫 1973,166ff.；休谟：
《人性论》第 2 卷第 2 章第 5 节）。更进一步说，这些机制定义着利
好和职责，它们协调着自己的行为与他人的行为，并因此为一个全
面而有益的共同生活提供了机遇。当然，只有当人们从根本上能
接纳这一承诺时，全面的利好才会产生出来——而这也反过来为
可信性提供了前提，也就是说，人们能够期待承诺得到兑现。

可信性属于承诺，在这一点上经验的、实用的合法性和康德是
一致的。但是在"属于"的方式上，已经存在着分歧。按照康德的
观点，可信性是"承诺"机制的定义要素；而根据反对者的观点，它

只有在一个附加问题中才扮演着某个角色,即:人为什么要接受这一机制?但更为重要的是另外一个分歧:经验的、实用的合法性涉及的仅仅(*tout court*)是可信性,而康德的纯理性合法性只取决于诚实性这一方面。因此他们的冲突并不是在普遍化的方式中才开始的,而是早就存在于承诺概念之中的。

我们可以这样来重构这一概念:按照第一个"生成性"的因素,那个以承诺的方式寻取钱财的人想要的不是礼物,而是借贷。康德没有解释第四个例子,即一个潜在的贷款人可能会有的帮助义务。从纯粹概念的角度来说,事后还钱的意愿附属于借贷本身——借钱是一个以相互性为基础的生意,是一个交换。只有借款人和贷款人以各自的方式从客观上来看具有还款能力,从主观上来看具有还款意愿的时候,双方的借和贷才能发生。

然而借钱的方式是多种多样的。按照第二个要素,也即"特殊"的概念要素,不同于以抵押的方式借钱,以承诺的方式借钱涉及交换的特殊情形;在这一情形中,相互性是滞后于时间而发生的,尽管这一滞后不是绝对的滞后。即便是在无抵押的借贷中,也存在着共时性的相互性,只是发生在不同的层面而已。与其说人们抵押的是与金钱相称的物质性保证,还不如说是他的语言。交换最终也要在同一个层面上发生,因为借贷行为已经包含着还钱的意愿。

由于在主导性的物质交换方面首先存在的只是一个方面,然后才是另一个方面,因此仅仅从这一事情的概念来说,其中的一个方面就承担着风险。在这一境遇中,"我承诺……"这句话的目的乃是可信性,而且这句话的目的表现在两个方面:首先,被说出的话要具有可信性（"……p"）；其次，这句话的承诺行为要具有可信性（"我承诺……"）。第一个命题，也即"命题性的可信性"延伸到了承诺的内容，并意味着一个双重的值得信赖性：客观上符合所期待的偿还能力，主观上符合按照还款约定而被期待的还款意愿。但是决定着可信性的不仅仅是值得信赖性，还有第二个可信性，即"语言学——语用学的可信性"的问题，即"我承诺……"是否是一个诚实的表达？是否事实上体现了恪守承诺的用意？

从可信性的这两个方面，即命题性的值得信赖性和语言语用学的诚实性中，康德只挑出了第二个方面。从经验性、实用性的角度看，这一主题限制并不合理。为了能够借助承诺使自己的行为与他人的行为相互协调，命题性的和语言语用学的值得信赖性都是必要的。不同于康德的是，经验性、实用性的合法性对于可信性丧失的基础是一视同仁的。对于这种类型的合法性而言，下面的两个问题具有同样的重要性：人们是否会由于缺乏有希望的理智而从整体上低估未来的困难，并因此不能恪守许多承诺——尽管存在着最好的意图？是否好的意图和诚实性一直是付之阙如的？尽管人们可以把借贷申请者的语言语用学可信性在客观上看得更为根本，并在经验性、实用性的合法性中赋予其优先性，但是在承诺并没有表达出诚实意愿的地方，尽管有预先给予的可信性，还款的事情还是会落空。在这些情形中，正如在孩子身上经常发生的那样，值得信赖性显得更为重要。此外，康德不仅是以优先的方式，而且是以排他的方式表达了对诚实的兴趣，他的道德哲学开端也是支持这一做法的。

致力于回答"为什么人完全能够承担责任？"这一问题的康德

式伦理学,针对的乃是意志的规定性。它感兴趣的不是如此这般的未来事件,因为后者经常只是部分地受我们掌控;相反,它感兴趣的是在今天之中决定着明天的东西,即今天的用意。如果我们把命题性的可信性束之高阁,只讨论语言语用学的可信性,那么我们在承诺之中专题化了的正是这一个用意。如果有人不去研究承诺可否实现、承诺是来自一个值得信赖的人还是一个健忘的人这样的问题,而只是与康德一道追问这一承诺是以诚实的方式还是不诚实的方式做出的,那么他就在专题化着承诺概念之中那个仅仅与意志伦理学相关的要素。

理性的主步骤

在把诚实规定为与道德相关的概念要素之后,我们终于就可以对那个矛盾予以重构了。不诚实的动机是显而易见的,因此那位受困之人尽管知道自己不会还钱,但是还是会借到钱。相反,第一个重构尝试会认为,以这种方式,借钱的功能就转化成了送钱,而按照对借钱的理解,贷款人对此显然是不情愿的。这一"功能转化"违背他的意志,使其财产蒙受损失,不诚实的许诺演变成了偷窃。

按照这一重构尝试,虚假承诺看上去似乎是一个对义务的伤害,但是相应的论证却不是肇始于诚实概念,而是错过了康德的论证过程。在第二个重构尝试中首先被确定的是,在我们所生活的世界中,诚实的许诺和不诚实的许诺这两个选择在现实上都是可能的。因为贷款人不能看透借款人的"内心",也不能确定后者的真实用意,因此到底是这两个可能性中的哪一个,这在个别情形中往往是不确定的。这样一来，不愿冒险的人会拒绝相信这些苍白的说辞，而选择在没有足够质押的前提下绝不借钱。相反，谁要是愿意冒险，就可以让自己得到相应的利息回报，信赖诚实，在没有质押的情况下把钱借出去。在现实世界中，承诺绝不是完全不可信的，对空口无凭的信任是一个"理性"的，一点都不自相矛盾的选择。

但是在不诚实之（自然）法则适用于承诺的地方，情形则有所不同。在这一假想世界中，人们认为，总在承诺的人是不诚实的人。这一在承诺概念中内在地被暗示出来的语言语用学可信性，将会被不诚实之法则驳回——尽管不仅仅是以偶然的方式，而是以彻底的方式。这里就存在着一个矛盾：一般性承诺之内在于概念的目的，即存在于语用学可信性之中的普遍目的，由于已经变成了对法则而言的不诚实性，因此变得原则上不可能了。我们把这一不可能性称作语用学的不可能性或语用学的矛盾。

在某种引申的意义上，一个借贷申请者也难以实现他通过承诺而摆脱困境的目的。或者说，在一个被不诚实法则主宰的世界里就不会再有什么选择了。贷款人知道，"我承诺……"这一表达其实言不副实。遇到一个"诚实的家伙"的希望被破坏了，康德的断言成了事实："没有人会相信承诺给他的事情，而是会把这些说法当作无用的假装来嘲笑"（《奠基》IV 422,35f.）。对于有风险准备的贷款人来说，在把承诺的言语行为与不诚实结合在一起的那个自然秩序之中，对承诺的信任不再是一个理性的选择了。正因为如此，在额外的经验性、实用性考虑的基础上，找到一个肯借钱的人这个一般目的就是不可能的了，更不用说（a fortiori）摆脱困境这一具体目的了。至于无抵押借款的不可能性是否取消了诸多全面而有益的合作机会，并因此令人感到遗憾这一问题，则要交给外在于行为的，因而与承诺概念相对的那个经验性、实用性思考来决定。这一思考不再需要把康德拉进来了。由于严格的普遍化已经失败，因此我们也就实现了证明目标。承诺显示的是对义务的伤害，由于它是在对自己有利的名义下发生的（"把自己从困境中摆脱出来"），因此不仅具有（道德上的）不合法性，也具有某种非道德性。

对于追问虚假承诺的道德许可这一问题而言，经验性、实用性的考虑不仅是不必要的，而且也不会导致矛盾。因为，一个人们因为期待落空而不再相信任何承诺的世界，最多是一个令人不愉快的世界，但从逻辑上说，却未必如此。我们甚至可以设想这样一个极端情形：由于处处遭遇到不诚实，人们不再相互言谈；但是由于没有言谈，人们就不能生存，因此一个被落空了的期待所充斥的世界，最后就成了一个非人的世界——在这样一个世界中，没有什么是不可思议的。一个不承认承诺机制的社会，只是一个愚昧的社会。从相反的角度说，谁做出了一个虚假的承诺，谁就是不道德的。

人们也可以把虚假承诺中的矛盾表述为一个反搭便车者的论证，并且主张，如果一位不诚实的承诺者期待从他人那里得到他自己不愿意付出的诚实，那么在承诺机制中，他就是一个搭便车者。只有当一个借贷申请者被那位被请求帮助的人坦诚相待，并且收到的既非一个毫无严肃内容，也非一个涉及交付伪造的无价值的货币的声明的时候，他才能走出困境。

当人们把可信性中命题性方面的缺失普遍化为法则时，似乎就会产生同样的结果：作为一个理性的选择，无抵押的借钱将会落空。事实上在一个假想的世界中，贷款人很清楚，尽管承诺是以诚实的方式表达出来的,但是由于无力偿还或忘记偿还而根本不能被恪守,这同样会使还钱的希望化为泡影。但是相应的期待是不会落空的,因为一个被提升为法则的准则是自相矛盾的。

在这一重构建议的最后,我们再来检视一下在康德那里被辩护过的那些义务的影响范围。对于康德以暗示方式解释过的历史,以及在康德对绝对命令的运用中扮演着特定角色的那些论证之间的区别,我们也要顺便讨论。道德视角——更进一步说:意志伦理学的视角——不仅取决于命题性的可信性,而且也取决于语用学的可信性,这一情形具有广泛的适用性。康德在其举例中证明过的那个道德义务,并不局限于"历史"的特殊情形,也不局限于借钱活动中的诚实性;相反,它适用于一般的诚实性。

除此之外,对于一切能够做出承诺并以"诚实,或不诚实"这一选项为前提的存在而言,诚实命令都是有效的。与我们的道德意向相一致,康德主张:"'你不应该撒谎'这一命令不仅对人类是有效的,而且其他理性存在也不能与之背道而驰"(《奠基》IV 389,13—15)。

在关于虚假承诺的可允许度的讨论中,康德有两个"对手"。他与"主要对手"的争论发生在客观层面,也即道德层面;与"次要对手"的争论发生在元层面,即道德理论层面。针对着从私利出发意欲设定某些不遵守道德法则的例外的主要对手,康德指出,紧急情境中的不诚实这一例外在道德上是不被允许的,因为它使自己不能被设想为一个自然法则。康德的次要对手们(如森格[①]和其

---

① 森格(M. G. Singer,1926—　),美国哲学家,规则功利主义的代表人物之一,其代表作是《伦理学中的普遍化》。——译注

他规则功利主义者)辩护的是一个经验性、实用性的普遍化,康德和他们也许在承诺概念上是一致的——也就是说,"承诺"意味着"抵押其诺言"。他可能也会赞同对手们的看法,认为承诺的普遍目的就存在于可信性之中,而不诚实则与此目的相冲突。但是在使这一矛盾得以认知的知识类型上,他们难以一致。按照"当每一个人都如此这般行动时,这对共同福祉意味着什么?"这一规则功利主义的问题,规则功利主义者认为存在着经验性的,此外也是(社会)实用性的知识,而在康德这里,则只存在前经验的知识。

对于一个想知道他在贷款人那里如何赢得信任,特别是如何最好能够轻易骗取不相称的信任的人来说,他需要的是"敏锐的感觉"和"处世的经验"。同样,他还需要某种经验,以便知道自己能否凭借金钱从困境中摆脱出来。相反,要知道在虚假承诺中存在着两个内在于概念的,但是互不相容的目的设定这一知识,经验就不再是必要的了。因此,如果有人想要一睹作为不法行为的虚假承诺,他恐怕就得走一走经验性、实用性考虑这一弯路。但是,这一弯路是多余的——不仅如此,它还错过了真正的关键点:一个被设想为法则的准则本身是自相矛盾的。

我们借以洞见某个虚假承诺的道德不合法性的这一知识类型,不单单是一个理论问题,因为在这一知识之中,起决定作用的是道德责任的原则。能够作为道德原则而成立的,其实不是普遍福祉——在功利主义伦理学与康德伦理学关于伦理学基础的争论中,以康德占据上风而告终。

第八章 作为绝对命令的刑法

在康德的法权哲学中，关于刑事处罚的论断是少数至今还被高度重视的思想之一。不过，不同于先验哲学的是，这些思想往往仅仅被当作否定性的只言片语被引用着。在改革热潮涌动的年代里，一种刑法讨论认为，仅仅是作为刑事处罚之目的的改造（也即再社会化）已经具有合法性，更不用说其具有的威慑功能（一般性预防）了。在这一讨论中，康德的观点，即"只有对等报复法权"（ius talionis）能"规定刑事处罚的质和量"（VI 332,19—21）[1]，构成的只是一个使"现代刑罚理论"能如此清楚地凸现出来的背景。由于上述情况也同样适用于黑格尔，因此长久以来我们听到刑法政治学中的口号就是："告别康德和黑格尔"（克鲁格 1968）。

康德的命题由于那个不容商议的"只有"而获得了特别的挑衅意味：对等报复法权包含着一个排他性的要求。康德把刑法以及惩罚正义叫作绝对命令（VI 331,31f.,336,37），这一道德地位使得这一挑衅更变本加厉了。在具体运用中，这一挑衅达到了无所不用其极的地步。当体罚在我们的法权文化中长久以来已经被废弃的同时，康德却主张对性犯罪人施以阉割（363）。与当今世界范

---

[1] 本章中关于《法权论》的引文不再使用缩写 RL。

围内废除死刑的努力相反,那个糟糕透顶的形而上学则主张,杀人者必须偿命,因为此外不存在任何一个"可以偿还正义的替代项"(VI 333,11—13)。

对刑法予以人道主义化的重要推动力产生于欧洲的启蒙运动。贝加利亚^①(1764,§XXVIII)就已经开始主张废除死刑;正如意大利的贝加利亚(§XII)或者大不列颠的功利主义者边沁(1789,XIV)一样,冯·费尔巴哈^②(1801,I 2,§84;I 3,§133)也在德国致力于对刑法进行限制。如果有人要在刑法理论中采取和启蒙哲学一样的立场,那么他就似乎必须与康德,而非与贝加利亚、边沁和费尔巴哈展开交锋了。

第一节　惩罚的报复概念

如果要对康德的立场进行清醒的判断,马上就会遭遇到存在于一个全面的报复理论和一个片面的对等报复思想,即对等报复思想法权之间的区别。当他更进一步看到复仇的不同含义,就会怀疑"谁赞成对等复仇,谁就不得不赞成阉割和死刑"的说法。康德的例子也许甚至是与其法权伦理学的原则性因素相矛盾的,也是与他的"存在着一个更为本源的、每一个人凭借其人性而承认的法权"这一命题相矛盾的(VI 237)。需要补充的是,康德之后还有

---

①　贝加利亚(Cesare Beccaria,1738—1794),意大利犯罪学家,著有《论犯罪与惩罚》。——译注

②　冯·费尔巴哈(Paul Johann Anselm von Feuerbach,1775—1883),德国法学家,近代刑法思想的奠基人,被称之为"近代刑法学之父"。——译注

三代人从哲学上对死刑进行了辩护,首当其冲的便是那位"人类友好主义的功利主义者"密尔(1868)。

　　如果我们专注于报复思想的充满丰富内涵的核心部分,就会发现,不论是今天还是过去,相互竞争的威慑理论和改造理论都具有根本的缺陷。至少,在人们使报复性惩罚要么根本不具有正当性,要么具有第二性的正当性的地方,这些缺陷就会显露出来。谁要是把威慑和改造——不论是以单独的还是以合并的方式——看作排他性或支配性的惩罚目的,那么他就不得不同意对轻微的过错施以比严重的过错更为严苛的惩罚。举例说,一个杀人犯过了很多年才被人发现,但是他在被发现之前的这段时间内——出于信念——过的是遵纪守法的生活,我们要问的是:他是否不得不免受处罚呢? 此外,如果放弃了报复思想,那么就无法证明,为什么人们在任何情况下都不能处罚无罪的人。最后,我们还要提及的是针对惩罚体系的实在威慑价值,以及最近以来对其再社会化价值的怀疑。在诸如贩毒这样的犯罪行为上,似乎并没有发生明显的加刑。不仅是这里,实际上普遍存在的是,尽管我们有人道主义的惩罚措施,但是很可惜,再犯比例从来没有下降过。

　　在之前很长的时间内,人们总是把报复思想等同于复仇感,每一个自认开明的人士都会把它当作非理性的、不道德的感受。但是相反的,民族学教导我们,不论是在原始民族还是在所谓的开化民族中,对等复仇原则数千年来一直被当作是完全合理的。如果我们不是像在《圣经·旧约》中那样以一种令人不快的想象力把这一原则表述为"以眼还眼,以牙还牙",而是较为正式地把它表述为"你如何对我,我也如何对你"这一基本原则,那么就会更容易看到这里的核心所在,这就是:交换性。迄今为止,它构成的还是无可争议的社会道德原则,即交换性正义原则。如果我们在报复中只想到对恶的偿还,那么就会忽视其最初的意义和渐渐变得中立的意义。"报复"(Vergeltung)这一表达与"金钱"(Geld)一词具有同样的起源,它在词源学上指示着人类交往的一个基本形式,即交换。"报复"一词意味着对每一个接收到的报酬(Verdienst)的反作用,意味着回报:在积极的工作(Dienste)中,这一回报存在于"报偿"(Entgelt)之中;只有在消极的工作中,它才存在于"偿还"或惩罚之中。最后,现代的博弈理论也向我们显示出,报复思想是多么富有成效的思想(参见本书第十章)。在康德举出的例子上,"重新揭示绝对惩罚理论的智慧"的尝试(哈瑟莫尔 1981,299)将会随着对报复思想的新阐释而变得更为容易。

报复理论在今天受到贬抑,这与刑法中的经验性转折以及刑法理论中的社会科学转折是合辙一致的。如果有人只是赞成预防性理论和再社会化理论,仅仅因为这样似乎就可以使刑法符合现代性的条件和现代性的经验定向,那么他会把刑法中的争论理解成了"古人与今人的争执"(querelle des anciens et des modernes),从而宣称只有自己才具有现代性。如果我们对历史做一个简单的回顾,就会确信这一理解是可疑的,它再次使报复思想向我们更为明白地显现出来了:

威慑思想并不是从我们这个世纪中产生出来的,它最远可以追溯到启蒙晚期。早在贝加利亚、边沁和冯·费尔巴哈之前的一个世纪,普芬道夫已经在其影响卓著的《论自然和民族的法律》(第3卷,第3章,§§ 23—24)中主张用公共福祉(utilitas rei publicae)

去量度刑事处罚了。然而同代人已经给他提出了批评。托马修斯在其《制度》(第 2 卷,第 7 章,§§ 118,120)中、洛克在其《再论政府》(第 2 章,§ 8,这里的观点当然与自然状态有联系)中鼓吹的是一个补偿理论("reparatione"或"reparation")。后来,为了限制专制主义立法者的任意性,孟德斯鸠引入了一个仅仅按照发生过的违法行为来决定惩罚的类型和范围的刑法(《论法的精神》第 XII 卷,第 4 章)。

今天,谁要是在讨论死刑辩护时首先想到的是康德而非密尔,谁要总是把康德、黑格尔——而非洛克和孟德斯鸠——与报复理论相提并论,最后,谁要是把预防性理论仅仅归功于英国的功利主义而非冯·费尔巴哈和普芬道夫,谁也许就不自觉地勾画了一条"刑法话语中特殊的德意志道路"的解释路线。按照这一路线,凭借着经验性、实用性思想开启了近代法权文化的那些"一本正经的英格兰人",与继承了人文主义启蒙精神的德意志传统是完全对立的。但是刑法哲学的历史可以纠正这一简单的理解。被归之于康德的那些理论,实际上在启蒙时期已经广为传播,甚至洛克和孟德斯鸠,以及经验主义思想的经典人物都是它的代言人。此外,在边沁和密尔所在的不列颠,功利主义理论计划从未放弃主导性的刑法理论。

如果要问康德在刑法史中的重要性到底何在,我们就可以用包含在报复思想中的时代意义来回答。康德的时代重要性就在于一个专题化的阐释,也许还在于对报复思想的扩展,更远了说在于一个道德化的评价,最后在于方法论上的阐释。

从专题化的角度看,康德并不像有人所理解的孟德斯鸠那样,把报复思想局限于刑罚幅度。尽管康德在《法权论》中很少提及刑法(VI 331—337,362f.),但是他还是富有成效地讨论了两个更深入的根本问题。他虽然只是在第三个问题中使用了"对等报复法权"这一表达(VI 332,19),但是他谈论的却不局限于"报复"。事实上,他的报复思想总共表现为三个方面:针对国家的刑事处罚,康德纲领性地提出了一个报复概念;如果要处罚的是人,康德用一个一般的报复概念来回答;最后,他为惩罚的种类和措施树立了一个特殊的标准,即具体的报复,即真正的等效原则上的复仇法。第一个方面涉及刑事处罚的定义,第二个方面涉及合法性,第三个方面涉及处罚措施。

被康德纳入报复思想的这一新的意义是通过绝对命令的道德地位而得到加强的。康德借此强化了道德要求。一般而言,我们不会满足于指出惩罚是在道德上得到许可的法权机制这一事实。康德的主张和一个关于绝对命令的言辞具有同样的含义,即:作为报复的刑法在道德上具有命令性质,更进一步说,刑法和康德哲学中的道德命令一样,既不具有一个经验性的,也不具有一个实用性的责任基础。与此相对的是,没有被追问的是第四个问题,即"为什么一个国家有权利甚至有义务执行刑事处罚?"相应地也就没有得到报复理论的回答。

绝对命令逻辑地包含着一个纯粹的理性合法性。在康德的报复性惩罚概念中,"作为形而上学的法权伦理学"这一计划再次出现在讨论之中。但是,一个系统性的法权伦理学不会直接对此感兴趣。无论如何,它都会找到一个额外的理由,以便与康德针锋相对。但是,只要我们想到下面这两点,这一境况就会发生变化:第一,形而上学的实践性,而非伦理学性质;第二,这一形而上学在法权伦理学中扮演的那个谦逊的角色——它所关心的只是终极的合法性基础而已。

如果康德的理论是可靠的,并且报复性惩罚的确具有绝对命令的意义,那么我们就可以再次发现一个与单纯的经验性法权文化相对的对位点。刑法理论的经验性转折在多个方面都是有意义的,首先对处罚的实施如此,其次对于惩罚程序的实施毫无疑问亦是如此。不过,对于这一报复理论此外还有另一个合法性甚至是充分的合法性的主张,其实已经有相反的观点,即:与真正的刑法争论无关的是,从经验事实出发不能赢得任何合法性。正是因为洛克和孟德斯鸠已经提出了报复理论,而这一理论的前经验意义只是通过康德的绝对命令概念才得以彰显,因此这一报复性理论才在主题上的澄清、道德上的评价之后获得了一个方法论上的澄清——作为一个绝对命令,报复性惩罚具有前经验的合法性基础,因此也具有形而上学的合法性基础。

康德是从刑法概念入手开始其详细讨论的。在一个更为宽泛的意义上,至今仍然令人信服的刑法定义具有某种经验性特征。这一定义虽然没有告诉我们在哪些社会和时代可以找到刑事处罚的机构,也没有告诉我们它们在其中出现的形式是怎样的,但是它更进一步地确立了我们通常在事实中理解的东西。由于刑事处罚具有经验特征,人们怀疑它可能不会成为绝对有效的命令。正如在对虚假承诺的合法化中发生的一样,这一概念规定在这里恐怕也只能突显合法性冲突的对象,也就是说,它无法进入冲突本身。

康德采纳了惩罚的标准含义,并以一种令人瞩目的简洁性和清晰性把它具体化到了法权机构这一境况之中。如果我们对这一概念予以严格的理解，就会发现，它包含着一个由七个部分组成的谓词，即惩罚是：(1)具有公共暴力（"发号施令者"）的(2)权威（"法权"）(3)因为(4)公民（"承受者"）的(5)违法行为(6)而用一种伤害(7)加以实施（Ⅵ 331,4f.）。① 实际上从第二个环节开始，②这个由不同环节构成的语序就可以把刑法与复仇从概念上区分开来了。如果说，不论是以个体还是集体（亲属群体：家庭、部落、族群）的方式得以组织，复仇都表现为"自助"形式的话，那么惩罚权威则被赋予了公共权力。刑事处罚基于形式性程序被表达出来，而被委任的执法者不得做出任何他们所追究的那种违法行为。

　　凭借第四个定义要素，刑法讨论中那个严肃的争论点才进入人们的视野之中。当"由于"某事而做出一个惩罚时，它就具有两层含义：一个更为谨慎的"由此"（Danach）和真正的"因此之故"（Deswegen）。作为一种"由于……因此"（post et propter hoc）式的反应，刑事处罚不同于诸如隔离措施这样的预防性行为。它也区别于某个"美丽新世界"的操控技术：区别于或公开或隐秘的制约或宣传，区别于把"有害于"社会的人变成对社会无害的人的那些措施。刑事处罚始终预备着，当一个违法行为事实上发生时，它能马上介入进去——在中立的意义上，它具有报复性的特征。按

---

① 德文原文的顺序是(2)(1)(4)(3)(5)(6)(7)，即：(1)权威（"法权"）(2)公共暴力（"发号施令者"）(3)公民（"承受者"）(4)因为(5)违法行为(6)而用一种伤害(7)加以实施。译者根据汉语习惯做了调整。——译注

② 指的是原文中的(2)公共暴力（"发号施令者"），在汉译中实际上是第一个因素。——译注

照"如果没有法律,就不实行惩罚"(nulla poena sine lege)这一与复仇观念相去甚远的基本原理,得到更好定义,并已然广为人知的,是那个如若受到侵害便会导致惩罚的规则本身。因此,刑事处罚尽管具有回顾性的性质,但是释放的却是前瞻性的力量,它可以对潜在的违法者起到威慑作用。从概念上说,回顾性的性质始终是第一位的,威慑当然只是不可避免的副作用。

只要刑法与那个意向性行为相关,而后者是由于某个犯规,并因此之故而被实施的,那么我们就可以对它进行多重改造——但是要去掉其报复特征则是不可能的。这也证明,相当一部分对报复理论的最新批评是言过其实的。由于预防和再社会化之间的选择存在于对犯规的因果反应上,因此这两个选项都承认报复思想——尽管有时候并不情愿(à contre-cœur)。

第五个定义要素,对刑法概念同样重要的是"因此之故"的关联点。从根本上讲,康德的国家刑事处罚理论涉及的不是随便某个犯规,而只是一个严肃的形式——刑法处理的不再是简单的秩序冲突,而是违法和犯罪行为。康德本人讨论的是犯罪;拉丁文的"crimen"这一附加词也清楚地表明(VI 331,9),它的确涉及的是严格的含义,以便把单纯的违法行为排除在外。当然,对于有利于报复性惩罚的论证而言,这一存在于违法和犯罪行为之间的差别其实也不是多么重要。

康德所理解的"犯罪"乃是"对公共法则的僭越,这一僭越使当事人不能再成为国家公民"(VI 331,7—9)。至于说一个人是否会由于严重的违法行为而在事实上失去成为国家公民的能力,这一问题暂可搁置不议;以前瞻的方式来看,这在客观性的方面涉及最基本的法权规则。如果我们从"道德形而上学导论"出发来定义的话,那么它还从主观方面涉及一个本质性的对规则的破坏(VI 224,4—7),否则的话就会发生某个单纯的"过失"(culpa)(VI 224,4—7)。

国家实现其使命的手段是多种多样的,而在多数情况下,最关键的手段莫过于刑事处罚。康德把报复性刑事处罚与犯罪相联系,并且使国家不再为每一个违法行为,更不用说每一个规避性的行为负责。康德以这一方式把刑事处罚理解为公共暴力的终极理性(*ultima ratio*);他主张,只有在需要终极理性的地方,也就是说,只有在违法行为伤害到合乎法律的共存的基本要素或者其公共安全的时候,刑事处罚才具有合法性。在不那么严重的规则破坏行为上,那个越来越赢得其重要性的法律责任完全是有意义的:这就是代替了(刑法上的)过失责任的那个(民法上的)后果责任。赞成后果责任的主张认为,它可以给当事人带来较少的羞辱,但是却可以更有成效地达到使其如履薄冰般遵守规则这一目标。

不论人们在狭隘的、"技术性的"刑法意义理解犯罪,还是在更为宽泛的意义上,把它理解为包含着每一个有过失的规则破坏行为的行为,那个被许多批评者们所忽视的经验性的自我告知都属于报复性惩罚的运用过程。在围绕刑法的争论中,关键的不是存在于以概念为导向的思维和以经验为导向的思维之间的矛盾;更细致地说,这一争论涉及的是这些思维的种类和影响范围。从经验方面来看,报复理论主张的是某个回顾性的、内在于犯罪的(关于行为和预谋)知识;而预防性、再社会化理论则是前瞻性的、外在于犯罪的知识,是关于惩罚行为的威慑价值和改造价值的知识。

康德的第六个定义要素，即惩罚是一种"伤害"或一种恶，在这一点上毫无争议（参见《实践理性批判》V 37,27ff.）。对于第七个也即最后一个定义要素，也没有可争议之处。如果说，人们尽管可以选择一种可能会很痛苦的治疗，但这归根结底是一个自由决定的话，刑法则是只要发生就具有强制性——按照康德的话说，要用伤痛来施行"强制措施"（VI 331,5）。一些乐观的刑法改革者们认为，惩罚的特征可以通过某种有助于使罪犯重新融入社会的合法行为而得以消除。只要这些措施是以合法方式被规定的，那么它们就会在紧急情况下违背当事人的意志而被做出来——即便是作为再社会化的国家惩罚，也包含着强制性的特征。

第二节　一个单纯的部分性刑罚合法性

大多数康德解释者都或明或暗地把关于刑法的绝对命令不假思索地与国家刑事处罚的建制相提并论。有些人甚至假设，康德"以命令的（直言的）方式"主张"惩罚应该存在"（弗什纳 1982，386）。而事实上康德说的是："在我们的实践理性的理念中，伴随着对道德法则的僭越的，是所谓的罪当该罚"（《实践理性批判》V37,22ff.）。但是罪当该罚只是说一个惩罚是被允许的，而没有说它是必须的。此外，这一观点在《法权论》中并没有出现，在其他公开发表的法权哲学著作中亦是如此。我们也许必须对这一估计予以分别考虑，即：在内在道德领域内，也就是《德性论》的问题域中——更进一步地说，在作为德性论之"发展"的哲学神学中，道德性罪当该罚具有其体系性的位置（参见"神义论"VIII 260—262，

25f. 及其注释)。对于外在的道德、对涉及强制性义务的法权伦理学而言,这一理念被证明是不可或缺的。从另一方面说,康德在《实践理性批判》中讨论了"犯罪"(V 38,3),这也是正确的。

如果我们可以把道德性罪当该罚的思想暂时搁置一下的话,就会发现存在着一些刑事处罚的全面合法性显然不能取消掉的陈述。这些陈述全都具有法权伦理学的性质,而且远远超出我们最初的期待。当然这一点也适用于任何一个非康德式的理论:一个关于刑事处罚合法性的基本理论绝非一个孤立的片段,相反,它与规范性法权理论和国家理论的整体结合在一起。

全面合法性始于强制力权威(VI 231—233)。刑事处罚具有强制性的特征,因此只有在强制力权威已经属于法权概念这一条件下,它才具有合法性。构成了第二个理论要素的还有那些绝对有效的法权基本原理,如禁止杀人、禁止盗窃,对它们的故意破坏意味着犯罪,而单数绝对法权命令则为它们提供了标准(参见本书第五章第二节)。为了赋予绝对的基本原理以不单单是临时性的现实,第三个要素——一个公共法权秩序——乃是必要的,这就是康德所说的"公共法权的预设"(§42)。第四个要素包含在下面的命题中:"在人类之下建立国家宪法的理念已经自身携带着刑事处罚正当性的概念,后者则被赋予了最高的暴力"(VI 362,31—33)。在这里,康德把刑事处罚机构解释为对绝对法权原则进行国家保障的必要构成部分。康德在这里提到"人类"并且用斜体予以强调,意在指出,刑事处罚并不总是包含在道德性的国家概念之中;只有发生了故意的,至少是有责任的规则破坏时,国家概念才需要刑事处罚。康德暗示,这在人类这一以形形色色的方式犯着错误的理性存在者这里的确如此。

为了评判康德的报复理论，有两点是重要的。首先，凡是在《法权论》中对刑法予以专题讨论的地方，康德无不以上述四个理论要素都已经得到了探讨为前提（因此他才在关于四个要素的例子上说道："想要知道的只是，是否……"：Ⅵ 362,33）。正如许多解释者们所设想的，"一般性注释"的 E 节和"附录"的第 5 节并没有完全展开康德的刑法理论。关于"为什么国家可以引入刑事处罚机构？"这一问题，相信康德已经作了回答；而在我们所研究的文本中，他只讨论了若干"补充性的问题"。

其次，上述四个要素并不包含报复性要素，这一点可能更为重要。但是，不论是赞成康德的解释者，还是持批判态度针锋相对的解释者，都忽视了这一点：因为"一般性注释"所勾勒出来的报复思想只讨论了刑法合法性的其中一部分，而没有谈及报复的其他部分，因此它代表的虽然是一个尖锐的报复理论，但却不是一个排他性的报复理论。当然，报复思想始终是重要的，因为它定义着刑法，它赋予"为什么人们只允许惩罚有责任的人"这一问题以合法性的回答，最后它还给刑罚幅度制定着标准。但是对于第四个问题，即关于在根本上设置刑事处罚的法权机构的合法性这一问题，报复思想将难以回答；相反，只有借助单数绝对法权命令和关于人类的国家宪法这一理念，才能回答这一问题（参见本书第九、十章）。

为了说明竞争性的刑法合法性论证，今天，人们引入了"绝对的刑法理论"和"相对的刑法理论"这一区分。在对康德进行研究这一情形中，这一说法乃是一个误解。被列入绝对理论的是诸如此类的一些观点,如"应该有惩罚"或"惩罚具有内在价值"或"惩罚平衡着由于某个违法行为而对社会秩序造成的扰乱";除此之外的一些赎罪理论也属于绝对理论,如:"惩罚使犯罪人与由于犯罪而被伤害的社会达成和解"。这都不是康德的观点。他唯一的主张是:从道德概念出发来看,惩罚不应该成为一个简单的手段,而必须首先成为一个目的。

　　康德在那些被惩罚概念本身设定的因素中寻求国家刑事处罚的合法性基础,并进而批评这些把合法性基础放在单纯的惩罚概念之外,放在威慑和改造之中的理论。正是由于这一原因,康德诉诸内在于行为的考虑和外在于行为的考虑这一区分(参见本书第七章第四节),以更为精确的方式讨论了内在于惩罚的合法性和外在于惩罚的合法性。按照康德的解释,内在于惩罚的报复理论探讨的是这样一个"道德"立场,即:谁犯罪,谁受罚("quia peccatum est")。而在外在于惩罚的报复理论(比如康德所列举的预防性理论)这里,存在的是一个"实用立场",即:要明智地进行处罚,以便能阻止犯罪("ne peccetur":Ⅵ 363,32f.)。英美道德哲学家们谈论的是义务论的理论,而德国哲学家们谈论的则是目的论的或后果主义的理论。现在,康德与经验性、实用性刑法文化的对位点只存在于这一命题中:如果要对国家刑事处罚予以令人信服的合法化论证,就必须引入那些具有内在于刑事处罚,而非外在于刑法特征的道德论据。

　　紧接着刑法定义的,便是康德反对实用性理论并提出自己的"理论"的那个著名出处。由于康德理论的形式和有效范围在多重意义上被人所误解,因此我们在这里全文引述:

"司法性的惩罚……永远不能仅仅作为实现犯罪人本人或者市民社会之好处的手段而得到支持，而是必须无时无刻不施加于那个违反了它的人之上……在考虑从这一惩罚之中为自己或为其同僚捞取一些好处之前，他必须事先对此惩罚心知肚明"（Ⅵ 331，20—31）。

正如已经指出的那样，这里重要的是，康德认为"为什么国家暴力具有惩罚的权威"这一问题已经预设为被回答的了。他只想知道惩罚是可以针对着谁而"做出"的（Ⅵ 331，25），并且反驳了关于这一问题的实用性理论。实用性的刑法理论被作为只具有排他性（"根本不是单纯的"；参见 362，34—36："只有……或者还有"）、主导性的惩罚目的的理论而遭到驳斥（"在考虑从这一惩罚之中为自己或为其同僚捞取一些好处之前，他必须事先对此惩罚心知肚明"）。康德赋予国家在惩罚行为中考虑改造（"为自己……捞取一些好处"）和威慑（"或为其同僚"）的权利，但是这一权利与一个条件联系在一起，即它只能针对有责任的人（"那个违反了它的人"）。现在，我们就可以使康德的立场脱离神话色彩了。联系着关于惩罚的报复概念，康德——按照事实，而不是言语——主张着一般性的报复，并将后者理解为对惩罚无罪者这一行为的严格禁令：任何一个对此禁令的侵犯都将遭到绝对的抵制。

今天的道德意识在履行毫无意外的义务上存在着困难。要承认撒谎禁令中"道德义务也是无条件有效的"这一争议性的观点，存在着巨大的困难；但是在对"不能惩罚无罪之人"这一禁令的共识上，不存在任何这样的困难。其中的缘由并不在于绝对的约束性，因为一方面撒谎禁令在任何情况下都是绝对有效的，但是另一方面我们看到,绝对性概念也满足于一个相对的无例外性。同样,其中的缘由也不在完全的义务之中,因为在撒谎禁令和"不能惩罚无罪之人"禁令之间并不存在什么差别。是不是存在着第三种可能性,即这一缘由存在于禁令的急迫性上的呢?假如这一设想是成立的话,那么这一急迫性就不仅仅是高于撒谎禁令的急迫性了。为了建立绝对无条件的有效性,"不能惩罚无罪之人"这一禁令必须在每一个仅仅可以设想的优先性冲突中保持优先地位;它必须要比任何一个其他的道德义务更为紧迫,比方说要比"对人类生活予以保护"这一义务更为紧迫。但是,关于一个绝对主导性的紧迫性的论点并没有出现。我们的道德意识难道滑向了一个错误的结论,并且从道德严格主义滑向了法制严格主义?

　　在提出这一命题之前,我们有必要思考的是,在国家惩罚权威中,道德严格主义究竟具体存在于什么地方?权威的主体是集体,是国家。结果是,这里便存在着对这一爱好有利的例外,即:道德严格主义所禁止的那些假设都有利于作为集体的国家福利。这一情形具有一个决定性的后果,也就是说,社会实用性的功利主义准则以及对社会福利的追求都会因此而导向爱好一边,从而自身(eo ipso)与道德义务相冲突。以国家福利(有时也称为国家理性)的名义对无罪者进行惩罚,这在作为绝对命令的刑法上已经是非法的了——如果我们如同本研究所设想的那样,仅仅把绝对命令与道德严格主义,而非与法制严格主义对等起来,那么上述惩罚就是绝对非法的。从肯定的方面来说,惩罚只允许被用于违法之人;它的合法性只是报复理论上的("quia peccatum est:因为犯罪已然存在"),而不是社会实用性或预防意义上的("ne peccetur:以便犯罪不会发生",VI 363,31—33)。

当然,语用学的刑法理论可以声称,说它承认关于惩罚的报复性概念,并且也因此把"惩罚"从无罪的人那里分离了出来。它也可以声称说,因为只有在犯规之后并因此之故才谈得上惩罚和实施惩罚,所以从纯粹语义学的角度看,对无罪之人施加国家暴力的恶也就不成其为惩罚了。

这一观点是正确的,但却是不充分的。因为在对合法性的追问中,关键不再是对刑事处罚的定义,而是"为什么对一个无罪者的'惩罚'表现的是一个非法行为"这一问题。这一非法行为可以在法官和立法者两个层面上发生,而其原因可以是缺乏知识;或者也可以是虽然不缺乏知识,但缺乏更好的知识。

任何缘于缺乏更好的知识而导致的非法行为(如法庭审判中的司法错误和法律中的法学错误)都不应该发生,这一点如此之毫无争议,以至于康德对此情形没有任何讨论。此外,这也是赞成公共惩罚权威的重要理由之一,因为相比私人法权而言,形式性的、包含着辩护和申诉可能性在内的程序可以大大降低错误发生的几率。针对残存的几率,公共惩罚权威可以遵照"如有疑问,则有利于被告"("in dubio pro reo")这一基本原理。同样被立法者承认的还有另外一个类似的基本原理,即"如有疑问,则不确定惩罚"("in dubio contra delictum")——只有当一个行为毫无疑问表现出道德上的不合法时,它才能被宣布为应受惩罚的。以前人们喜欢诉诸对道德习俗的感受,但这几乎从来不能构成充分的论据。对于有损社会安宁和人类尊严的主张,完全可以反问的是:它一般而言是否并非过于模糊,以至于好像能够对诸如国家刑事处罚这样的关键措施予以合法化一样？

仅仅在第二种对无罪之人进行的"惩罚"上，康德看到的是一个合法性的任务，这一任务存在于尽管有更好的知识而发生的非法行为中，存在于妨碍司法的行为之中。康德讨论了妨碍司法的第一个层次，即法官的妨碍司法；他的观点相应地也适用于妨碍司法的第二个层次，即立法者的妨碍司法。康德给法官的妨碍司法举出的例子是"法利赛人的格言"，即"让一人为众人而死，要比整个民族被毁好得多"（Ⅵ 331,35—332,1）。① 康德在这里直接阐释出来的不是一个法权理论意义上的观点，而是一个法权实践准则。按照这一准则，在妨碍司法这一禁令上，集体福祉以及国家理性均可以存在例外。

正如已经阐释过的，因为集体福祉是一个社会实用性的基本原理，是集体智慧的原则，因此康德所阐释的并不是两个道德义务之间的冲突，而是在义务和（集体）爱好之间的选择。在拒绝了任何形式的妨碍司法的同时，他也就摒弃了（法权）道德意义上的慵懒，而仅仅赞成道德性的而非法制性的严格主义。

尽管康德只是直接地赞同一个法权实践性的准则，但是他也主张，只要实用性理论把自己理解为唯一的理论，那么上述准则就难以被驳回。不过对于一般性预防而言，最近也产生了相应的研究。按照凡贝格（1982,9f.）的看法，对无罪之人的"惩罚"扬弃了存在于规则破坏和惩罚之间的系统性关联，其导致的结果便是："一个根本看不到任何诱因的人"，会由于对违法行为的惩罚威胁

---

① 语出《约翰福音》11：50。——译注

而使自己畏缩不前。这样一来,妨碍司法就与威慑的目的背道而驰了。

从凡贝格分为两步的论证出发,第二个步骤就是有说服力的了。凡是不按照犯罪行为而是任意做出惩罚的地方,后者将不再能够释放出威慑性的效果,而其原因恰恰就在惩罚的任意性之中。相反,第一步不具有说服力。按照集体福祉的准则,人们的确不能任意胡为,但是"存在于规则破坏和惩罚之间的系统性关联"却被剥夺了绝对性的特征,为了允许偶尔为之的例外,而最终矮化成了经验法则。一般而言,"不能惩罚无罪之人"这一禁令会造福于集体福祉,也会得到重视,只有在例外的场合才会被违反。现在的问题是,如果这些例外始终几近于无,那么它们将几乎不会改变惩罚的威慑性效果。但是如果例外越来越多,那么人们在一定范围内的确会担心陷入与集体福祉的冲突之中,于是就会选择一种沉默的生活方式。对无罪之人的"惩罚"在没有减少"合法的威慑"的情况下,已经制造出了"额外的威慑"——它制造出了适应的压力。

正如"不能惩罚无罪之人"这一禁令一样,妨碍司法的禁令也几乎具有不言自明的性质。妨碍司法的禁令在另外一个方面并非不言自明的,即对每一个有罪的人予以惩罚这一命令。在"对罪犯不予追究"的禁令上,存在着类似的论证,因为在这一情形中,即便这一禁令偶尔被触犯,但是一般性的威慑效果并没有消失——它只是导致了腐败的产生而已。长久以来我们知道,适应的压力和腐败是受到某些政权的欢迎的。单单一个预防理论不能指出的是,适应的压力和腐败尽管受到欢迎,仍然是不合法的——更确切地说,在道德上是绝对不合法的。

对再社会化理论的合法化尝试遭遇到的是类似的困难。在此情形中,对无罪之人的"惩罚"存在于对那些虽然没有犯法,但是做出了明显的挑衅行为的个人的国家强制改造之中。为了禁止从再社会化的目的出发来实施处罚,这一惩罚对于再社会化而言必然具有反作用。但是我们没有理由相信,一个只是偶尔才针对无罪者的强制性暴力,会根本改变针对着犯法者的强制力的后果。相反,这里需要提防的还是适应的压力和腐败。

还有一个反对实用性刑法合法化的观点认为,必须免除对那些典型的只犯过一次法的人的处罚。对于那些在特定情形下触犯法律——这些情形由于其具有对有限的发生可能性的保证而不会重复——的人来说,他既不需要威慑措施,也不需要改造措施,以便能面向未来合法地生活。对这样的人不予追究,而相反对伤害更少的盗窃或身体伤害处以刑事处罚,这难道是合理的吗?

因为实用性刑法理论难以令人信服,所以康德报复理论的观点将不再是过时的。相反,它是受欢迎的。我们在《奠基》一书中已经知道了康德更准确的观点,即"人永远不能被仅仅用作实现他人意图的手段"(Ⅵ 331,26f.,关于这一观点的解释参见:里肯1989)。由于《奠基》中的这一观点并不是专门针对法权的,因此其有效性值得怀疑。然而在《法权论》中,康德采纳专门针对法权的观点对此做了阐释,这一观点即:"永远不能把人归入物权法的对象"(Ⅵ 331,25f.,参见 362,34)。在工具主义禁令这一消极论点之外,康德现在探讨的是作为积极的合法辩护的"人类与生俱来的人格"(Ⅵ 331,37f;也可参见对恩德莱茵的解释的质疑,1985,312)。康德在这里提及的是那个唯一的人权,是从一般法权原则以及绝对法权命令中直接得到的那个"自由……只要这一自由能与其他人的自由按照某个一般原则共存"（Ⅵ 237,29—31）。当然,康德诉诸的是绝对法权命令的一般性意义。从合法化理论的角度说,也许对绝对国家命令的探究更为明智:因为国家强制力权威的道德合法性只在于它能被用来保证前国家意义上的有效法权,所以只有在这些法权受到侵害时,它才允许被动用——对国家强制力权威的动用只有在针对犯罪人时,而非针对明显的挑衅者时,才是合法的。

因为康德的一般性报复理论奠基在与生俱来的人权之中,所以他依赖的并不是超验的假设,如上帝、神圣法则或者某个宇宙秩序。构成其刑法理论最终标准的,只是纯粹的法权——实践理性。今天,与生俱来的人权已然构成了我们的法权秩序的一个组成部分。因此,人们可以赋予妨碍司法的禁令一个实证法权式的论证:谁违背更好的知识而对无罪之人进行惩罚,谁触及的就不仅仅是人们乐意以模糊的方式所说的人的尊严（对联邦德国而言,参见《联邦宪法》第一条[1]）。根据这里触及的是对自由的惩罚还是对能力的惩罚之不同,他伤害的就是具体的"个人自由"（第二条[2]）以及财产权（第 14 条[1]）。

虽然说,为了证明刑法作为绝对命令的合法性,康德并没有诉诸自然法权的套路,但是人们允许可以怀疑这样一个相应的合法性策略的存在。如同虚假承诺情形中的合法性始于一个语义学的事态,这里的合法性始于一个关于刑事处罚的报复概念。现在,在对无罪之人的"惩罚"中,那个定义着刑法的报复概念就会陷入"矛盾"之中。这样一个矛盾在个别情形下完全是可能的,事实上它经常发生在现实之中。如果把对无罪之人的惩罚当成自然法权,那么它就意味着:一个人即便从未触犯法律,也会受到处罚。然而这样一个法律是难以设想的,它将会被"惩罚"概念扬弃掉。

我们对合法性理论的结论做如下总结:为了论证妨碍司法的禁令,实用性刑法理论不论凭借它所认可的那个报复理论观点,也即一个单纯的语义学报复理论,还是凭借其自身的惩罚目的,也即威慑和改造,都是难以成功的。"不允许对无罪之人予以处罚"的合法性不在于这一禁令在世界上产生出来的效果之中。它的合法性同样不在于某个认知缺陷,即"人们不可能知道得如此之多,以便在刑法和刑罚的效果中找到它们的合法性根据"(哈瑟莫尔1981,299)。相反的是,这一禁令不仅限制着国家暴力可以合法制造出来的这种效果,也限制着国家暴力有兴趣认识的那种效果。实用性理论缺乏的是关于绝对禁令的真正基础。并不是因为人们会把惩罚的威慑或改造价值视同儿戏,每个妨碍司法的行为才是绝对被禁止的。这一禁令之所以有效,是因为国家的强制力权威只针对有罪之人而存在,而不允许把没有犯罪的人变成国家暴力的牺牲品。这一禁令保护着公民如其所愿或张扬或隐忍地存在的权利——当然,前提是他们不能因此而犯罪。

由于关于妨碍司法的实用性观点是不充分的,相反康德的道德观点则是可信的,因此刑法也就成了下面这一观点的实例:从系统性的方面看,非目的论的伦理学被赋予了比目的论伦理学更多的优先性。按照道德理论,只有在人们对有罪之人予以处罚的地方,他们才可以提出对后果的质疑。同时,只有当一个法权文化只允许经验性、实用性的自我理解时,它才会受到批判——在对国家刑事处罚予以合法化这一整个目标中，至少有一个问题不能被以经验性、实用性的方式，而只能以真正的道德方式得到回答。

第三节　特殊的报复

从第二个方面来说，刑法的刑罚幅度具有绝对命令的特征。康德在用一般报复概念禁止了对无罪之人的惩罚，类似地也禁止了对有罪之人的不惩罚之后，便转向了对任意确定刑罚幅度的批驳。康德曾经批评过的那个"幸福学说的蜿蜒善变"同样存在于惩罚之中，它不是以内在于刑法的方式从犯罪行为中产生出来的，而是以外在于刑法的方式从对公共福利或私人福祉有利的后果中产生出来的。因为内在于刑法的对刑罚幅度之规定定位于犯罪的严重程度，所以报复的特殊概念，即狭隘意义上的真正的对等报复法权就再次在这里扮演着一个角色。

对于这样一个建议，即"要让一个死刑犯继续活着，以便让他认识到，当他同意在自己身上实施某些危险的试验时，能经受住这些试验会是多么幸运"，康德持反对的态度（VI 332，3—6）。如果这个建议针对的是一个个别的罪犯，也许他会被给予个别化的"惩罚折扣"。如果人们为了避免这一不平等而对每一个罪犯施以同样的待遇，那么从个人中就会产生更为特殊的"惩罚折扣"——这样一来，在规则层面或立法层面上就会产生出新的不正义，因为相对其他罪犯而言，那些被判处死刑的人就获得了优待。康德认为，暴力不论是在规则层面还是在分别运用中，都将产生惩罚正义的例外。但是，诸如惩罚正义这样的命令则不允许有任何例外。

　　即便是那些在康德的刑法理论中没有直接谈论非启蒙性和非人道性的善意的解释者们，也对具体的报复提出了批评。不论是在系统性的讨论中，还是在对康德哲学的探究中，这一批评都具有两个方面。它首先针对的是特定的运用或运用形式，比如针对着这一前提，即：死罪只能用死来"偿还"，"以便每一个触犯它的人都会死有应得"（VI 333,21f.）。这一更为根本的批评实际上拒斥了具体报复本身。

　　第一个批评的出发点是对对等复仇法的一个书面运用。关于这一点，黑格尔已经看到，"把惩罚中的对等复仇作为荒谬而展示出来（以偷还偷，以抢还抢，以眼还眼，以牙还牙，总之人们完全可以把干了坏事的人想象成独眼龙或没牙的人）"，这是一件很容易的事情（《法哲学原理》§101，"附录"）。然而黑格尔正确地指出，这一批评过于表面化了。只要看一看刑法史（比如君特尔1966），就可以随处为最大可能的书面运用找到实例——中世纪的法律就已经为纵火行为制定了纵火罪。这里还存在类似的运用，比如，中世纪的法律，甚至迄今为止的伊斯兰法律都为盗窃制定了砍手的刑罚；又如，对神灵的亵渎和诋毁将会受到割舌的处罚。

　　一个贴切的概念不仅要排除对具体报复的书面理解，还要排除对它的物质性理解。与其希望"在惩罚中给犯罪人的相貌留下什么烙印"（A.F.贝尔纳1876,30），还不如辩护一个纯粹的形式性概念。康德本人并没有清楚表明这一点，他援引的都是一些追随着表面化、物质化理解的例子。例如，他只能要求对谋杀者处以死刑（"既然他杀了人，那他就必须去死"：VI 333,11f.），并且对性犯罪人处以阉割。他还主张对侮辱处以"单独而苛刻的拘留"，因为这样可以使罪犯对不快和骄纵有切肤之痛，通过对他的羞辱偿还了对等的错误（VI 332,28ff.）。尼采也赞同这些主张，他说"绝对命令所嗅到的乃是残酷性"（《道德的谱系》，第二篇，第6节）。但是另一方面，康德也讨论了"依照形式的对等复仇原则"（VI 363,2），他自己也承认，对等复仇并非总是"依靠法律条文而成为可能的"（VI 332,26f.）。总体而言，他把对等复仇解释为"不偏不倚的那个公平原则（正义天平上那个指针的状态）"（VI 332,13—15）。

正义天平上的那个指针事实上只是一个单纯的形式性标准，它唯一能显示的就是两边的平衡，而至于天平的两边各放了什么这样的问题则没有答案。相应地，只能对关于具体报复的理念予以纯粹形式性的理解，并且在回答实质性问题之前，必须先回答诸如"如何度量犯罪的种类和程度""如何裁定相应的刑罚"这样的问题。如果有人以不同于康德的方式使具体报复没有任何实质性的用处，那么他就会按照犯罪行为构成来调整刑罚，使其既不是过于软弱，也不是过于严厉——也就是说，他运用的将是一个纯粹形式性的对应性标准。

凭借着康德本人所称的"平等原则"（VI 332,13），具体的报复将会得到辩护。这一毫无争议的正义原则告诉我们的是：只要国家从根本上惩罚那些罪犯，那么从这一正义根据出发，它就不能在惩罚这个人的同时放过那个人。康德同样不能赞同的是对某些人处以极其严厉的判罚，而对其他人处以较为温和而宽容的判罚。不同于"任意性的惩罚"（VI 363,15），惩罚上的区别只能根据犯罪行为本身做出。当然在这里要提防的是对报复理念的轻率运用，因为对于僭越法律的行为而言，存在着合法的道歉和无罪辩解的理由。在每一个犯罪行为上我们都需要思考的是,是否存在着归责能力、无归责能力或者受限制的归责能力,或者是否存在着预谋、过失或者法律上的错误。一个犯罪究竟是否成立?如何判断个别案例的犯罪程度以及一个犯罪行为的案例类型?诸如此类的思考也本质性地属于上述思考。此外,对犯罪人的社会背景予以考虑,这不仅是被允许的,而且甚至是必须的,因为这一背景可能会对犯罪行为的性质起着共同规定的作用。在"一般性的注释"中,康德甚至一再提及那个"客观主义的"犯罪概念,因为在此概念中,我们这里提出的问题根本是无效的。然而,这样一个概念不论是从一般的报复还是具体的报复而言都不是必需的,它甚至与康德本人的犯罪概念相互矛盾(VI 224,4—7)。

由于不论是偏向于更严厉的惩罚,还是偏向于温和的惩罚,似乎都是不合时宜的,因此唯一的结果是,康德只能对赦免法表露自己的怀疑(VI 337)。但是康德对另一个视角实际上关注甚少,即:在犯罪行为和刑罚幅度之间建立一个合理的关联,这恐怕不是哲学所能胜任的使命。哲学所能指出的只是,不论是在妨碍司法还是在刑罚幅度的确定中,都存在着不能以经验性、实用性的方式,而只能以纯粹道德的方式来解决的合法性问题。同时,相对于实用性的视角,(绝对)道德的立场还经历着更深入的重建——一个附加的论证会赞成一个义务论伦理学,并且反对一个排他性的目的论伦理学。

轻罪轻罚、重罪重罚,这一命令不仅对裁决具体案例的法官,而且首先对于确定案例类型的立法者而言都是有效的。具体报复所由产生的那个形式性的对应性标准限制的不仅是法官的任意而为,而且也是立法者的任意而为。从这个意义上说,当这里涉及联邦德国在 1982 年颁布的《反兴奋剂法》时,我们就可以提出质疑——当然也是道德的质疑,因为后者规定:"出于一般性预防的目的,对盗窃者最高可判处 10—15 年徒刑;出于特殊性预防的目的,对于具备再社会化能力的吸毒成瘾者不是判处徒刑,而是规定接受'治疗'"(哈瑟莫尔 1983,43)。在现实中,如果在一个案例中出于威慑的理由加重惩罚,而在另外的案例中只是出于改造的理由而"赦免为治疗",那么惩罚正义的理念就会受到伤害,法律的目的理性无论如何都会受到质疑。因为这样一来,加重处罚不仅没有更好地对毒贩起到威慑效果,反而可能抬高了毒品市场的价格;作为副产品,吸毒成瘾者的财物犯罪也可能增加。这样的法律被证明是适得其反的法律。我们也许可以从最高刑罚的不断加码中预见到立法者和"被激怒的公众"的"无力的怒火"——人们加重了刑罚,只是因为人们难以控制毒品交易本身。这样一来,从惩罚程度的角度(而不是犯罪行为构成的角度)而言,妨碍司法就已经产生了。

当然还存在着第三种解读方式。为了对《反兴奋剂法》予以修正,人们既不能借助一般性和特殊性预防的根据,也不能借助(本身无能的)"无力的怒火"来使这一修正合法化。我们同样可以借助具体报复这一论据认为,之所以对贩毒者处以最高的刑罚,是因为他们的犯罪行为(即毒品交易)的严重程度迄今为止一直被低估了。按此说法,提供毒品的人导致或加重了他——在概率上——毁灭自己生活的趋势,而他的行为出自深层动机。从另一方面说,如果给吸毒成瘾者开出的是治疗而非处罚,那么这里反映的观念就是，人们将不再理所当然地认为吸毒成瘾者具备做出故意行为的能力。也许支持对该法律进行修正的还有一个更深入的观点，即认为未被允许的吸毒行为不是犯罪，而是违法，因为它并没有对他人基本的合法财产或法权共同体造成整体性的伤害。如果这第二个条件成立的话，那么取消掉刑事处罚不仅在道德上是可行的，而且是必须的了。同样，人们也不得不认为，吸毒成瘾者根本不具备做出故意行为的能力。

第四节　一个净化理论的框架

接下来我们将回顾报复思想的三重功能。对于第一个方面，即语义学方面，批评家们虽然很少质疑，但是也很少强调。语义学方面声称，从纯粹概念的角度说，刑罚具有报复特征；此外在国家刑事处罚中，报复体现的是一个终极理性（*ultima ratio*），也就是说，它是针对最为严重的违法行为形式（即犯罪）的一个"工具"。当关于刑法的报复理论被限制在终极理性上时，它获得的将是第一个无罪辩解。

真正的冲突涉及的是其他两个方面，并且随着康德关于绝对命令的观点而得到激化。康德并不认为刑法（Strafrecht）是绝对命令，即根本上能够实施惩罚的权威；相反，只有（道德上的）惩罚法则（Strafgesetz）才是绝对命令，才是刑法规范之总和；只有在惩罚权威的范围之内，一个国家才能在道德上合法地允许这些刑法规范存在。这一情形也包含着第二个无罪辩解。报复理论并没有主张全面的合法性；对于国家究竟有没有权利进行处罚这一重要问题，康德已经预设为一个已经回答了的问题。在这一预设之下，他的报复理论为具有道德合法性的刑事处罚确立了两个限制性的条件：

一个刑法规范可以被表述为："说做了 X，谁就会被处以 Y 的惩罚"（举例说，"谁故意杀人，谁就会被处以不低于五年的监禁"）。康德把刑法当作一个绝对命令，并因此把它与"幸福学说的蜿蜒善变"分割开来，这只是意味着：诸如此类的刑法规范只有一方面与"实用性的"后果考虑保持距离，另一方面与报复结合在一起的时候，才具有道德上的合法性。因为这一双重义务并没有被认为是先天必然如此的，所以它才具有命令特征。由于这一认同具有道德根据，而按照康德，道德根据具有无条件的有效性，因此命令也就获得了一个绝对意义。

就在我们普遍对绝对命令持怀疑态度之时，它在刑法中却得到了很好的辩护。康德哲学展示的远非一个以系统方式被框定了的古怪形象；作为一个绝好的例子，刑法证明了康德哲学时至今日仍然值得系统性的重视。他赋予实用性伦理学特定的合理性，但只是次要意义上的合理性。只有在刑法的绝对命令已经实现的地方，才能在公共福祉或个人福祉的名义下提出后果考虑的问题。

按照第一个绝对义务也即一般报复，一个刑法规范的后件（"……将会被给予 Y 的惩罚"）只有与它的前件（"谁做了 X……"）相联系时，才是合理的。更进一步说，只有当前件中包含的不是对随便某个犯规，而是对根本法权规则的破坏这一条件得以满足时，后件才是合理的。简言之，国家的刑事处罚权威只能针对犯罪人。

第二个绝对义务，也即具体报复向立法者提出的要求是，按照前件中提到的犯罪程度对后件中表达出来的刑罚幅度予以确定；

对法官的要求是：他只能把自己定位在犯规的严重程度上——也就是说，他只能根据犯罪的程度来决定刑罚。

在一般和具体的报复概念中，对刑法起规定作用的报复展开的是双重性的标准上的重要性。它不仅单独规定着国家刑事处罚的合法牺牲者，而且也单独规定着刑罚幅度的合法标准。但是相比康德，被预先给定的只有一个关于惩罚的形式性标准，而没有其质料。这两个标准的绝对特征在于，它们是无条件的，并且在涉及次道德的利益或责任时都应该毫无例外地受到尊重。只能允许对犯罪人予以处罚，并且处罚只能立足于犯罪行为的严重程度。一个道德上合法的处罚绝不能为了具体的利益，或者为了被处罚者的利益而有所偏袒。

不论是一般报复对犯罪行为和刑法之间的对应性提出的要求，还是具体报复对犯罪程度和刑罚幅度之间的对应性提出的要求，都不能从经验性的斟酌，而只能从正义的思考中产生出来，因此报复的显著特征就在于：它具有独立于经验的有效性，与它相应的法律也同样具有"先天"的基础（VI 334, 23）。在这一双重对应性中，当然只有责任的根据具有先天性质。但是人们借以获得这一对应性——立法者对应着不同的案例类型，法官对应着具体的案例——的那些具体思考则不具有纯粹理性的性质。

与报复思想的三重意义相对应的是对实用性理论的部分拒斥，而非全部拒斥。康德所主张的报复理论只是一个主导性的理论，而非一个排他性的理论，因此向实用性理论提供的补充敞开着大门。如果我们带着系统的目的来解释康德的观点，就会发现实用性的补充甚至是必要的：

犯罪行为之后——对它的揭示已经被预先设定了——做出的刑罚已经在之前被确定了，并且已经受到了这一预先确定的威胁。事先确定——"nulla poena sine lege"——甚至是一个正义标准。伴随着刑罚在时间上的先行到来，刑法本身（eo ipso）也就获得了威慑性的因素。即便是这一威慑并没有被解释成惩罚性的目的，它也不能与刑法分开来思考——威慑至少也是"在交易中获得的副产品"。

作为不可避免的缺点，一个副产品只能在交易中被获得；或者相反，这一缺点只能衬托出另外一个优点。现在，只要威慑是受人欢迎的副产品，那么它就可以帮助一个国家实现法权保障这一道德使命。如果特定领域中的法权保障缺乏了威慑就变得不可能的话，那么作为法权保障的必要手段的预防甚至就会获得道德分量。

在这里，相当一部分来自预防理论者对康德的批评其实被证明是肤浅的，一些"康德主义者"对预防理论的批评亦是如此。对社会实用性、功利主义刑法理论的批评难道在一个"傲慢的愉悦"中就可以解决吗？这绝不可能。因为人们用功利主义指的不是任意一个具有目的——手段之定向的合法性，而只是在所有人的集体福祉中能看到终极目的的那个合法性。但是，在这里揭示出来的合法性策略中，刑法与第二性的威慑一道所服务的并不是集体福祉，而是对法权的保障——虽然只是人权在其中占据首要位置的道德法权。即便在相应的法权降低了集体福祉的时候，国家仍然有使命去保护人权。此外，在这一作为正义保证的法权框架之内，报复仍然不失为主导性的惩罚目的。只有一般和具体的报复不受侵害时，预防才是合法的。只能对有罪之人予以处罚，并且只能按照犯罪的严重程度来决定刑法，国家惩罚的这两条道德界限必须得到始终恪守。简言之，尽管合法性策略对预防予以认可，但它同时也不失其康德色彩。

假如较重的刑罚相对较轻的刑法能给潜在的犯罪人创造出更大的好处这一前提成立的话，那么根源于报复理论的刑罚幅度甚至就可以和根源于预防理论的刑罚幅度相互一致了。为了达到威慑效果，人们必须为了阻止更大的好处而设定更高的刑罚。不论是在法官还是在立法者层面上的刑法实践中，主导性的报复理论和主导性的预防理论之间存在的差别都可能很难消除掉。尽管如此，从合法性理论的角度说，只有一个仅仅为了建立刑事处罚之故而包含着预防性视角——尽管也只是第二性、辅助性的视角——的理论才是令人信服的，而对于更深入地构造犯罪惩罚这一目的而言，只有纯粹的报复视角才是被允许的。

另外，威慑并不是防止针对基本法权规则的冲突的唯一形式。因为威慑以一个故意的行为为前提，因此当这一条件难以满足时，就从根本上需要另外一种法权保障。有时候发生了某个单纯的犯罪行为，但是因为缺乏故意，因此不能按照威慑的定义（per definitionem）来把握。我们发现，再社会化的合法性理论基础正在于此。它就是要尝试着把那些诸如吸毒成瘾者一样的、部分失去了故意能力的人按照国家法令，借助国家手段带回到故意能力上来。而对于那些故意的犯罪人而言，如果威慑已经不再奏效，那么人们就会采取（最显著的）严厉措施来改变其态度。不论如何，第三个代表性的刑法理论都将与报复理论交织在一起——当然，只有当人们把报复思想当作先天思想的时候才是如此。除了法权保障这一主要目的之外，威慑和再社会化都是合法的辅助性目的。

第九章 "自由联邦民族的共和国"

在针对我们这一时代的诊断中,"乌托邦能量的枯竭"并非微不足道的一条。这一诊断的证据具有不可低估的,甚至具有压倒性的分量。不论我们思考法权或宪政国家,还是思考福利国家甚至无统治性之理念,我们都会发现,尽管这一思考具有不同的基础,但是都具有同一个结果,即政治理想已经失去其光芒。技术同样如此。我们在技术中期待得到各种各样的帮助和方便,我们需要它来增强我们的竞争能力,但是它早已经失去了向我们整体上承诺一个美好未来的能力。同样在艺术和文学中,我们几乎再也看不到任何乌托邦的冲动。我们追寻把我们带到南太平洋、带入其"享乐屋"(*maison du jourir*)的高更①,我们以同样的方式徒劳地追寻那位在此生此世中已经为我们打开了救赎世界之大门的夏卡尔②。

这些不同的结果在一个全新的时代感中相互交织在一起。公共的情绪不再反映在恩斯特·布洛赫所说的解放性的"希望原则"之中,相反,起着主导作用的是如负重担般的"责任原则"(汉斯·约纳斯语)。尽管如此,在人们顺服地把自己融入一个"迈向乌托

---

① 高更(Puul Gauguin,1848—1903),法国印象派画家。——译注
② 夏卡尔(Marc Chagall,1887—1985),俄裔超现实主义艺术家。——译注

邦的时代"之前,提出轻微的怀疑未为不可。也许枯竭的不是能量,而是特定的主题。法权和宪政国家原则上已经得到实现,而在福利国家或在另一方式中的技术中,我们则可以揭示出一些自相矛盾的方面。我们在哲学话语中所认同的那个自明的理性,即无统治性,则更多地作为社会原则与法权国家、也就是与公共暴力联系在一起。

谁如果要释放出新的能量——或者更谦虚一点说,谁要是想释放出新的冲动——谁就不得不考虑在哪些条件下这些乌托邦才能枯木逢春。只是提出每个社会都需要特定的希望这一含混的观点,是远远不够的。那些共同问题的分量使我们陷入恐惧,但是它们无不提供了唤醒能量的绝佳机会。进一步说,我们并非只能设想谨小慎微的解决方案,因为只有宏伟的计划才能唤起全新的能力。而这里当然会遭遇到严肃的对手,即实用性的怀疑。只有当一个宏伟的解决方案不是天真地忽视困难,而是能够具有引以为傲的优点——即拥有清醒的问题意识的时候,对这一怀疑的克服才能得到实施。宏伟的解决方案并不存在于某个诗意的想象当中,因为后者根本不可能实现,而且它的所指不论何时何地都是不存在的。这一目标存在于可实现的"尚未"之中,而我们最好将这一目标称为:作为"乌托邦"的"理想"。

第一节 献给共和革命的纪念碑

令人沮丧的难题可谓无所不在。我们甚至相信,在我们欧洲国家中根本不存在贫穷、社会不公和侵害人权。如果它们存在于其他什么地方，我们也会觉得我们对此没有直接或间接的责任。而在环境危机中，我们显然既是受害者，也是始作俑者。最后，对于我们这些已经习惯了和平的欧洲人而言，战争的经验已经变得过于遥远；而对于很多人而言，它始终是痛苦的现实。与战争经验相对的是那个宏伟的解决方案，即"人们会厌倦战争"。提出这一解决方案的是康德，他的这一计划已经在其相应著作的标题中体现了出来，这就是《永久和平论》。

　　从历史角度看，康德关于年轻的法兰西共和国的著作树立了一座丰碑。这一理性的巨著始于这样一个契机：康德是在法国与德国缔结的《巴塞尔和平协议》的影响下写出这一著作的。这一巨著也延续了康德把自己归入其中的那个传统（参见"观念"，命题七：VIII 24；"谚语"III：VIII 313），这一传统包括永久和平的计划（*Projet de la paix perpétuelle*）、圣皮埃尔神父①的和平计划，也包括卢梭的若干评注（《社会契约论》III 15）。更进一步说，康德甚至也质疑革命的道德合法性。但是这并没有阻止康德对"能够缔结成一个共和国"的"强大而理性的民族"表达他的支持（《永久和平论》，第二条正式条款：VI 356，17—19）②，也没有阻止他对"局限于爱国主义"之中的法国大革命表达他的同情（《学科之争》VII 85，26—27）。即便有罗伯斯庇尔的恐怖统治，康德也没有放弃他

---

　　①　圣皮埃尔（Saint-Pierre，1658—1743），法国神父，他可能是提出建立一个国际组织以便能维护和平的历史第一人。他的思想深刻影响到了卢梭和康德。——译注
　　②　本章中在引用《永久和平论》时将不再显示作为缩写的标题《和平》。这一章的较早、较短版本已经在借着纪念法国大革命二百周年的机缘得以发表，载于 *Reformatio* 38(1989)，210—219，亦可参见赫费 1995。

对法国大革命的情有独钟，并认为这一统治有其合理性。正如建立共和国这一目的不能使雅各宾派的暴政手段神圣化一样，一个好的目的同样不能通过一个不神圣的手段而变成一个坏的目的。

那些仅仅从《奠基》和《实践理性批判》出发来认识康德伦理学的人，往往会给他除了严格主义之外再加上一个判断力匮乏的罪名。但是假如人们多花一点精力，在康德的主要著作之外搜寻散见的关于法国大革命的观点的话（参见伯格 1974），就会发现一个值得注意的清楚判断。这一判断反映的不是偶然的政治见解；相反，它完全具有法权基本原理的确定性：康德一方面承认国民大会继续国家权力的合法性（《法权论》§52），但是另一方面则严厉谴责路德维希十四世的统治（《法权论》VI 320ff.）；康德认为对教会财产的世俗化是合理的（《法权论》VI 368f.），但是认为罗伯斯庇尔的暴政却是不合法的（《人类学》VIII 259）——然而由于1795年法国宪法的靠山是人民代表，因此它本身又是合法的（《学科之争》VII 85f.）。

在《永久和平论》中，对法国大革命难以掩饰的仰慕构成了第一个小节（正式条款）。映射着与法国的这一全新关系，康德以言简意赅的方式主张："公民的宪法要成为共和的宪法"。最后不得不提的是，康德是用自由和平等这两条原则来阐释这一主张的。

年轻的共和国对它将要建立的纪念碑有切身的体会。当德国的知识分子（如威廉·洪堡）在巴黎始终只是作为"大革命的游客"出场的同时，康德的出场则要深刻得多。被急匆匆地翻译为法文的《永久和平论》在法国的知识分子和政治公众之中激起了不同寻常的关注。在1795年法国宪法诞生之前，至少在格尼斯堡的《尼古洛维乌斯》(*Nicolovius*)杂志和巴黎的《杨森与佩洛诺》(*Jansen et Perrounneau*)杂志上可以同时读到这样的文字:"杰出的康德在德国人民的心灵中已经唤起了一场革命……他现在已经向共和宪法伸出了援手"。但是这段文字的作者已经很清楚地看到,康德已经按照其专业,也就是说按照其哲学用法(*more philosophico*)树立了一个纪念碑——《永久和平论》提出的"不仅是法国的,而且也是整个世界的共和主义"。康德并不熟悉民族国家的视角,然而作为哲学家,他却改变了真正全球性的理想,一个世界共和国的理想。

这一哲学用法不仅包含着对共和主义和和平理想的普遍化,而且也规定着它们的文本类别。首先,康德并不是只对政治事件做评论的记者,事实上他的基本思想已经在早于大革命四年之前发表的一篇篇幅较小但分量十足的论文中得到了表达,这就是"世界公民视野中的一般历史理念"。其次,康德并没有继承一个既定的文风,事实上他创造出了一个新的文风,这也标识了康德的知识分子地位。

十六、十七世纪中以托马斯·莫里斯的《乌托邦》为样本的那些政治小说无不自我标榜为"奇幻之旅"(*voyages imaginaires*)。在其永久和平倡议中,康德尽管允许哲学家们做"甜美的梦",但是贯穿着他的著作的却不是政治想象力,而是(纯粹)实践理性。康德正是凭借着纯粹理性来定义道德,也因此赢得了一个超越"布洛赫或者约纳斯"这一选择的立场。永久和平不单单是值得期待的愿景,而且是落在人类身上的一个道德义务——尽管是一个法权道德的义务。永久和平不仅是一个有所期待的希望的对象,也是自我参与的责任的对象,因此它拥有道德乌托邦的特征——更好的说法是,它拥有一个政治理想的特征。这样一来,康德就把道德定义成了绝对责任。建立永久和平的重任就因此赢得了绝对命令的地位。

我们每个人都对和平负有责任,它的实现必须得到共同政治意志的支撑,因此也具有法权特征。绝对法权原则的序列因此也就扩展成了和平命令。因循着他那个时代的和平协议的样本,康德也以形式性的契约形式提出了这一和平命令。他甚至带着对当时和平协议的些许嘲讽在其中加入了隐秘的条款,其内容无非在于提出这样一个主张,即允许对"发动战争和缔结和平的一般准则"进行自由和公开的讨论。这一隐秘的条款也包含着康德对柏拉图意义上的哲学家王理论的转换。在双重节制中,哲学家们一方面放弃了每一个公共暴力,因为拥有这一暴力就意味着对他们的使命和能力的"不可避免的抹杀";另一方面,哲学家们主张的既非特殊使命,也非特殊能力,他们认为唯一有利的就是一般的人类能力:"理性的自由判断"(VIII 369,28ff.)。哲学以这种方式实现了民主,它有能力成就今天人们已经放弃了的那些理想,即:成为人类文化的法官,并且首先要成为人类文化的立法者。

尽管康德赋予和平命令以契约的形式,但是他并没有提供事无巨细的法律文本。他虽然提出了预备条件和正式条款,但是也只是为永久和平提出了一些原则而已。但是如果我们更进一步来看的话,在"只是"中揭示出来的就绝非一个缺点,而是一个优点:

在对具体政治问题的判断上,哲学家的能力不会好于一个无所不知、深思熟虑的公民。康德的长处就在于把这一具体化的过程交给公民,交给代表他们的政治家,交给专业咨询人员和法学家

（参见"第二条附论"），而自己则专注于哲学上的立法。同时，康德也摆脱了历史语境的束缚，因而时至今日仍不失为一个体系性的对话伙伴。两百年来法国一直以共和国自居，它完全可以因为它所代表的世界思想而倍感自豪。而对于西方的民主政体而言，"乌托邦的冲动"却几乎难以唤起了。如果我们带着哲学视角来看的话，共和理念已经扩展成了"全世界的共和主义"（républicanisme du monde entier）。

第二节　绝对和平命令

在过去这些年里，关于和平的争论围绕着基本概念争执不下。而最终得到的共识也仅仅停留在形式上，从政治学角度来看简直不堪一提：它只有一个难以觉察的、根本上具有消极意义的共识。作为一个无所不在、歧义重重的目标，和平在那些定义中并没有释放出新的能量。在康德那里，除了和平的因素之外，还存在着空想性的（"乌托邦的"）因素；但尽管如此，他提出的并非诗意化的概念，而是周全缜密的冷静性：康德用"永久"一词外延出来的不是某个简单地通向无限的时间绵延，他借此理解的是一个特定的质性，也就是人们在承诺"永久忠诚"时所表达的那个意义。没有一个人能够在今天的言语中保证，明天他是否还能事实上恪守这一忠诚，但是他可以毫无保留、毫无条件地使自己与义务发生联系。康德《永久和平论》的出发点，恰恰就是这一意义上对无保留性的定义，是对和平的一个质性的而非时间性的理解。按照他的第一个预设条件，"任何一个和平协议都不应该包含可能会导致未来战争的那些隐秘的保留因素"。

　　让那些只知道法国大革命以来欧洲历史的人倍感惊讶的是，永久和平的理想在欧洲已经有悠久的传统了。它也不是从时代转折时期的伊拉斯谟或弗兰克①那里萌芽的。事实上，但丁早就提出了一个国际性的、具有法权和和平保障的国家秩序的计划。四百年后，圣皮埃尔根据 1713 年制定的《乌特勒支和平协议》，主张在"欧洲的 24 个基督教国家"之中建立永久和平联邦（当然他也补充说，"在可能的情况下，伊斯兰教的大公们也可以加入这一和平联邦"）。康德的第二个空想因素是，他的和平概念不限于欧洲地区，而是意味着真正全球性的和平。但是即便在这里，康德带来的还是一些清醒的思想因素：

　　在《理想国》这一西方世界的首部关于国家的文本中，柏拉图曾经把外在的和平与一个人切己的内在和平结合起来讨论。康德的出发点并不是一个宽泛的条件，他将永久和平限定在法权范围之内，并且根据法权作为对意向的解放这一特点（参见本书三章第三节），规定了法权对个人态度的独立性。同样，康德也取消了柏拉图和平理想中的另一个因素，即"永久摆脱冲突的自由伊甸园"——这一因素也反映在卢梭的《论科学与艺术》之中。和平概念得以提出的这一前提，与康德在其历史哲学著作中提出，并在《永久和平论》的"第一个补充"中确认过的那个人类学的基本规定相冲突（"观念"，命题四）。按照这里的"非社会的社会性"概念，属

---

　　① 塞巴斯蒂安·弗兰克（Sebastian Franck，1499—1543），16 世纪德国思想家，人文主义者，激进改革论者。——译注

于人性的是"荣誉欲、统治欲或者支配欲"等自身并没有可爱价值的情感。作为对"懒惰成性"的"反抗",正是这些情感把人类从"蛮荒带向文明"("观念",命题四)。对康德而言,一个处在"空洞的和谐"之中的生命不仅是不现实的,而且也没有任何值得期许的价值:"一切文化和艺术 …… 都是非社会化的果实"("观念",命题五)。

康德完全承认冲突的有效性,他把"和平"消极地定义为"一切敌对状态的结束"(第一条先决条款)。只有在战争被禁止的地方,才会不仅有敌对状态的推迟,更有实实在在的结束。康德的第一个和平概念杜绝把战争作为调节冲突的手段。

而在战争已经发动起来的地方,结束战争的希望同样会被完全唤起。不仅如此:只要这个温和的和平概念得到切实贯彻,人们也许就可以摆脱那个时至今日还在困扰着他们的恐惧,即对核灾难的恐惧。这一让所有人释放出新能量的希望,恐怕不是什么伟大的希望。因为任何一种战争——甚至核战争的危险——都会在一方投降并接受另一方的条件之后迅速结束。

按照黑格尔《精神现象学》中关于主奴关系的著名章节,人类自我意识的形成是从争取承认的抗争开始的。这一决定生死存亡的抗争虽然会导致"一切敌对状态的终结",但是也会产生一个与愿相违的关系,这就是主人和奴隶之间极端的不对称性。除此之外根本不存在无保留条件的和平。因为敌对状态只有在一个条件下才能结束,即:其中一方因为屈服于死亡之恐惧而适时地放弃抗争。而和平的保留条件是,其中一方认识到生存才是压倒一切的善事。近代早期的教会内战以及其后的许多内战——它们并不都是宗教战争——已经足够清楚地表明，为了争取宗教自由、政治自律或文化认同（这里根本还谈不上那些低一级的东西），由于人们认为其他物品比生存更具有主导性，因此经常会战争到弹尽粮绝，而最后的和平其实已经离坟墓相距不远了。因此在主人和奴隶之间还存在着一个"有保留的和平"，按照康德的话说，就是一个简单地被延长了的停战状态，因为奴隶可以克服其"奴隶意识"，也即克服把生存当作主导目标的意识，从而反抗主人的统治。

总体而言，尽管许多人认为，在关于财物的冲突中把生存放在第一位是明智的选择，但是这在道德上并非必然如此。被"生存原则"规定了的和平只是一个实用的命令。当然，这一命令具有不同的效力。传统的战争都局限于地区之内，而数量上具有更大威胁的战争则使整个种族的存亡命悬一线。阻止核战争的呼声是否可以作为"种族实用性的命令"而赢得真正的道德责任呢？

令人吃惊的是，康德虽然不知道今天的武装体系，但是已经考虑到了可能的全球战争。康德曾经提到"灭绝战争"，它将使"永久和平只有在人类空旷的墓地上才能发生"，康德认为这一战争是"万万不可的"（VIII 347,4—7）。这里的"万万不可"既意味着"没有任何限制"，也意味着"绝对不允许的"。康德是否已经提出了今天围绕战争的论辩中提出的那些观点呢？当受到灭绝威胁的不是一个族群，而是人类整体的时候，那个对人类存亡负有责任的和平命令是否真会丧失其单纯的实用有效性，而转变成"人类不许自我灭绝"这一绝对禁令呢？

人类的灭绝是惨绝人寰的结局，我们完全可以从质性的角度来看待这件事情。至于这一质性是否已经具有绝对命令的意味，这需要在责任的根据上作出决断。这也就是说，只要生存还只是福利的一个方面，那么它就不能被证明为实用命令。

战争威胁着人类的生命，因此是不被允许的；或者，当战争威胁到整个的人种的时候，它就是绝对不被允许的：诸如此类的观点从未出现在康德的《永久和平论》一文中，它们也无法解释康德自己的命题，即灭绝战争是"万万不可的"。此外还存在着并不牺牲人类生命的战争。在《佛罗伦萨史》中（第 5 章第 102 节），马基雅维利就曾经介绍过一例对双方都没有造成生命损失的战争。实际上我们也可以设想，今天的武装体系和军事战略可以避免人员伤亡，而只是用武力来解决冲突。但是，难道没有造成人员牺牲的战争就是合法的吗？如果有人只是把反对战争的观点理解为禁止杀人，那么他恐怕就不得不给这个问题一个肯定的答复。

康德对此问题的回答是"不"，并且他还为此提出了第二个更有挑战性的和平概念。这一概念反映的是那些使真正的无保留的和平成为可能的条件。我们可以通过一个反证法（e contrario—Argument）来重建这一概念：只有在冲突的一方总之出于什么理由而臣服于另一方的武力，并使冲突得以解决这一保留条件下，才有所谓的和平。另外，武力也产生了不对称，其极端形式就是主奴之间的不对称。但是，一旦在这里起决定作用的不是武力，而是对武力的扬弃，即法权，那么这一保留条件和不对称也就不成立了。在单纯的实证法权中，武力可能是隐藏起来的，因此这里的关键是道德的合法权利。凡是法权说了算的地方，冲突的双方就会获得根本性的平等，他们的不对称也将消失。康德在第二个实证性的和平概念中突出强调的就是这一平等。

　　虽然康德是在正式条款中才提出了这一概念,但是他其实在先决条款中就已经提到了它。在谈到灭绝战争的第六条先决条款中,康德分两次讨论了不按照武力,而按照(合理的)法权来解决冲突的方式(VIII 346,35 以及 347,5f.)。康德赋予这一道德观点———尽管是以暗示的方式———一种权力,以便能从道德上否定"万万不可"的灭绝战争。

　　最近以来关于和平的讨论都集中在了核战争的危险上。就核战争带来的一个具有全新性质的危险向度而言,这一专题化的集中讨论乃是合情合理的。尽管如此,这一集中讨论还是使人们偏离了这一事实,即:并不是只有核战争才是应该被摒弃的。与核战争相比,还有很多"小战争"在今天不仅是可能的,而其实是在事实上发生着的。对于它们表现出来的令人惊讶的道德上的不义,我们不能因为它们还没有危及整个人类的进程,就把它们看成是无害的。

　　按照对"和平"的第二个理解,它是为合理的法权服务的,因此也就获得了法权道德的地位。由于康德将法权道德定义为绝对命令,因而他也就把永久和平定义成了绝对法权命令———尽管他并没有明确使用这个表述。的确,按照他的解释,和平状态就是"直接的义务"(VIII 356,4;参见 378,19—22)。在作为绝对法权命令的和平之中,重要的不仅仅是绝对性的因素,同样也是法权特征。不论在什么宗教、政治或道德立场,人们都要对这一和平命令所表达的责任予以相互承认。如果说宗教性的道德(如登山宝训)涉及的是值得称赞的超出期待的善的话,那么法权道德则满足于人们之间的相互责任。

从结构上说,和平命令是由两个层次构成的。首先要对合理的法权做出定义,然后人们才能考虑其非暴力的实施。从法权伦理学的角度上讲,只有当一个命令承认了诸如人权一样的、在道德上得到奠基的法权的时候,狭义的绝对法权命令才有可能存在。这里的关键是这样一个要求,即:要借助公共的"公开的暴力"——而非特殊的权力——来保证合法权利的实施。在这里,康德所说的实际上是国家的公共暴力。与第一种法权命令相比,第二层次上的命令,即真正的和平命令,乃是附属性的,它与绝对国家命令——即"为了实施道德法权,必须建立一个国家"这一要求——是相重叠的(事实上,康德也提出了绝对国家命令的学说,见于 VIII 378,19—22;386,27—29)。相对道德法权而言,和平命令提出的是一个无暴力的冲突解决方案。

我们在政治学的讨论中所熟知的那个争论,即自由、正义、和平这三个原则中的哪一个具有优先性,在关于和平的争论中同样有所反映。康德在《法权论》(VI 355,30)中将和平称为"政治至善",这似乎表明他站在和平主义者一边。而按照《实践理性批判》和"辩证论"的"第二部分","至"这一概念包含着某个"歧义性",也就是说,它或者意味着"最高的"(supremum),或者意味着"完善的"(consummatum)(V 110,12f.)。按照第一个概念,"和平"在康德那里的具体含义是一个具有支配性的政治之善,因此在和平的名义下,我们可能会被要求牺牲或减少自己的自由或正义。按照第二个概念,和平的具体含义是一个包容性的政治之善,和平的实现并不需要减少个人自由和正义,因为后者可能会被一起实现。因为第二种理解中的和平存在于对合法权利的非暴力实施过程之中,而合法权利又反过来出自一个全面适用的自由,因此和平就在包容性——而非支配性——的意义上成了政治至善。只要人们对合法权利承担责任,并且以非暴力的方式来实施合法权利,那么这一至善就可以实现。就此而论,有必要对绝对和平命令的说法做出修正。建立永久和平,这始终是绝对必要的。如果说第二条正式条款把和平状态解释为"直接义务"的话(VIII 356,4),那么康德在"附录"中则更准确地指出,义务直接针对着前文提到的两个层次:首先针对的是对合法权利的承认,也就是针对着狭义的绝对法权命令;其次针对的是这一承认的非特殊组织,即绝对国家命令。无所保留的永久和平只有从对这一双重命令的承认状态中才能产生出来。或者就像康德最后关于《圣经·新约》所说的那样:"只要你们完全尊重纯粹实践理性的国度和它的正义,你们的目的,即永久和平的善事,就会降临"(VIII 378,5—7)。

第三节　第二次共和革命

因为法权是在三个层面上得以实施的,因此康德也在三条正式条款中,从三个角度来表述绝对和平命令。这三个条款以言简意赅的方式包含着整体性的公共法权哲学的轮廓:第一条款处理的是内政关系,即国家法权;第二条款处理的是国家关系,即国际法权;最后一个条款研究的是自然的人与陌生的国家之间的关系——在这里,康德驳斥了世界公民共同体中任何一种殖民主义。

从内政方面来说,至少在西方的民主政体中,对合法权利的非暴力实施已经在原则上变成了不争的事实。如果今天还存在着唤起能量的希望的话,那么恐怕不是在内政的层面上,而是在国际法权的层面上。这样我们就可以更准确地知道,国家之间有效的应该是什么? 为什么我们要对内政这一角度予以简单的回顾? 康德的"公民宪法应该成为共和宪法"这一简短主张的影响,其实被康德解释者们大大简化了。如果有人只是知道今天的语言使用习惯,甚至就会获得一个印象,认为康德的这一主张与政治合法性基本上没什么关系。因为按照某个政治学词典的解释,"共和国"是一个"没有任何意义的词,因为对于所有那些非君主制的国家而言,它并非一个具有区分能力的称谓"(《社会与国家》,459)。事实上,我们今天用来指称国家宪法之合法性的,更是这样一些表达形式,如:人权、民主、法权国家或宪政国家,有时甚至是福利国家。

对于就连康德的解释者们都低估了康德这一主张的影响的事实,康德也是有连带责任的。康德通过五个条件来定义共和宪政,但是他以特别的方式引入了第四个条件即分权原则,以至于后者看上去是一个独立的概念。而事实上,康德的"共和主义"包含着远为丰富的内容,大多数今天所主张的合法性标准都包含在其中。康德的前三个条件,即自由、独立和平等,其实回应着大革命时期的由自由(liberté)、平等(égalité)和博爱(fraternité)组成的三一体。但是在康德的表述中,福利国家意义上的博爱则被剔除了,取而代之的是"依靠法权之原则"——尽管"补充性的原则"可能是更贴切的称谓。康德在这里提出的条件已经超越了法权国家和宪政国家的范围。

康德的法权伦理学的起点是"自由原则",这是相当有道理的(VIII 349,9;参见 373,36f. ;378,19—21)。在系统性的意义上,共和国的第一个任务就是尊重人权（参见 350,23f.），因此是与绝对和平命令的第一个阶段相重合的——所以我们今天才会说，共和国乃是一个宪政国家。只要人权还停留在假设层面，共和国就始终是个"虔诚的心愿"。为了避免这一空洞假设的危险，康德将第二个条件表述为"对唯一立法的完全依赖"（VIII 349,10f.）。它的意思是，共和国需要公共暴力——当然是司法性的暴力。按照和平命令的第二个阶段，它因此也就获得了国家特征。正是凭借着这一特征，康德才拒绝了作为社会原则的无统治性。但是，公共暴力或司法性暴力难以阻止人权停留在空洞的假设上这一事实。虽然一般而言，弗吉尼亚州是第一个通过人权宣言的州，但是它同样属于美国南部那些允许蓄奴制存在的州之一。为了防止出现这一危险，共和国继而用"平等法则"来装备自己，于是后者也就作为对宪政国家原则的补充而成了法权国家的第三个特征。只有在公共暴力得到平等对待，并且这一平等对待是按照自由的原则，也就是按照人权来执行的地方，奴隶制和其他形式的歧视才能被消除掉。

因为实施公共暴力的是受制于人类情感的自然人，他们可能会滥用权力，因此——也正是因此，属于共和国的还有那个已经被某些哲学家们给出了充分定义的第四个要素，这就是分权（VIII 352,14—18）。如果有人想要对共和国进行哲学上的奠基，甚至还需要第五个要素。康德把自由原则解释为"不要听从任何外在的法则，除非我已将自己的同意让渡给它们"（VIII 350,16f.）。对共和国而言，存在着一个民主的纵深维度；对于绝对法权命令而言，也存在着一个特定的共识理论的解释。同时很显然的是，康德的共和国理想也包含着对西方民主制的潜在批评:在党派之争中,仅仅找到代表个别利益的多数人赞同的法则,这是远远不够的。这些法则——至少是作为其基础的那些实体性的原则——必须赢得所有人的赞同。

按照康德的观点,现在就可以对国家进行像对单个人一样的判断了(VIII 354,3)。在个体之间有效的,同样在国家之间有效。一方面,在冲突处置中当且仅当依靠法权的时候,这个冲突处置才算是道德上合法的。但是战争中取胜的一方是总体上实力占优的一方,胜利或者失败完全是实力问题。因此理性认为,"作为法律程序的战争是绝对值得谴责的"(VIII 356,2f.)。如果我们撇开自我防卫不论(参见 VIII 345,11—14),就会发现,欧洲人自近代以来在关于战争的讨论中一致同意的思想,也即关于正义战争的思想,在康德这里失去了其合法性。那个一贯质朴地进行思辨的康德,在这里表现出雄辩的特点,他对战争的谴责使后者从"那个在道德上被赐予合法暴力的至高无上的宝座上跌落了下来"(VIII 356,1f.)。

另一方面,从国际关系看,一旦战争的权利被剥夺,那么每一个共和制度都有必要通过上述的五个要素来对自己进行定义,即:对人权的承认(现在是"国家的人权",也就是国家权)、通过公共暴力对这些法权的实施、法权面前各个国家平等、权力分立,最后是普遍的同意能力。康德《永久和平论》中永久和平和真正的地球共和国这两个"乌托邦角度"描绘的不是两个不同的愿景,而是同一个理想,即:在道德上得到规定的法权——且只有这一法权——应该起到主宰作用。

　　为了使法国大革命的原则发挥完全的作用,就需要对共和国予以普遍的承认。在这里要对"普遍性"予以双重意义的理解。首先,原则上可能微不足道,但现实中并非如此的是,每一个个别的国家都必须承认共和宪制;其次,在原则上不再微不足道的是,国家之间的共存无论如何都必须具有共和的结构。第二点具有某种全新的共和革命的意义:截至目前仅在一国之内有效的东西,现在也在一个由所有国家组成的共和国之内,在一个世界共和国之内,赢得了现实的存在。更准确地说,共和革命在一个世界共和国之中得到了实现。

第四节　理想,还是替代项?

　　反对理想主义的实用主义怀疑者们也针对这一世界共和国提出了质疑。正如在个体之间一样,国家之间建立的共和国也必然要取消它们各自的主权;怀疑者们认为,没有几个国家愿意这样做。人们可以把这一缺失的意愿归结为一个国家的私意,然而我们在过去一个世纪内与集权主义统治的遭遇,则为对这一主张进行合理质疑提供了足够多的理由。只要世界范围内还缺失一个共同的法权道德意识,那么主宰世界的就是权力,而非法权。此外我们还面临着一个危险,即我们今天面临的外事冲突会转变成内政冲突,它们每每会被当权的多数党毫无顾忌地按照私利而作出决定。从全球化的视野看,这一危险甚至有变本加厉的趋势。自启蒙时期以来,允许从一个国家出走就是一个有效的人权。当这一人权遭到拒绝的时候,人们至少可以寻求逃亡。但是在全球国家秩序中,出走权和逃亡权都是无效的。除此之外,从外部推翻一个暴政的微弱希望也难以实现了。

面临诸如此类的危险,康德再次显示出过人的问题意识,对世界共和国的那些最重要的质疑观点都再次出现在他面前。不过,在《永久和平论》中,康德讨论的不是国家间的战争状态或者世界共和国之间的简单选择。实际上他在战争状态中看到的是三个选择,而我们时至今日也看不到存在着其他的可能性:

对于作为极端形式的同质性的世界国(*Weltstaat*),康德称之为"大同君主国"。为了建立这一国家形式,迄今为止的所有单个国家都要完全放弃它们的主权,从而失去其国家特征。康德反对这一形式的两个观点迄今仍有现实意义。在《永久和平论》中,康德曾经担心会出现我们所说的"暴政",也就是说,世界国会褪变成为"没有灵魂的专制统治"(VIII 367,16)和"自由的墓地"(Z. 26f.)。但这一观点在两年之后发表的《法权论》中并没有出现。在后者中,康德只是表达了一个我们今天还在承受着的担忧,即一个全球化的国家将是一个无法统治的国家。

如果我们把康德的观点理解为一个实用性的考量,那么它们在一定范围内就是有说服力的。它们超越了对政治明智的要求,而使国际关系的构建受到更崇高目的之约束。它们并不具有某个根本性的道德批评的意义。在单个国家的层面上,上述两个风险(即独裁的风险和无法统治的风险)在结构上实际上是同一的,针对这两个风险也存在着一些可靠的防范措施。康德用共和的理想提出的是一个道德国家的概念,而后者从一开始就已经排除了"没有灵魂的专制统治"的风险。

　　从另一方面说,尽管康德的观点并非很连贯,但是他绝不认为为了建立一个同质化的世界国,必须有国家间的法权保障。这里存在着一个根本性的不同观点,它甚至包含在康德法权伦理学和国家伦理学之内,只不过令人吃惊的是,它并没有出现在康德的伦理学之中。这一观点即:只有针对一个唯一的、有确定限制的任务时,只有针对现存国家的合法性共存关系时,全球性的国家属性在道德上才是必需的。康德法权伦理学和国家伦理学也不是要研究针对个体和群体人权的初始规定和后续落实,因为这一任务乃是具体国家的任务。在与这些国家的关系中,只有一个补充性的国家秩序是必要的。个别国家始终是原初国家,而世界共和国不论如何只是次生的国家——它不是上升至全球层面的个别国家,或者根本就不是一个统一国家,而只是国家的国家而已。如果要把世界共和国定义为共和国,那么它就是共和国的共和国,是早在康德《永久和平论》发表之前的若干年就被定位为"自由结盟的诸民族的共和国"的那种国家共和国。

　　原初国家在地球上并不是孤立的,它们因此会与毗邻的国家爆发冲突,而这些冲突威胁的是在原初国家层面上"原则上"已经"被保险了的"那些权利,如身体与生命的完整性、财产、宗教自由、言论自由,等等。受到威胁的要么是个体和群体的相应权利,要么是原初国家对其领土完整性的权利,以及对其政治自决和文化自决的权利。不论如何,在普遍的和平命令中,和平所能决定的只是民族之间一个小小的部分责任、剩余责任。对次生性国家,即世界共和国的国家能力而言,它们缺乏的是一个原初国家所具有的那些能力,如我们所熟悉的国家使命、对民法和刑法的要求、对劳动法和福利法的要求、对语言、宗教和文化的权利。一个主张更多责任的世界组织将会伤害到国家的人权、国际的政治和文化自决权利。康德认为这些国家权利是非常基本的,因此在先决条款中已经做出了表述。按照第二条预备条件,"一个自在存在的国家……不能通过继承、交换、买卖或者赠与的方式从其他国家那里得来";而按照第五条预备条件,没有一个国家——同样没有一个世界国——"能以武力的方式被兼并到另外一个国家的宪法和统治之中"。

不论我们赞同康德、还是在康德的意义上进行论证,真正能够作为战争状态之选择的只剩下两个选项。第一个选项是多民族国家(*Völkerstaat*),更准确地说,是国家的国家或国家共和国,它以国家的形式解决上述的剩余使命。康德本人主张的则是第二个选项,即不会导致取消主权的民族联邦。这一联邦在各个方面上都通过双边和多边的契约毫无保留地取消了战争,并且宣示出不诉诸武力来解决所有出现的冲突的意愿。即便发生了冲突,民族联邦也既不乐见共同性的公共法律(VIII 356,13f.),亦不乐见某个被授权的仲裁法庭,更谈不上某个实施法庭判令的权力。

这样一个具有法权特征,但是缺乏国家特征的民族联邦将受到那些急于维护其主权的国家的欢迎。但是这是与康德的基本命题相矛盾的,即:在前国家的共存,即自然状态中,每一个法权只具有临时性的有效性(VIII 354,5ff.;参见《法权论》§§41,42,44),因此它必须为了国家状态的利益而被克服掉。司空见惯的对民族国家的批评,使其优点与缺点达到了平衡——民族国家获得了某种"收支平衡"。康德的观点实际上更为彻底,他主张的是它们之间的矛盾(VIII 354,9f.)。

　　当康德专家们听到"矛盾"一词时,他们会想起《纯粹理性批判》和《实践理性批判》中那些背反论。由于康德将永久和平称为政治至善(《法权论》VI 355,30)并在"纯粹实践理性的辩证论"中构建了"政治至善"这一概念,因此人们也许可以假定在《永久和平论》中也存在着一个作为这一概念之变项的法权实践理性的背反论。追随这一假设性的问题可能是值得的,但是在《永久和平论》却找不到任何证据。按照康德的理论,在构成"民族国家"这一概念的两个部分之间,矛盾会慢慢地以非思辨的方式产生出来。也就是说,"国家"这一概念和"民族"的概念是相矛盾的。但是这一观点是不成立的。

　　在《永久和平论》中,康德把两个客观上相互独立的民族概念整合在了一起。一方面,他把"民族"理解为共同来源,另一方面他把"民族"理解为公共的法权整体。于是对于上述矛盾来说,相应地也存在着两种解读方式。第一种解读方式是,由于国家机关在其执行过程中也支持着非法权性质的共同性,因此一个民族国家在事实上会破坏个别民族的特性。但是,如果民族国家的建立凭借的是在法权伦理学上所必需的预判和考虑,如果它从根本上来说是共和立宪制的,此外也局限于有限的使命,那么同化的趋势就会变得微乎其微。就康德所乐见的存在于语言之间、宗教之间的竞争(VIII 367),即人们可以更为一般地谈论对社会和文化同一性的权利而言,这个和平的竞争与其说受到了威胁,还不如说受到了保护。不管怎么说,那些"伟大的同化趋势"始于其他要素:始于经济和技术,始于科学,甚至始于建筑、造型艺术和音乐,也许还始于某个世界语言。如果今天要缔结一个现实的世界国的话,那么它无论如何都不是一个书面意义上的法权国家；相反，所谓的全球"统治"更多地存在于欧美文明之中。

和平状态主要是一种法权使命，因此按照第二种解读方式，康德所提出的矛盾只有在法权概念中才能找到。正确的说法现在就是：只要各个民族在法权的书面意义上，只要不同的国家凭借自身形成一个国家，那么它们将不得不放弃一部分主权。谁要是在这种取消之中看到了一种矛盾——也就是说，诸国之国（Staaten*staat*）这一第二性的要素取消了存在于单一国家（*Einzel*staaten）这一第一性的要素之中的国家特性，谁考虑到的就是一个过于简单的选择：要么拥有完全的主权，要么一无所有。事实上存在着很多中间阶段，而民族国家指出的只是通过最少化的主权牺牲所规定的一个中间阶段而已。也就是说，民族国家处在一个与个别国家的完全主权相去不远的中间阶段。当大多数国家的使命还停留在原初国家的能力之中的时候，世界共和国的权利仅限于阻止一个国家因为其他国家的入侵而丧失其权利。民族国家的概念并没有包含矛盾，相反，它只包含着我们长久以来在联邦国家的概念中所信赖的东西，即对主权的等级化理解。

当康德说"作为不同国家而出现的不同民族，可以像单个的人一样得到判断"的时候（VIII 354，3），这在法权伦理学上具有一定道理。这一类比将会产生一个令人吃惊的选择：要么是，在国家构建中难以被接受的对自由的取消，在个体那里同样是一个矛盾，因此在个别人之间根本不可能产生国家。这样一来，和平保障这一优点将不会导致诸参与者取消他们的主权这一缺点。要么是，如果没有特定的主权牺牲，就没有任何法权保障可言；这样一来，关于全球国家的思想,也即关于国家之国家的思想就不再是矛盾,而是一个使道德上必需的国际法权状态成为可能的条件。

正如在系统性的话语之中一样,这一选择在康德解释中也被忽视了:如果对于人类的共存而言只有一个联邦是合法的话,那么我们所认识的那位把无统治性看作社会原则的批判者康德,也就变成了这一真正的乌托邦——甚至是非政治的乌托邦——的辩护人。如果说康德在别处(VIII 373, 30—20)主张随便一个国家在道德上都聊胜于无的话(因为在无政府主义中任何法权保障都消失殆尽了),那么他在这里提供的则是对一个无国家的,因而也是无统治的共同生活的辩护。他能——尽管是不情愿地(à contre—coeur)——为了无统治性而唤醒今天那些法权国家和福利国家已经失去的"乌托邦"能量吗?也就是说,在个体之中,联邦形式具有和在原初国家之中一样的长处,它将是不会造成主权牺牲的一个和平保障。

康德本人在世界共和国中看到的是一个积极的理念,与之相反的是,他把民族联邦称为"消极的替代项"(VIII 357, 13—15)。期待联邦能提供和平保障的人,无非是靠一个根本达不到完全效果的替代项来自我满足。这样的和平始终是临时性的,根本没有触及"永久"概念所要求的毫无保留的和平。有些康德学者如盖思曼认为(1993, 366ff.),在国家内的(intra nationalen)和平保障和国际间的(inter nationalen)和平保障之间存在着根本区别,他因此相信,只有在国际层面上才可能有一个令人满意的联邦。但是这一区别并不是如此之根本,以至于存在于个体和国家之间的类比完全失去了效力。在《法权论》中(§49),康德把自律归因于国家,并因此来理解按照"自由法则"来自我构建的法权。他在《永久和平论》中主张,各个民族有权利保存其独特性和差异性。这一表述同样适用于个体,也就是说,个体同样有权利按照自由法则来构建自己;更进一步地说,更有其保存独特性与差异性的权利。这一权利虽然服从着有限的普遍适用性条件,但是无论如何,国家都有义务服从这些(道德)条件——在这里根本找不到什么差别。不管是把个体理解为自然意义上的人,还是国家,在两种情形之下,法权意义上的独特性和行动自由都应该受到保护,以免遭受外力威胁;在两种情形之下,只有当道德上合法的自由普遍而公开地得到保障的时候,上述这种保护才能被给予。

除此之外,康德还明确主张:"对于处在相互关联之中的国家而言,唯有像具体的人一样放弃其野蛮的(无法无天的)自由的时候,才能按照理性走出容忍战争的无法状态,从而安身于公共的强制性法则,构建起一个民族国家——除此别无他途"(VIII 357,5—11)。这一解决方案甚至赢得了道德优先性,再次成为必需的东西,也即康德所说的"服从理性";此外,只有道德优先性才配得上理性("除此别无他途")。

国际和平保障的现实问题不在于"民族国家"这一概念的矛盾之中,而在于一个我们在个别国家上也可以发现的结构性困境,即:那个强大到足以对每一个弱小的少数民族之权利予以保护的力量,同样也可以强大到滥用这一力量对少数民族进行这一压迫。然而,还存在着共和宪制的国家理念,用于解决每个国家强制力所具有的这一困境。

如果康德认为这一解决方案不适用于国际法权,那么前面提出的矛盾必定存在于他处。康德认为,各个民族"按照其国际法权的理念根本就不想看到这样一个法权国家"。我认为,这一主张的重点在于"其"和"不想"。康德在这里采纳了一个有显著后果的转变(*metabasis*),并从一个基本的道德论证转变成了一个历史性的、政治性的论证。他不再谈论道德上最好的道路,即所有人的意愿都要服从的那个绝对应然。但是,如果所有国家都拒绝任何主权让步,哪怕是很小的主权让步,什么都不想失去的话,那么在民族之间起统治作用的将是绝对的战争状态。对此,康德也提出了一条"次优的道路"。

在原本"作为诸国之国的世界共和国"这一积极理念那里,他用不具有任何国家特征的契约式协商这一消极替代项取而代之,即用国家联邦(Staatenbund)取而代之。

协商毫无疑问要比战争状态更好,但是对于世界和平这一协商目标的保障而言,仍然缺乏合适的工具。没有保障的和平只是有保留的和平,按照康德的概念说,就是一个简单的停战状态。因此而言,国家联邦伤害的是世界和平这一理想之富有远见的力量,用一个半信半疑的解决方案,替换了一个能够唤醒希望的方案。

把民族联邦解释成"次好的道路",这已经偏离了对康德的传统解读方式。这一解释必须针对后者提出两个反证。第一个反证是由康德本人提出的,它认为诸国家"内在地已经具有某种法权基本结构",这是正确的。但是这并不能得出结论说,国家是从"外在的、按照法权概念将其带入某个扩大化了的法权宪制之中的那个强制力中产生出来的"(VIII 355,36—356,1)。按照自决法权,这些国家被移除了在他国意愿的基础上对自己的宪制进行改变的义务。但在世界共和国中,这样的意愿根本无从谈起。它只限于对个别国家的领土完整予以保护,只限于对跨境环境污染的防范,更远地说只限于对文化身份予以保护。只是为了这些最小化的任务,诸国家才在道德上有义务与它们的邻国签署协议,因为后者的作用是单纯的联邦难以达到的。

第二个反证认为,康德在"第一条附加条款"中已经引入了一个无国家的和平保证,即"通过人类的分崩离析,使和睦相处本身能违反它们的意志而产生出来"的那个"伟大的女艺术家:自然"(VIII 360,13—16)。诉诸"自然这位女艺术家",就是诉诸一个关于"看不见的手"的命题——这是一个在经济学话语中倍受偏爱、极其有现代性特征的命题,其要旨是:事情在我们身后自行发生,它无须一个政治意志去实施。从内容上说,康德用"女艺术家自然"理解的不仅是人类学的要求,也是自然之命令。从人类学的要求上说,康德相信人类将由于战争本身而被逐入荒芜之地,其结果是,人类——在一定程度上作为"自然化的自然"之条件——能在地球上所有的荒芜之地中存活下来;康德认为,人们最终会由于战争而感到有必要"或多或少地建立起法权关系"(VIII 363,3—8)。

康德始终坚持其三分法的国家理论,并将其"女艺术家自然"的普遍命题特殊化成了公共法权的三个层次。在国家法权这一情形中,对于每一个人而言有利的是服从共同的强制性法律并构成一个国家——甚至,魔鬼们如果拥有理智的话,它们也同样需要一个国家(参见 VIII 366,15ff.)。针对国际法权,他认为语言和宗教的多样性所关心的是:不存在同质性的国家,相反,存在着大量相互毗邻的独立国家(VIII 367,6f.)。最后,就世界公民法权而言,他认为,那个"与战争不共戴天"的商业精神"或早或晚"将会征服"每一个民族"(Ⅷ 368,6f.)。

按照对国际法权而言具有本质意义的那个居间性观点,"女艺术家自然"将会阻碍一个同质化的世界国的产生。但是,"女艺术家自然"既不能保证特定国家从根本上缔结为一个民族联邦,也不能保证——正如康德希望的那样——这一联邦不断扩张自己(Ⅷ 357,16)。重要的是,"女艺术家自然"不能抛弃民族联邦的优先性:要么民族联邦实施对冲突的和平解决之道,于是它就需要特定的权力,从而超过一个联邦,或至少具有或国家特征;要么它满足于成为一个无国家的联邦,因此其有效的和平保障这一目标也就始终是一个"干巴巴的保障"。一个单纯的联邦始终停留在自然状态,而后者所缺乏的正是使联邦得以可能缔结的那一面:如果没有"正义之剑",联邦就无法保证以和平的方式化解冲突。

这两个针对我们在这里勾勒出的解释的批评在客观上都是不成立的。然而,它们能从康德的文本中产生出来这一事实还是表明,康德还没有达到完全的明晰性。以历史政治学的角度说,康德无疑是有道理的,因为至少在他那个年代,无论是强权还是中小国家,都还没有做好放弃主权的准备。在这一属于历史事实之假设之一的前提之下,民族联邦在事实上乃是一个有意义的替代项,同时也是一个具有否定意义的替代项,即不具有完全价值的替代项。原因在于,它无法保证冲突的解决不是凭借武力,而是凭借合法的方式。关于康德尚未达到最终明晰性这一点,可以在这里得到确证:在关于克服战争状态的三种可能性的讨论中,他单单跳过了中间的可能性,而只考虑到了或者是同质性国家,或者是无国家的联邦这一选项。诸如此类的简化体现在第二条正式条款当中。他在那里认为："许多民族……在一个国家中只形成了一个民族"，或者"融合在一个国家之中"(VIII 354,12,14f.)。

自黑格尔以来，人们对康德的批评层出不穷，人们认为他的伦理学只代表了"单纯的应然"。在这里的和平伦理学之中，情形是否正好相反呢？如果说康德凭借其民族联邦的设想取消了这个"单纯的"应然，那么那些与康德相反，致力于世界共和国的人们是否提出的是一个长期以来被政治现实无情嘲弄的要求呢？情形恐怕正好相反。公众从未像今天这样明确地意识到，长期以来，国家间简单的相邻和相对关系一直在转变成为一个紧密的、越来越紧密的契约网络。它们大都符合康德关于民族联邦的理念：单数的国家转变成了复数的国家，变成了不仅是区域性的，同时也是主题性的复杂多元体。当然，所有这些都丝毫显示不出它们具有共同的国家权力。尽管如此，我认为还是有一部分契约超出了单纯联邦的范围。正是在国家间的检查可被预见的地方，几乎不知不觉地发生着主权的让步，这样我们也就找到了国家性的第一个要素。此外，当人们还建立了国家间的仲裁权威和法院之后，这一国家性也随之得到了扩展。一旦人们赋予法庭判决以特定的执行力，国家性就是难以忽视的了。简而言之，世界共和国绝非一个彻底的乌有之乡的诗意乌托邦；相反，它是一个乌托邦的尚未之在，是我们正在通向其实现之途的一个理想。

不论我们谈论的是第二次共和革命，还是出于对法兰西的敬重而谈论法国大革命的实现，都会得到这个结论：人们不是通过一次性的法权行为来实现永久和平状态这一理想的。为了使针对战争风险的宏伟的解决方案以及全球性无保留的和平能够实现，需要以一个主题接着另一个主题的方式，采取众多细致的步骤，采用可执行的法权形式引入对国际冲突的规制。存在于以共和方式组建起来的诸国家之间的共和秩序，无异于所有这些法权形式的总和。而对它们的具体规定，则被法权伦理学留给了实践话语和政治判断。只要人们一般而言追求这些形式，并且赞同最小化的主权伤害，那么持久的耐心和相应的意志就是必不可少的。由于这一道路漫长而崎岖，因此也存在着许多对缺失的意志予以锻炼，或者最好为最小化的解决方案提供援手的可能性。为了克服这一风险，政治意志需要的大约是那个激活了共和革命之开端的激情。康德指出，构建这一政治意志不仅仅是对集体的要求，而且，建立"自然联邦的诸民族的共和国"乃是一个道德命令。

第三部分　合乎时宜的选择?

　　在经历了许多批评者——其中最著名的莫过于黑格尔、马克思和尼采等人——一连串的指责之后,康德的伦理学似乎成了迂腐过时的东西,对许多哲学家而言甚至成了无用之物。在法国的讨论中,人们经常带着黑格尔式的眼镜对康德加以审视,不厌其烦地——事实上必须说是千篇一律地——重复黑格尔对应然的批评,对《道德形而上学》置若罔闻,对实在的道德性横加指责。极大地受到尼采激发,或者也受到对康德伦理学显然并不在行的海德格尔的激发,法国哲学甚至以言简意赅的方式总结道:没有什么比康德的绝对命令更使人感到怪异的了。

　　但是一个强劲的反动已存有时日。例如,在世界英语中,罗尔斯已经凭借其"康德的正义解释"而赋予学术界以新的重心。自此以降,"爱尔兰根学派"在其系统性语境中对康德伦理学予以了关注,而新近以来阿佩尔和哈贝马斯的商谈伦理学则对康德伦理学予以系统追问。康德的观点已经再次扩展成了道德哲学之严肃讨论的一个开端。

　　最近的康德转向是与对康德的某些修正联系在一起的。考虑到两百年的时间落差,这并不使人感到吃惊。另一方面,哲学中关于进步的谈论只有在多重条件下才是合理的。因此,追问"新近的康德复兴是否总是把绝对命令哲学带到了它本来的问题水平",进而追问"具有系统性意向的康德复兴是否可以提出合乎时宜的选项",这本身就成为有意义的了。

在对罗尔斯、阿佩尔和哈贝马斯予以讨论之前,我们仍要继续关于和平的辩论:最新的关于无统治的合作的研究是有利于曾经对国际法权保障予以讨论的康德? 还是有利于对国内法权加以研究的那个康德? 在前一种情形中,康德满足于某个无国家的共存;而在后者中,他认为国家性是必不可少的。

第十章　没有统治的和平（安可塞罗德语）？

使博弈论为人熟知的是它的意图，即借助形式化手段使公共强制力权威和统治合法化。但是它借助其最著名的思想因素，即囚徒困境，对无统治性之可能性予以探讨，这一尝试并非人人皆知。这一尝试将现代社会的根本形式、把法权与国家形式置于疑问之中。同时，这一尝试也给我们在理论政治学中所偏爱的不可知论打上了问号。从科学理论上说，博弈论属于经验性、分析性的知识，而批判理论则倾向于将某个对统治之确立过程的兴趣纳入这一知识之中，并把自己对无统治性的兴趣与前者对置起来。在最新的文献中，如哈贝马斯的《交往行为理论》，无统治性这一概念得到了淡化；但同时，从美国政治学家（如安可塞罗德等人）的博弈论研究中则产生了对这一理念有利的新鲜刺激。对安可塞罗德备受关注的著作《合作的进化》（1984）的探讨将推进对康德设想的讨论。这一设想即：通过单纯的契约，也即以无统治性之形式，获得国际间的和平秩序（参见本书第九章）。

第一节　对现代性的社会哲学追问

　　博弈论居于社会理论传统之中,而后者从私利"原则"出发对社会关系予以解释或辩护。由于这一原则在近代历史中占据主导地位,因此它对我们而言显示出明显的现代性。事实上,西方哲学从其开端处开始就对这一原则并不陌生。合作有利于参与者的利益,当柏拉图从分工与专门化的好处中提出城邦概念时,他主张的正是这一命题(《理想国》II 369b—376d)。因此对于近代历史而言,私利原则本身并不具有典型性。显而言之,这一原则只有通过两方面的补充才具有现代性:首先通过对这一原则的普遍化,其次通过对凭借这一原则得以解决的那个任务的复杂化。

　　现代性的这两个步骤都可以回溯到近代的发轫期,并归入当时的社会历史经验和崭新的理论开端之中。第二个现代性步骤完全一般地——也即作为囚徒困境——融入了博弈论之中。而第一个现代性步骤则相反只包含在挑战性的变量之中,例如它就包含在安可塞罗德利用囚徒困境对包括社会进化和自然进化在内的整个合作之进化予以解释的主张当中。

　　第一个现代性步骤弱化了社会理论中的一些传统要素,后者(正如亚里士多德关于天然的社会冲动的假设)避免了私利原则,因此不是从男人和女人的独特利益出发去理解两性关系,而是从再生产传宗接代的任务中,也即从物种保存这一集体利益出发来解释两性关系(《政治学》I 2,1252a 27ff.)。第二个现代性步骤的理论后果更为严重。它的复杂化存在于对选择可能性的扩充过程之中。它使对公共强制力权威的追问、对统治的追问变得难以推脱；它——而且只有它——才作为某种反动激发了无统治性这一理念。如果说古代人和中世纪人讨论的主要是合法的统治者和合法统治的话，那么在近代历史中涌现出来的从根本上说乃是统治的合法性，在根本合法性之序列中涌现出的则是同样根本性的统治批判。

虽然合作是有益的，但是由于它极少发生，所以对于那些有可能参与进来的人来说也没有什么用。其中的理由有时候是微不足道的，但是当其他人寻求合作的益处，却不愿意承担合作的弊端和代价的时候，这一风险就逐渐不再是微不足道的了。因此按照第二个现代性步骤，"合作"或"不合作"这样的单纯选项就不能再存在了——这一点在古典思想中就已经有了本质的规定。具有新颖意义的是另外一个附加问题：人们应该诚实地合作呢？还是最好变成一个搭便车者？这一简单的问题标示出的是社会单纯性和社会理论单纯性的缺失。如果说在第一个"无辜的选项"中的决定是清楚的——也就是说，合作是更有益的；用人类学的表述来说，人乃是社会动物——那么在第二个"开明的"选项中，这一决定采取的则是困境的形式。

一眼看上去，搭便车好像比诚实更有益。也就是说，人们享受合作的好处，但同时不用付出任何代价。在这里，我们可以用人类学的方式把人称为社会动物；或者用霍布斯的话说，人是他人的狼（homo homini lupus）。但是这并不意味着，由于人具有所谓天然的侵略性，于是便成了非社会化的动物。相反，使人和他的同类反目成仇的，乃是开明的私利，是对投机取巧之好处的认识。从另外一方面来说,对人的社会本质的洞见始终是有效的:只有事实上存在着合作,搭便车者才能享受到它的好处。人首先是社会动物,其次才是非社会动物。也就是说,合作固然不错,但是搭便车岂不更好。

如果真的存在这样一个清楚的答案的话,那么近代社会理论所经历的复杂性就不再是一个困境了。因为如果无论对谁,搭便车显得都是最好的结果,那么合作就根本不可能产生。合作就像是一个公共交通工具,尽管每个人都乐意乘坐,但是由于谁也不想付油钱,所以它将寸步难行。这里正好存在着那个承认的困境:按照那个"天然的"、自古代以来就被承认的原则,特定的社会交往被证明是次优的;它的发生不是偶然的,而是必然的。每个人都知道,有合作总比没有合作好。但是,既然搭便车似乎比做诚实的合作者更好,于是人们虽然不愿意,然而担心否则就变成了他人的牺牲品,于是决定抵制合作。相应地,抱着他人并不是如此聪明这一"侥幸心理",人们也会展现出合作姿态,以便不浪费当搭便车者的一线希望。但是由于他的理性对手恰好也是这样算计的,于是两个人既不会相遇在绝对最优的情境,即搭便车这一情境之中,也不会相遇在次优的情境,即合作之中。相反,由于缺乏合作,他们将处在几乎是最差的处境之中。

要走出这个困境,似乎只有一条出路,即建立公共暴力,其惩罚措施使搭便车变得不值得。霍布斯已经勾勒出了这一"出路"的基本特征。不论是在《法权理论》(41—44),还是在《永久和平论》中(VIII 354 及其他出处),康德都确认了霍布斯的解决方案。从理论史的角度来说,这一困境给某些社会理论带来了这样一个结果，即：一个社会理论如果不能提出法权和国家的合法性证明，就难以摆脱其幼稚性。与自我标榜为批判理论的社会理论相比，第二个现代性步骤的结果并不在于无统治性之中，而在于对统治的合法辩护之中。

只要我们反对的是某些法权和国家关系，而不是对法权和国家形式的根本抵制，就可以从实践和政治上承认社会哲学的法权国家哲学转向。然而安克塞罗德对此表示怀疑。尽管他研究的是承认困境，但是他研究的是在"缺乏核心统治手段"的情况下，从一个由"自私自利者"构成的世界之中产生出合作的那些条件。更准确地说，他谈论的乃是一个没有社会和公共强制权威的世界。因为，不论这一强制力是被作为某种核心统治手段树立了起来，还是具有极端的联邦性质——也不论是否群龙无首，没有任何个人统治，从而只存在于某种有效的禁忌形式之中，这个问题就其系统性而言只具有次等的重要性。关键问题在于，合作是不是"从自身之中"自发地产生出来的，是不是同样自发地、自我调节着包含在生活之中的。

一旦国家关系能够按照康德的观点在没有公共强制力的情形下建立起来，那么对无统治性的重建就成了有利于康德设想的论据，这一设想即：要民族联邦，而不要民族国家。然而这也为在"国家"，即在单个国家层面上对某个超级法权力量的怀疑提供了基础。

合作中存在着形形色色的可能。囚徒困境研究的并不是所有这些困难，事实上它在本质上局限于其中一个困难——当然对这一困难做了极其清楚而精准的研究。它所研究的，乃是在一个既没有任何外部权力、家长和传奇领袖，也没有法权国家秩序，更不存在任何有效禁忌的地方，一个有自在价值的合作是如何产生的。

第二节　与正义的一致性

以精确的形式对囚徒困境予以讨论，只是大约最近一代学人的事情。尽管如此，最近还是产生了大量诸如此类的理论研究和实验探索，使人难以在进一步的研究中期待看到太多新鲜的东西。安克塞罗德的原创性首先不在于他对无统治性的贡献，而在于其对计算机比赛的介绍。从截至目前对囚徒困境的讨论中我们知道，在一个一次性的"博弈"中，唯一理性的决定存在于不合作当中。但是在不断重复的囚徒困境中，情形则大有不同，因为在后者之中的决定可能是对合作有利的。安克塞罗德在这里要问的是，人们到底是如何做这个博弈的。为了回答这一问题，他先是邀请了一个由专家组成的小组，然后又邀请了一个主要由非专家组成的小组，给他们提交以计算机的方式撰写的策略。在两个回合中都获得胜利的是一个著名的专业人士；拉波波特①所提出的策略已经作为一个强大的竞争者已经为人们所熟知了，除此之外最简单的策略是：TIT FOR TAT。

TIT FOR TAT 乃是一个杜撰的词汇，人们习惯用形象的准则"以眼还眼，以牙还牙"来描述它。这一转译听上去似乎具有招

---

① 　拉波波特（Anatol Rapoport，1911—2007），俄裔美籍计算心理学家，对一般系统论和数学生物学有较大贡献。——译注

致误解的贬低意味，因为从精神史来看，它对应的是"旧约"，而按照《圣经》，这一"旧约"已经被主张博爱的"新约"化解了。它之所以客观上听起来是贬义的，乃是因为它只是强调了报复的消极面。事实上 TIT FOR TAT 也涉及积极的反应，因为人们常常用合作来回应博弈伙伴的合作企图。因此，取胜的策略实际上是中立的：用那句准则来说，就是"你如何待我，我便如何待你"。这一相互性的策略是构成许多道德的核心因素，尤其包含在广为流传的"金律"原则之中。取舍之中的相互性被证明是理性的，不论是在商业交往中还是在商业之外的社会交往中，我们都不言而喻地实践着这一相互性。TIT FOR TAT 体现的是一个交换正义的原则。

这样一来，这一计算机比赛就具有了一个"令人舒服的"结论，即正义需要代价。谁要是在博弈中始终遵循这一相互性原则，那么他最终不仅会获得相对较好的结局，而且能从竞争中获得最好的地位。我们在这里看到的是正义与自私自利之间难得的一致性。但是二者也不会因此而完全一致，因为存在着惩罚的威胁，搭便车是不值得的。在这一计算机比赛中，不存在任何外部的惩罚。这就向我们表明，在一个由自私自利的人组成的世界中，其实根本不存在社会性的强制力权威：既不存在程式化的统治，也不存在以主宰性的方式"组织"起来的，同时通常并非微不足道的社会强制力。

然而通过交换正义，取胜策略还是没有得到充分规定。把 TIT FOR TAT 与其他同样适用于交换的策略区分开来的，是前者的合作局限性。如果认识到合作是有益的，但同时也认识到合作也有被利用的可能，那么 TIT FOR TAT 就面临着走不出第一步的风险。人们一开始是以友好的方式与别人照面的。但是这一友好的动力即:不想被别人支配。因为一个在照面中表达出合作意愿的人将会比那些总是期待别人主动的人获得更多的合作机会。

按照这一主导原则,人们为了尽可能多地抓住合作机会,会在一个对手拒绝合作之后以积极的方式不去实施"永久性的报复",而是以体谅相应对:人是"易于和解的",可以在别人随后采取了合作意愿之后重拾自己的合作意愿。但是和基督教中的宽恕意愿相比,这里的宽恕是行之不远的。TIT FOR TAT 用"反击"来回应对合作的拒绝;用不那么戏剧化的语言来说,它用中断合作——当然是临时性的中断——来应对。这一中断并非报复的结果,它只是要表明人是不可被利用的。取胜策略把对立与威慑联系在了一起。理性的自我主义者会毫不犹豫地拿出第一个脸颊,但不会是第二个;他像成功的商人和政治家一样友好,但是却谈不上高尚。

宽容大度并不是伴随着基督教才降生到世界上的姿态。事实上亚里士多德早就在另一种视角下把它引入伦理学之中了:它是 *megalopsychia*(大度),是 *eleutheiotēs*(慷慨),是 *megaloprepeia*(大方)。就连那位对亚里士多德提出批评的霍布斯也曾讨论过宽容大度,并借用私利原则来展开他的观点:"与慷慨相结合的财富也是权力,因为这样可以获得朋友和仆人。没有慷慨的财富则不是权力,因为在这种情形下财富不能保护自己,而只能使自己成为嫉妒和掠夺的对象"(《利维坦》,第 10 章)。霍布斯的观点可以得到多重生活经验的验证。与宽容大度不相匹配的优渥滋生的乃是民主派的"德性",即妒忌。计算机比赛无法验证这一经验,因为它具有特殊的外部条件。我们将在下文中对这些条件予以解释。

此外，TIT FOR TAT 还包含着一个相应的警告。作为对三个实用命令和建议（即：友好、宽恕，但是不要高尚）的补充，TIT FOR TAT 给出的是第四个建议，即：不要妒忌。妒忌可能是"天生的"，但绝不是明智的。妒忌的人对别人的成功难以释怀，于是便试图向下修正别人的成功。在不断反复的囚徒困境中，这样一个修正只有作为对合作的拒绝才是可能的；作为结果，这一拒绝煽动起了"反击"，其结果便是长久地退出合作，而这一退出不论从哪个方面来看都具有破坏性。

只有当双方的互动被假定具有零和博弈的结构时，对对手的优点进行向下修正才是理性的。而凡是妒忌"主宰一切"的地方，都会以或隐或现的方式作出这一假定。以象棋这样的棋盘博弈或者两个争夺某一席位的候选人之间的竞争为例，我们更倾向于在理论上把我们的社会看作竞争社会，并在实践中获得这一认识：一方赢得的，必是另一方失去的。即便是在一个象棋博弈中，所涉及的也不仅仅是一场胜利，事实上人们除了终归要博弈之外，还要相互学习，并检验自己的能力。那些享有生活之优渥的人，在经济和政治中也是这样思考的：他们不只是为了取胜而"博弈"，而且也重视生活的乐趣，重视自我实现的机会。

对 TIT FOR TAT 有利的不仅有计算机比赛，而且还有现实中无所不在的生活世界的实例。只要我们看一下商业和政治生活，就会同意下面的结论：我们的处境因为合作而改善，也因为不合作而恶化；长远来看，每一个与合作倾向联系在一起的严格的相互性都是一个需要付出的相互性。为了说明这一观点，安克塞罗

德不无有道理地引用了一个很不同寻常的例子,即第一次世界大
战中的阵地战。战争的生存与让他人生存体系对应着静悄悄的停
战状态,遵循着 TIT FOR TAT 的模式。除此之外,我们还可以将
这一个例子移植到我们的多元化社会之中,后者的敌对状态虽然
得到了弱化,但还是会逐步演变为某些群体和团体的利益之争。
这些群体之所以不仅参与正面斗争,而且还倚重于多样化的合作
和共生关系,这只有从这些行为给其成员带来的益处中才能得到
解释。

第三节　　无统治性之界限

　　仅仅指出无统治的共同生活这一可能性适用于特定领域这一
点是不够的。因为长期以来,我们已经熟悉了无统治性,它不仅在
经济学中为人熟知,而且在科学和艺术中也是如此。因此我们必
须额外地考虑无统治性是如何具有吸引力,在多大程度上是有效
的。如果成本过高或外围条件过于特殊,那么在其基础上就难以
建立起一门进化理论。尽管安克塞罗德本人已经指出了无统治性
产生并持久存在的若干条件,但是人们只有在元反思中才能找到
无统治性之至为重要的成功条件。安克塞罗德对这一问题的脱漏
之处想的并不多。

　　为了获得成功,"友好的"策略(如 TIT FOR TAT)必须找到
不止一个追随者。我们可以将这第一个前提称之为"个体的合作
乏力"。一个停留在合作意愿之中的人,其下场要远远糟于那些不
愿合作的人。同样,一个孤立的合作者的下场要比那些按照"运气

原则"而行动的人更糟。合作的倾向之所以是值得的，就是因为愿意合作的人可以相互照应，由此获得比不愿合作的人更多的好处。当然他们有时也会成为搭便车的牺牲品，但是预防搭便车固然是好，可是对合作持开放心态则更佳。

使一个友善的策略获得成功的第二个条件存在于长时段的关系之中，因为合作对稳定性的依赖胜过对信任的依赖。除此之外，我们可以凭借这一"通过长期合作而规避风险"的原则对部分社会乡愁予以辩护。如果有人向往的是"老欧洲社会"中显而易见并且相对稳定的社会关系，那么他并不仅仅是一个往后看的逐梦者。无统治的合作形式在过去确实比在今天我们这个匿名性的、高度流动的大众社会之中更容易实现，就此而言，这一逐梦者乃是正确的。长期的合作可以降低成为欺骗之牺牲品的风险，这也可以部分地解释为什么国际谈判（如裁减军备的谈判）会进展得如此之缓慢。如果从一个冗长的谈判之中只是得到缺乏政治意愿的结论，那么这就落入了简单的道德化的窠臼，因为这一道德化退回到了现代性的第二个步骤，即对搭便车的担忧之后。毫无疑问，有时候人们会故意装出谈判的意愿，但事实上只是想赢得时间或者平息公众。同时，它可能也涉及规避风险的策略。因为裁减军备的谈判和其他一些国际谈判是在没有任何具有强制性法权秩序的保护下进行的，因此欺骗可能就是值得的。在此情形下，人们通过把谈判划分为许多小步骤的方式来应对欺骗的风险。这样一来，欺骗的一方虽然获得了一点好处，但同时却浪费了合作机会，最终把自己的短期利益转变成了长期损失。

因为不论是对单个的行为还是对短期行为而言，友好的策略都是不值得的,因此很难解释清楚合作是怎样发生的。安克塞罗德因此提出了成功的第三个条件,我称之为"四两拨千斤法则"(*Gesetz von der großen Macht der kleinen Zahl*)。按照这一法则,在一个足够长的互动过程中,相对较少的愿意合作者会比大多数出于对搭便车的恐惧而不愿冒第一步风险的不愿合作者获得更大的成功。我们在这里也为康德的乐观命题,即相信民族联邦会不断扩大(VIII 357),找到了新的证据。只要存在合作的核心细胞,增长效应就指日可待。因为这里存在着一个巨大的机会,即:不断聚集的合作细胞最终将会吞噬掉所有的冲突伙伴。尽管如此,安克塞罗德还是低估了在合作产生时所具有的困难。然而,更大的可能实际上是反对着康德的观点的:

因为在一次性的互动之中更容易成功的是反合作的策略,因为我们必须历史地把后者看作本源性的策略。这一假设同样适用于自然进化和社会进化。这样一来,霍布斯关于自然状态的理念不仅得到了确认,而且还在人类的境遇之外得到了扩充。自然状态的定理包含的是一个适用于所有社会关系的普遍意义,既适用于人类的共存,也适用于类人的生物。安克塞罗德称之为悲观论调的观点(1984,3)实际上是一个现实主义的观点,它描述了进化的起源。只要反合作的策略横行无阻,人们必定会因为暴力死亡而诚惶诚恐,于是人类的生命就是"孤独、可怜、恶心、兽性而短促的"(霍布斯:《利维坦》,第13章)。

康德已经在假定,人类具有天然的战争倾向("观念"VIII 12ff.;《永久和平论》VIII 364,10f.)。如果把这一假设理解为一个经验性的命题,那么它就是可疑的。因为事实上有可能存在着反例，而且从方法上说，人们确实不知道一个证实或者反证的前景如何。但是，如果康德的这一命题表达的是一个规范性的意义，并且只用于说明进化的开端的话，那么我们大概就不能不赞同他的观点了。因为，当人们既不知道别人是否具有合作意愿，也不知道这样的合作可能性是否还会发生的时候，比较明智或理性的做法就是设想自己处在一个囚徒困境之中。出于对受人蒙骗而自己接下来积重难返的担心，人们宁愿不去合作。

　　现在，为了实现其论证目标，并且解释在一个由自私自利者组成的世界中，为什么人们一开始都不愿合作，而最后还是选择了合作，安克塞罗德诉诸两个"机制"：基因亲缘性，以及以群组形式出现的合作意愿。

　　第一个机制的代表是最新的生物进化论。按照这一理论，只要能够使更具有生存能力的基因继续保存下去，具有近亲关系的博弈者将成为牺牲品。在自然当中，确实可以不断观察到这样一个"基因利他主义"。但是基因亲缘性理论给出的其实只是一个描述而已，至于对自己的利益感兴趣的个体为什么会选择这一利他主义，这个问题还是没有答案。在一定意义上，这一"理论"不知不觉退回到了"天然的社会冲动"这一假设之上，并因此退回到了与近代对私利的普遍化背道而驰的亚里士多德主义。难道单单一个"偶然原则"就可以解释合作的起源吗？甚至，难道仅凭某个"命定"就可以使基因——而非个体——成为私利的"主体"吗？从科学立场看，这两个假设所指出的只不过是个 X，是个巨大的不确定性而已：我们既不知道这个 X 是什么，也不能解释它。

　　安克塞罗德在解释合作之起源时提出的第二个机制同样没有

回答这一问题。"四两拨千斤法则"已经解释了为什么一小众愿意合作的人可以在一个长时段内获得更多好处。但是,一个单独的合作意愿——甚至更糟糕,一个被割裂的合作意愿——是如何按照私利原则形成一个由愿意合作的人组成的团体的,这始终没有得到说明。无论如何,我们还是再次诉诸着那个巨大的 X,诉诸自相矛盾的"天外之神"(deus ex machina),诉诸偶然事件和命定。

由于这两个解释模式都难以成立,因此安克塞罗德其实可以在一定范围内澄清,为什么相对而言一个一次性建立起来的合作是稳定的,为什么这样一个合作慢慢就会获得更多的追随者。但是安克塞罗德并没有实现其更雄心勃勃的证明目标,即解释为什么"在一个普遍不合作的社会之中,在相互性基础上建立起来的合作反而能建立起来?"(安克塞罗德 1984,90)对于这一合作而言,亚里士多德的名言也许是适用的:事情的成败,一半以上取决于开始。不论如何,对于第一个任务,即:使私利原则不可逆转为现代性原则的"对原则的普遍化",安克塞罗德还是没有能够讨论。

不论在自然领域还是在社会领域之中,建立在相互性基础上的合作都早已建立了起来。因为我们可以从无统治性这一策略——甚至从 TIT FOR TAT 这样摆脱了强制力的自由这一策略出发——来对合作予以解释,因此从实践政治的角度上看,自然就会产生这样的问题:为什么我们时至今日还需要具有强制力权威的社会秩序?为什么在这一秩序的框架内,我们还把那些第二阶的社会秩序称为法权和国家的本质?

安克塞罗德使我们注意到,对此问题的第一个回答就显示在突击队行为之中。尽管只有相对较小的规模和成员数量,但是他们能够在第一次世界大战当中迅速打破由阵地战主导着的敌对阵营间那种静悄悄的合作状态。显然，"四两拨千斤的法则"具有两个变项。作为有利于合作的变项，这一法则解释了为什么具有合作意愿的较小团体能够取得成功；作为不利于合作的变项，它同样可以解释一个没有合作意愿的小团体如何针对愿意合作的大多数而获得认可。这样一来，那个对无统治性，也对康德的无国家的和平秩序有利的论据就失去了力量。

在一个深思熟虑的安排之中，已经很少能够有扩张性的团体威胁到多元主义社会的微弱平衡——无论是一国之内的多元主体，还是国际间的多元主义。所以我们就在这里发现了对强制性社会秩序有利的第一个证据：作为无统治合作的框架，这些社会秩序被证明具有其合法性。对于仅仅在相互性基础上建立起来的合作而言，强制性社会秩序为它们提供了必要的，使无强制力、无统治性能够蓬勃生长的环境。无论在国内还是在国际，我们都会发现，只要整个社会是以统治的形式得到规范的，那么在它之内无统治性就是可能的。经济、科学和艺术中那个从结构上来说无统治的市场所以能够起作用，就是因为连最激烈的反对者也同样承认最基本的外围条件。比方说，他绝不允许侵犯他人的身体和生命，也不允许对别人在经济、科学和艺术上的私有财产动一个指头。简而言之，无统治性尽管很诱人，但是它是和一个无所不在的统治机关结合在一起的。

从友好策略能够取得成功的第二个条件之中，我们可以获得一个类似的论据。由于稳定的关系可以降低合作意愿的风险，因此合作也就得到了长远的维持。虽然这样的制度化具有如果缺乏强制因素就难以产生的缺点，但是它也维护了一个一般而言更大的优点：尽管存在着私利原则，它还是使比合作策略更大度、更可行的 TIT FOR TAT 成为可能。如果说在没有统治的计算机博弈中只存在着以相反而微弱的方式实施其反制策略的话，那么制度化则需要一个较长的时期。它允许对相互性进行阶段性的延迟，乃至允许代际之间进行某种交换。

当人们再三考虑不再支配着囚徒困境的那些条件时，就会发现对社会强制力，因此也对法权和国家强制力有利的第三个论据。也就是说，人们既不能预知相反的举动，也不能离开博弈情境。作为一个宽泛的前提，这个论据意味着：不能有银行破产；不能有人失业或者失去工作能力；最后，不能有人被从某个群体中驱逐出来，或者使其身体和生命的完整性受到威胁。

但是最重要的前提乃是：囚徒困境使权力黯然失色。权力当然没有被直接排除出去——如果这样认为的话就有点太天真了。实际上它只是以更精巧的方式被外围条件给中立化了。囚徒困境中的权力具有利用和伤害他人的能力。只不过，不是只有一方才支配着这个权力，事实上每一方都以同样的强度支配着它。因为一个人和他的博弈者在共同的合作中获得的总是同样的益处，在拒绝合作中获得的是同样的坏处，也就是一个从一开始就被确定的点数。在单方面的合作中，每一个"蒙骗"另一方的人都会同样被另一方利用，而牺牲者则只能空手而归。简单地说，与人类生活中的真实"博弈"相反，囚徒困境中的结局是难以改变的。

由于囚徒困境中的每一方都有完全相同的权力，因此权力的分配也具有严格的对称性。不仅如此，权力对称性贯穿于博弈始终。在囚徒困境中，既没有联盟和协约，也没有寡头垄断或独头垄断；既没有威胁和承诺，同样也没有能够提高生产力或者降低利息的资本结构。博弈的任何一方虽然在一次举动中可以赢得或多或少的好处，但是在一个较长的时间段内累积起来的益处却难以提高合作的机会或者博弈的结果，正如另外那位没有捞到任何好处的人同样也没有减少合作机会或者博弈的结果一样。这样一种严格而稳定的权力对称性仅仅意味着对权力的中立化。

从这个视角看，囚徒困境与最新的伦理学理论在某个方面以令人吃惊的方式相一致。正如在埃尔兰根学派的理想咨询境遇、阿佩尔和哈贝马斯的理想交往和商谈境遇，以及在罗尔斯的本源性境遇之中一样，博弈各方的权力——和现实生活正好相反——都不起任何作用。为了确定道德立场，人们淡化了哲学伦理学中的权力色彩。但是在哲学伦理学中合法的东西，在安克塞罗德的理论中则不尽然，它的理论基础是私利，除此别无他物。

在安克塞罗德（以与事实相反的方式）对权力所做的中立化中，我们还可以发现无统治的合作中的另一个条件。为了使建立在相互性基础之上的合作在没有强制力机关的情况下仍然能够发生，所需要的不仅仅是多个个体的合作意愿。同样，当人们除此之外还期待长期合作的时候，这也是不够的。至少同等重要的是，所有个体都支配着不断接近于等同的权力。当我们在这里回头看一看宽容大度这一主题时就会理解，为什么像霍布斯这样的哲学家都赞成宽容大度，但是它在囚徒困境中相反却没有什么好结局。宽容大度在这里之所以是不值得的，是因为它涉及两个个体之间的博弈，因此就被剥夺了与第三者结盟或树敌的可能性。因此难以成立的還有霍布斯的觀點，即：優渥的生活（對他而言就是財富）只有與寬容大度相聯繫時才具有力量，而如果它挑起妒忌的話，其力量則會減弱。霍布斯的觀點並沒有遭到反駁，它只是因為一個與事實相反的假設而變得無的放矢。假如我們撤回與生活相悖的抽象理論，討論兩個以上的博弈者並且同意他們結盟，那麼 TIT FOR TAT 的特性（即寬容大度的缺失）也就失去了其優點。相反在實踐中交朋友乃是必要的，而寬容大度則是其最好的"途徑"之一。

如果說在一個勢均力敵的境遇中相互性是有益的話，那麼一個足夠嚴峻的權力下降則會招致一些片面的關係，它們甚至會導致他人死亡；或者，人們僅僅出於明智的考慮而把自己"限制"在壓迫和剝削之中。北美洲的土著人已經被大規模地趕盡殺絕；而在非洲，老弱病殘的勞動力並沒有因為殺戮而被浪費掉，他們變成了有用的奴隸。在《合作的進化》一書中，一個突出的特徵就在於缺乏這些相應的歷史證據。對於歐洲而言，我們有大量現代國家從中產生出來的經驗可供回憶：只要"非正統"的教徒數量足夠之少，力量相應薄弱，他們就會被當作"異教徒"加以迫害。只有當反對者變得強大之後，人們才會尋求協商。歐洲人在付出了血腥的宗教戰爭的代價之後，才總算看到了這一局面。合作的策略首先意味著"在誰的地盤上，就信仰誰的宗教"（cuius regio eius religio），後來才有了今天的意味，也即宗教中立的國家。

關於無統治性的各種策略很容易釋放出"烏托邦"的能量，但是我們是否值得獲取這些能量呢？只要力量均衡以無統治的合作為前提，那麼後者就難以解決現代性的兩個社會使命：它既不能完成保护人权这一较为久远的使命，也不能完成环境保护这一新的使命。不论从国内还是国际的角度看，这一点都是成立的。

来自人权的保证之所以难以澄清，是因为一方面来说，人权涉及的是所有人，而非仅仅一部分有权势的人；从另一方面来说，人权必须在所有情况下都得到承认，而非只有在持续性的交往中才是如此。由于安克塞罗德要抵制霍布斯的悲观主义，因此比较明智的做法是：在人权这一主题中，不要忘记霍布斯哲学曾经提出，但是在安克塞罗德的计算机博弈中并不存在的生存论问题。有关现代性的政治哲学并没有绝对地讨论承认困境，而只是讨论了"紧急情况"。这一政治哲学关注的首先是身体和生活之间的相互威胁，然后是对私有财产的威胁，最后是文化和宗教所面临的风险。随着主权性国家暴力的建立，这里的承认困境将主要因为"紧急情况"而得到化解。至于紧急情况的范围有多大，则是另一个问题。就先举出的一部分例子而言——比如，人们应该多久才邀请一次那些从不回请的人——安克塞罗德的问题毫无疑问是在紧急情况的水平之下。在其他一些情形中，这一答案恐怕也取决于历史性的外围条件。然而一般而言需要确立的一个观点是：并非每一个承认困境都可以使社会强制力权威具有合法性。

无统治的策略在环境保护上同样是失败的——至少就这些策略在不同代际之间以跨国界的方式而被"博弈"这一意义上，它们是失败的。因为未来的几代人（一般而言也包括邻邦在内）并不具有足够的权力，因此无统治合作的第三个成功条件，即力量的均衡，也将受到伤害。正在"统治着"的，也就是眼前的一代人的生存以未来者的生存为代价，同样强邻的生存以弱邻的生存为代价。

由于那些把权力问题排除在外的解决方案都具有幼稚性，因此人们也许应该穷其想象力之所能，以便加强未来几代人和邻邦的力量均衡。正如在人权问题上一样，博弈论最多是以指出缺失项的方式起到间接的辅助作用。也就是说，如果说在人权理论中需要的是一个能对法权提供保障的法权和国家秩序的话，那么在环境保护中则需要额外的预先安排，以便强化后来者的权力。在这两个情形中我们都可以看出，无统治的合作只有在一个本身并非无统治的框架内发生的时候，它才是值得建立的。

为了给予第一次洞悉了承认困境的哲学家以必要的尊重，我们必须要说：霍布斯对法权和国家的合法化证明，越是在具体问题上值得批评，人们就越是难对其核心观点加以反驳。使私利原则具有现代性的第二个补充项，即承认困境，在完全无统治的情况下根本就不可能得到解决。对《合作的进化》而言，具有强制力权威的社会秩序的形成既非回头路，也非歧路。相反，凡是强制力权威在一个新的维度下建立了相互有利的合作关系的地方，它们才展现了社会的进步。回到康德的和平理论上来说，即便是国际间的和平秩序也不能不服膺于霍布斯的这一洞见。①

---

① 对这一观点的一个与康德无关的简短表述发表于《社会学考察》(Soziologische Revue) II(1988)，384—392。

第十一章　罗尔斯的正义理论
是康德式的吗？

　　凭借《正义论》一书，罗尔斯在短时间内就变成了政治思想的经典作家。它之所以能够成为全世界讨论的理论，其中一个重要原因在于它提供了一个与功利主义相对的理论模式。在正义理念这一关键点上，这个主要在英语语言圈中具有支配地位的道德和法权理论与我们深思熟虑的道德判断相冲突。在密尔没有成功解决这一冲突，没有在功利主义和正义理念之间实现"和解"之后（参见本书第六章），另一个开端似乎就是必要的了。对关于功利主义的经验性、实用性理论而言，至关重要的对立模式存在于康德的先验——绝对道德理论之中。就此而言，罗尔斯回到康德，并把自己的反功利主义正义理论理解为康德式的，这当然具有合理性（罗尔斯 1971，§40；罗尔斯 1980）。

　　其实在英语哲学圈中，早在三代学人之前，西治维克就已经在其《伦理学方法》（第 6 版）的"前言"中使我们注意到了康德的重要性。不过西治维克的主张是，康德伦理学是可以与功利主义统一起来的（《伦理学方法》第 3 卷第 5 章，第 6 卷第 3 章第 4 节）。罗尔斯并没有采纳这一观点，这是具有一定的道理的，因为对于那些在康德看来具有无限有效性的正义原则（如人权和绝对法权原则），功利主义都允许在集体福祉的名义下对其进行限制。

　　尽管康德和罗尔斯在人权上具有根本的一致性，但是他们之间也存在着大量的冲突点。人们在这些冲突点中获得的印象是，康德在与罗尔斯观点的较量中已经处于下风，因此《正义论》一书也就侥幸不是一个康德式的理论。比方说，康德曾经（不仅仅是以消极的方式）拒绝了抵抗权，而罗尔斯则相反，他认为公民在特定条件下的不服从具有道德合法性。还有，对于"学徒……仆人……所有妇女，以及每一个就其职业而言……不能保证其生存（饮食和安全）的人"而言（《法权论》VI 314），康德拒绝承认他们主动的公民权。这样一来，他就已经违背了罗尔斯的第一条正义原则，即"最大化的同等自由"原则；进一步说，他也违背了第二个原则（即"公权对所有人公开"的原则）的第一个部分。另外一个分歧是，康德认为社会福利国家不属于政治正义的层面，但是作为"针对外部敌对民族而保护自身法权状态的手段"（"谚语"VIII 298），它无论如何都具有合法性。但是使罗尔斯获得巨大关注的，不仅仅在于他凭借第一个原则承认自由主义法权国家的合法性，还在于他凭借第二个原则对福利国家合法性的承认。如果说，人们更乐意把康德的哲学称为形式主义的话，罗尔斯的《正义论》则以丰富的实质性思考而著称。

　　由于罗尔斯虽然在对人权的承认上与康德一致，但是在其他方面却矛盾重重，因此对于他对康德理论的挑战，我们需要一个差异化的判断。一个正义理论可能在三重视野中是康德式的：首先在一个有限的意义上，它质疑康德的提问方式；其次在一个更有挑战性的意义上，它认可康德回答的基本因素；最后在一个综合的意义上,它在尽可能多的细节上赞同康德的观点。在上面那些罗尔斯偏离了康德思想的例子中,第三种意义已经被排除了出去。从另一方面来说,罗尔斯不仅继承了康德对道德性法权概念的追问,他同样立足于自律概念,在康德的绝对命令的意义上赞同正义原则,并且在原始状态中看到了康德的"自律"概念和"绝对命令"概念的程序性意义(罗尔斯 1971,§40)。最后但是很重要的是,罗尔斯也曾诉诸那些近代早期的法权和国家哲学,后者虽然在康德哲学中没有本质性的作用,但是毕竟也存在过——这就是社会契约观念。

我们虽然在康德哲学中找不到一个明确的正义哲学,但是罗尔斯提出的作为"社会制度的第一德性"的正义计划(1971,§1)却把两个与康德哲学高度一致的条件结合在了一起,这两个条件也给罗尔斯在一个更具挑战性的意义上发展康德的正义理论这一意图提供了合理性。一方面,按照罗尔斯的观点,正义的德性不允许与其他目的和目标有任何可调和之处;它不是一个相对优先的,而是绝对优先的原则,因此也是一个绝对至上或绝对有效的原则。由于人们并非总是能够承认这一原则,因此它还具有一个命令的含义。另一方面,罗尔斯所理解的正义首先是关于法权和国家的原则,而非个体的基本态度;因此它是一个政治正义,而非个体的正义。他的绝对命令是一个包含着康德式法权与国家理论之基本使命的法权命令。

但是,如果我们考察一下罗尔斯实现这一意图的方式和方法的话,就难免会针对他发展康德理论的设想及雄心大志提出几点重要的质疑。这些质疑针对的首先不是前面提到的那些也许无关紧要的因素,而是针对着正义理论的两个主要方面,即正义理论的绝对性特征及其法权意义。另外,按照康德的理论,一个关于绝对约束性的理论必须要满足一个方法上的条件,而这一条件对于近代的经验主义精神,尤其对于英语哲学圈的传统具有挑衅性的意味——这一条件就是形而上学。罗尔斯本人则是明确地拒斥形而上学的。乍看上去(prima facie),罗尔斯甚至正好把康德的方法论计划颠倒了过来。康德所追求的法权伦理学不包含人类学,但是包含着形而上学;而罗尔斯的正义论则正好相反:在社会基本善品这一关键词之下,罗尔斯追求的是那些在每个人身上都不可剥夺的价值。不过,我们已经对康德的自我理解做了调整(本书第四章),因此康德与罗尔斯之间的对立可能也会得到弱化。

第一节　功利主义,还是绝对命令?

在罗尔斯完整的辩护过程中同时出现的主要是两个根本要素。在其中一个要素即社会善品之下,罗尔斯理解的是一些普遍条件,以便能够研究不同的幸福方案或者生活计划。这些基本善品不仅仅具有人类学的重要性,它们也以间接的方式与人类的福祉联系在一起。人们对这些基本善品的兴趣清楚明白地落在了实用命令,而非绝对命令的范围之内。但是这一结论并不是说,正义的原则本身只具有实用的有效性。因为这些基本善品定义的首先只是正义原则的对象,而非它的道德责任。

这一康德式的理论的意向只有在与第二个要素,也即规范性要素联系在一起的时候,才面临着危险。罗尔斯是在理性的理智选择中来定义其正义原则的,他也是在选择理论的意义上定义理性的。按照后者的主观理性概念,如果一个人凭借其感情的信息和计算过程而仅仅追求自己的利益,那么这个人的行为就是理性的。虽然这一私利在一个双重视野中必须被理解为具有纯粹的形式性,但不论是狭义的选择理论、博弈论还是社会选择理论,始终没有回答的问题是:这利益在内容上应该被刻画为自私的还是利他的？还是对社会麻木不仁的？还有,那个其利益能够被计算的自我是从个体还是群体,抑或是社会中产生出来的？但是按照康德的理论,即便是与这样一个如此具有形式性的私利联系在一起的那些决定,也不具有绝对性的特征。它们的责任来自自我福利中的利益,因而具有实用性的本质。

　　然而,回溯到选择理论可能会具有另外一个意义。我们都知道,罗尔斯追求的并不只是对正义的康德式解释,事实上他也试图在当今思想和论证手段的水平上对经典契约理论予以新的表述。如果出现这两个目的相互孤立的情况,罗尔斯大概会把主观理性的概念局限在其计划的契约论方面。这样一来,构成契约理论的就是两个论证步骤(参见赫费1987,第10.2章)。首先,在关于原始自然状态的思想实验中,具有道德合法性的法权的原则将会得到奠基;其次,在关于第二性自然状态的思想实验中,为了这些原则的实施,公共暴力(简短地说就是国家)将会得到合法辩护。第一个步骤对应的是罗尔斯对正义原则的合法辩护,与罗尔斯的康德意向不可分离。但是,由于选择理论的出发点使其绝对有效性面临着质疑,因此为了仍然保持在康德式的解释之内,罗尔斯必须把这一出发点限制在第二个论证步骤上。主观理性的概念在这里并没有致力于对正义原则予以合法化；相反，它只服务于对国家形式上的实施手段的合法辩护。其结果似乎就是：正义原则保留了其决定性要求，而单纯的实用性意义则表现在它的公共效用之中。

对康德的原则和选择理论意义上的国家奠基所做出的这种"分离"虽然是可以设想的，但是在罗尔斯的哲学中却是不存在的。在他这里，对公共实施权力的合法化并没有本质作用。此外，康德也把这两个论证步骤归结为同一个合法性要求。他认为，不论是他在"法权论导论"和"私人法权"中提出的正义原则，还是它们的公开实施，都必须不仅是道德的，并且是绝对的（参见本书第九章）。

之所以以选择理论为开端，可能还有另外一个根据。按照罗尔斯的观点，对于一个社会的秩序而言，存在着相互冲突的多种原则；因此除了功利主义和他自己提出的正义基本准则之外，还有一些自我主义的观点。为了在这样一个竞争性的境遇中不至于犯下倒置法（hysteron/proteron）的论证错误，并从一开始就排除自我主义，罗尔斯在正义概念中并没有提出本源性利益的假设。他只把对正义的选择归咎于那些只为自己的利好而负责的个体。其结果是，共同的正义感在罗尔斯那里就没有任何奠基性的力量，相反它们还有待奠基。为了在对自我主义社会原则的批评中——例如在对一人独裁（"每个人都服务于我的利益"）的批评中——不至于陷入循环，罗尔斯的正义原则似乎就是一个效用算计的结果。正是由于这一算计，这些原则就变成了实用命令，而非绝对命令。

这一解读更接近于罗尔斯对选择理论的运用，但是还远远不够。也就是说，对正义原则的选择是在"无知之幕"之后发生的。这一幕把每一个选择者置于某种信息匮乏状态之中，使他们在做出决定时不可能看到特殊的条件，看不到个体的、社会的和文化的处境。因此在对正义原则的选择中，就存在着全体选择者之间的不对称关系。当然，人们可以谈论一个理想的、在严格意义上没有任何统治的选择环境，其中的个体不论是生活在过去、现在还是将来，都能得到平等的承认。罗尔斯凭借其"无知之幕"所追求的旨趣，恰好与当代两个主流伦理学类型——阿佩尔和哈贝马斯的商谈伦理学凭借其观念条件，（规则）功利主义凭借其"所有人的福利"原则中的"所有"这一表述——所追求的旨趣相似。不论是罗尔斯所说的对正义原则的选择，还是阿佩尔和哈贝马斯所说的道德规范之间的和解，抑或是规则功利主义所说的行为规范，都应在排除特权和歧视的前提下，对每一个人予以平等的承认。因此，自我主义的原则不仅仅是在对正义原则的选择中才被排除了出去，实际上这一排除早在引入选择条件时，也就是在"无知之幕"中，就已经发生了。

由于借助于选择理论及其范式，也就是借助理性的明智选择，罗尔斯就助长了一种根本性的误解。其结果是，人们首先会相信，正义乃是效用算计的结果。而事实上，正义乃是效用算计的先天有效的修正者。对正义原则的选择展现出的乃是对某个根本限制的解释，而这一限制从一开始就通过对选择环境的定义被强加在了选择者身上。结论的公正性特征，也即正义原则的公正性特征，其实不过是重复了前提，即初始条件的公正性特征而已。"无知之幕"一旦滑落，个体、阶级和阶层的特殊条件一旦昭然若揭，人们就不会再选择正义原则。相反,基于主观性理性概念,人们会选择那些对个体、各自所处的阶级和阶层的处境有利的基本原则。这样的选择之所以在个体利益中是失败的,缘于前文所说的信息匮乏。不论从论辩的角度,还是从伦理学的角度看,"无知之幕"这一缺失都是先行于理性的。正义选择首先是道德选择,其次才是效用算计。使正义成为正义的不仅仅是理性的选择,而且也是对选择条件的确定。

如果有人在特殊的,同时也是在近代的意义上谈论理性的明智选择,如果他意指的既非古代的明智(*phronêsis*),也非中世纪的审慎明辨(*prudentia*),那么他就已经在个体意志和普遍意志之间预先设置了某种差别,并且进而主张,明智涉及个体意志,而道德则涉及普遍意志。但是,罗尔斯已经借助"无知之幕"这一概念褪去了每一个体和所有特殊性的色彩,并且从一开始就借助这一作为理性选择之载体的人为概念取代了一般主体。通过排除个体意志和普遍意志之间的差别,存在于"明智"这个词的特殊意义之中的明智选择将不再可能。因为理性选择的载体不再是与自身、个体或者特殊群体的效用联系在一起的主体,因此他们也不能使自身的效用最大化。他们追求的是一般的效用,简单地说就是共同福祉。其结果是,这一选择只能由一个唯一的主体做出,所有个别而特殊的确定性基础在这一点上都没有任何差别。他是一个一般的主体,因此只能做出不偏不倚的抉择,因此他所选择的原则就具有道德之本性。因为"无知之幕"此外还是一个与事实相反的假设,因为它所表述的认知缺陷正是要求我们具备的实践能力,因此这一道德结果也就具有某种命令的意义。简而言之,罗尔斯的正义原则因为其合法性结构而成为难以付诸实践的命令。

由于这些正义原则不具有实践有效性，因此它们似乎在事实上（ipso facto）也没有绝对意义。然而这一结论忽视了一个复杂性。人们在"无知之幕"之下所追求的共同福祉，既可以被理解为集体性的，也可以被理解为个体性的。与第一种情形相对应的是功利主义，是一个虽然不是个体性的，但却具有社会实践性的理论立场；在一个宽泛的但是仍然不具备严格的康德规定性的意义上，这一理论立场具有道德性。由于正义选择涉及规则，甚至涉及最高等级的规则即原则，因此更准确地说，与第一种情形相对应的是规则功利主义。在规则功利主义中，公平局限于入门性条件。正如在"一人一票"这一民主原则中一样，每个人在对共同福祉的计算中都具有同等的比重。其结果便是，多数人可以把他们的意志强加给少数人，于是社会中的原则便允许了特权和歧视的存在。只有在对集体福祉的第二个解释，也即个体性解释中，平等才可以被扩展到使每一个人的平等权利和尊严都在正义原则中得到承认的程度。

罗尔斯所提出的正义原则赞成的是更高的平等，是以结果为导向的平等。但是从"选择理论加上无知之幕"这一辩护模式之中却得不到这样的结果。就其自身而言，选择理论赞成的是最大化的私利。而凭借"无知之幕"，最大化着其利益的自我则变成了一个可以随意交换的主体。通过这一人为概念，被刻画出来的不仅是从个体性到集体性的过渡，还有集体内部的一个民主化过程——也就是说，在对总分配的计算中，没有一个人的福祉超过或少于他应有的比重。这样一来，与任一主体的利益最大化相对应的,将是一个关于最大化平均效用的功利主义立场。这一效用存在于以结果为导向的平均化过程之中,但是这不是以先天的方式规定的,而是依赖于经验性外围条件的。与之相反,绝对道德所代表的平均化过程则不依赖于经验性外围条件。

按照最大化平均效用原则,个别人被允许获得较少的,甚至少得多的利益——前提是其他人相应地获得了较多的好处。按照康德的看法,这样一种集体性的商谈过程("讨价还价")将会把每一个人贬低为实现集体福祉的手段。绝对法权原则至少禁止将这一手段用于人权。结果是,罗尔斯凭借其最大化平等自由的原则代表着同一个立场。即便是在经济中,他也认为,善品的不平均只有在满足其第二条正义原则的两个严格条件时才是合法的。但是凭借其合法性理论这一手段,罗尔斯并不能实现这一期待的结果。在以中立态度面对集体福祉和个体福祉之差异时,"无知之幕"所能保留的只是那个较为弱小的选项,即集体福祉。只要理性选择还只是在"无知之幕"背后发生,它就与康德的绝对命令之立场相去甚远。

罗尔斯并没有明确地与规则功利主义立场划清界限,这一点可以通过一个更为技术化的考虑来表明:通过"无知之幕"对正义原则所做的选择,并非像罗尔斯所相信的那样变成了不确定性之下的选择,而是变成了一个风险之下的选择。在风险之下做出的选择之中,人们虽然不能确保与抉择相关的环境因素,但是却可以赋予这些因素特定的概率值;在不确定性之下做出的抉择中,这样一个赋予是不可能的。如此一来,在罗尔斯的正义选择中,被赋予的完全是概率值。如果我们用 M 来代表社会的成员数,那么任一

社会成员 i 处在某一位置的概率 W_i 就是 M 的倒数：

$$W_i = 1/M$$

对于一个在风险之下做出的抉择而言，理性的标准就是"使效用期待最大化"。于是在一个初始境遇之中，效用期待 N_i 就必须从所有个体的效用值出发来加以计算。这一效用期待 N_i 即：社会总效用 N_g 乘以任一个体可以占有的位置之概率 W_i，也即 $N_i = N_g \times W_i$。由于这一状态的概率 W_i 与成员数的倒数相对应，因此效用期待也就等同于社会总效用除以成员数，最后无论效用如何分配，都在事实上与平均效用相重合：

$$N_i = N_g \times W_i = N_g/M$$

由于初始状态中的个体都是理性的自我主义者，会选择最大化的效用期待，因此他们会选择最大化的平均效用。他们将不会选择罗尔斯的正义原则，而是会选择一个功利主义基本准则——这样，从罗尔斯本人的选择理论之出发点中，也就产生出了竞争性的理论。

　　人们可能会批评说，由于"无知之幕"的存在，人们将难以认识他所生活的年代；由于后一个无知的存在，初始境遇中的选择也是在不确定性之下发生的。与第二个无知相对的是一个类似的考虑，即：当我们用 Q 来代表年代的数量，那么在任意一个年代 k 中生活的概率 W_k 就是：

$$W_k = 1/Q$$

于是，任意一个社会成员生活在任意一个年代的概率就是：

$$W_{i,k} = W_i \times W_k = 1/M \times 1/Q$$

这里存在的还是一个客观的概率值。也就是说，这里的选择始终还只是一个在风险之下做出的选择。这一选择的理性标准就在于"对效用期待加以最大化"。效用期待即人类总效用（也就是说存在于所有时代的社会总效用）除以年代数和一个年代之内的社会成员数。它还是存在于最大平均效用之中。

　　为了避免这一结果，罗尔斯引入了一系列补充论证（1971，§§ 26—30）。比如其中一个论证就是，法权和自由对人类的重要性不包含竞争，每个人都将因为分享到同等的法权和自由而感到满意。但是在收入和财富上，人们应该完全同意不平等的存在；因为这些不平等虽然并非没有竞争，但是却具有基本的重要性，因此人们将会选择差异性原则。罗尔斯的补充论证在多大程度上是有说服力的，可以暂时搁置不论。为了评判罗尔斯对康德的解释，只需要考察这些补充论证的类型就足够了，而这一类型隐晦地具有反功利主义的特点。因为一方面，最终决定那些被认为具有绝对性且相对而言具有主导性的优先项是否可靠的，还是经验性的考虑；对于诸如此类的考虑，功利主义基本上没有答案。另外从规范性方面来说，罗尔斯始终没有远离对集体效用的思考；在"无知之幕"之下所做出的理性选择，实际上是一个集体意义上的一般主体所做出的选择，与这个主体相对应的，是最大化平均效用以及最大化平均效用期待的一个功利主义视角。

　　然而，如果我们对原则选择的结果加以审查，就会发现至少有一个部分，即第一正义原则，与康德的绝对法权命令相对应。作为一个过渡性总结，我们发现的是这样一个歧义性：那个在对功利主义进行批判时，在辩护逻辑中缺失的明晰性，至少在辩护逻辑的结果即正义原则中得到了实现。但是从辩护逻辑出发来看，这一结果并没有完全摆脱简单断言的特征。

第二节　不要形而上学？

按照康德的观点，绝对命令只能在纯粹实践理性中得到奠基，因而具有形而上学特征。在发表于1985年的一篇新论文中，罗尔斯已经用"非形而上学的"这样一个副标题表达出要取消"暧昧的"形而上学的决心。为了这一目的，罗尔斯放弃了先验观念论这一假定存在理智世界和本质主体的学说，并且给自律概念和绝对命令概念提供了一个程序性的解释。

在对形而上学的拒斥上，罗尔斯与当代科学与法权文化的经验性基本特征相一致。而不断深入的思考则向我们表明，这个一致性实际上是一个自我误解。虽然罗尔斯还没有足够清楚地为这里必需的辩护逻辑做好准备，但是对于他对绝对有效的正义原则加以规定这一意向而言，下面的结论则是恰当的：正义选择的载体，恰恰就是曾经被康德当作纯粹理性存在者而提到过，并将它纳入形而上学的那个狭义的一般主体。然而康德并没有把这个主体纳入关于对象的形而上学理论（"存在论"）或者关于知识的形而上学理论（"知识论"）之中去。正如在关照着自然对象的理论形而上学之中一样，对形而上学起着构造作用的步骤也不能超出经验之外；将被超越掉的只是作为社会实践之最终规定根据的个人利益。

在更早的一篇论文"论道德理论的独立性"中，罗尔斯曾经主张，包括正义理论在内的道德哲学具有对其他哲学学科的根本独立性。具体地说,道德哲学不仅应该保持相对于形而上学的独立性,而且还应该保持相对于意义理论、知识论和心灵哲学的独立性。除了形而上学,上述这些学科事实上都不属于道德哲学的核心范围。即便罗尔斯把形而上学限制为"理论性"的,道德哲学仍然还是独立于形而上学。但是道德哲学并不独立于实践形而上学,因为如果没有信息匮乏、没有使个人利益得到超越的"无知之幕"的话,罗尔斯也不能排除掉自私主义的社会原则。如果缺乏另外一个至今缺失的,人们借以超越集体普遍利益的立场的因素,罗尔斯也难以克服功利主义。

　　通过对自律和绝对命令的程序性阐释,罗尔斯想要扬弃掉康德伦理学中的形而上学假设。的确,他赋予这些假设的是一个至今仍具有说服力的程序性解释。凭借着"无知之幕"这一说法,罗尔斯以不断接近但始终缺乏最终的理论辩护清晰性的方式阐述了康德关于本体性主体的思想。其结果是,正义理论比它的作者所相信的具有更强的康德特征。不过,罗尔斯对本体性主体的表述并不针对理论领域,而是针对实践领域;因此不是绝对的,而是只针对法权——更准确地说,只针对着社会的基本法权结构。具有道德性主体地位,同时也是本体性主体地位的并非个别的法权主体,而是给法权秩序规定了根本的正义原则的那些至高无上的、超越了实证层面的立宪者。这里需要对罗尔斯的自我解释做一个倒转:对康德的批评以及与经验科学和法权文化的一致性,变成了与康德的一致性以及对这一文化的对位点。就其方法论的自我理解而言,罗尔斯还局限于某个单纯的经验性文化之中;但是在真正的论辩之中,他则克服了这一局限性。结果是,他的正义理论在直觉上比在逻辑上更具有说服力。

与"无知之幕"相对应的，是一个自罗尔斯（1971，§40）以来常常被康德解释者们夸大的普遍性这一因素。康德本人认为这是一个重要因素，不论是绝对命令的基本形式还是自然法则第一公式，都恰好依赖这一因素。罗尔斯对康德解释者的批评因此事实上也是对康德本人的批评；显而易见的是，这一批评缺乏说服力，而且罗尔斯是在一个比他自己所相信的更为强烈的程度上解释康德理论的。不论是在概念还是元伦理学的意义上，在知识匮乏的情况下被选择出来的正义原则都是绝对命令，呈现了绝对有效的要求。不论是在规范学还是在规范伦理学的意义上，亦是如此。在从理性的明智选择到道德选择的转换中，起到决定性辩护作用的是一个严格的普遍化过程。

针对着那些认为其正义理论具有形而上学基础和严格的普遍有效性的解释，罗尔斯似乎可以用他的第二个合法辩护模式，即反思性均衡（reflective equilibrium）加以辩护。他可以反驳说，只有那些脱离经验的原则才被证明是形而上学的，只有对所有世界都具有合法性的理论才是具有普遍有效性的。按照反思性均衡的思想，罗尔斯据称只有一个远为谦虚的目标。他只是要在一个确定的、政治上高度发达的世界中，也就是在自由主义的民主制度中，重建那些能被承认的正义观念。

罗尔斯的谦虚乍看上去值得欢迎。他取消了过分的普遍化要求，也因此避免了西方国家的法权伦理学认为唯一正确的那个文化自负的风险。但是事实上，这一谦虚会带来一个伦理学上的相对主义后果，而后者对国际法权对话和国家对话乃是性命攸关的。

也就是说,对人权的伤害似乎只有在西方民主制度中才被认为是不正当的,而在西方文化之外则完全合法。

毫无疑问,罗尔斯的正义论从某些视角看来的确缺乏超历史的有效性。一个社会是否能从根本上释放出政治正义的主张,是否能严肃对待这些被释放出来的主张,并逐步改变其社会条件,最终赋予所有人不能剥夺的权利和自由,这些都首先依赖于文化的外围条件。历史和社会的外围条件在这里涉及的是对正义的承认,而非正义的内容。然而,罗尔斯的首要目标却是从内容上对正义予以定义。由于他引入的是作为道德概念的正义和作为对道德主张之操作性解释的"无知之幕",因此根本不能代表历史上的种种正义原则。通过"无知之幕"这一说法,罗尔斯使一切社会和文化差异失去了光彩,也就是说,它们对于正义论的奠基乃是无关紧要的。虽然他在这里事实上站在康德的哲学立场上,但是这一立场是与伦理学相对主义难以融合的。

从另外一个视角来看,正义原则是由历史决定的,它们与特定的社会发展现状相关。比方说,关于生命与生活的法权,或者关于言论自由的法权只与人的条件(conditio humana)关联在一起,因此对于所有人类文化都是有效的。相反,科学自由和邮政通信保密只有在那些具有相应机构的社会中才是有意义的。但即便是在这里,上述自由法权的责任也不依赖于历史,事实上依赖历史的只有那个提出责任问题的疑难问题。除此之外,只有在"无知之幕"并非如此之厚重,以至于在事实上淡化了所有社会和文化差异的地方,这一问题才能凸显出来。罗尔斯的两个正义理论本身所要求的,只是社会基本善品,也就是一些人类学的因素。另外,一个可能的历史条件性的第二个维度在他的核心计划中也没有发挥任何作用。

　　这样一来，我们就可以在上述对康德解释有利的前提下来回答"实用性命令，还是绝对命令？"这个局部问题了：通过"无知之幕"，效用算计式的决定——即理性的明智选择——被转换成了一个道德性的选择；但是这一转换只是首先达到了某个规则功利主义的立场而已。然而，通过若干补充性论据就可以对正义原则进行规定，而这里的正义原则获得的则是绝对命令之意义。

第三节　德性原则，还是法权原则？

　　道德具有两个不同的运用领域，即德性（以及伦理学）和法权。按照康德的观点，在两个领域中有效的是相同的原则，即自律和普遍化。但是，这些原则具有根本不同的运用方式。在德性中，自律和严格的可普遍性是个体的动机和意图——更准确地说，是他的自我立法的意志原理，是准则。但是在法权中，它们一方面在质料上涉及具有行动自由的存在者的外在的共同生活，另一方面在形式上却只涉及合法性，而无关道德性（参见本书第三章第三节）。

　　罗尔斯要做的，就是通过赋予社会相对于个人的优先性而避开康德哲学（1980,552）。我们可以通过双重方式来解读这一优先性，即解读为客观的命题和主题性的限制。作为客观的命题，它包含着法权对德性的优先性；但是对这一优先性而言，我们最多可以找到历史和社会基础，然而却找不出原则性的基础。此外，这一优先性是与康德哲学相对立的——罗尔斯最终也没有对此予以更深入的论证。

按照第二种专题化的解读方式,罗尔斯曾经把政治正义当作研究对象,但是并没有主张其具有某种客观的优先性。这样一来,与其自我理解相反,罗尔斯站在了和康德完全相同的立场上。在康德的《道德形而上学》中,法权论和德性论是两个相互并列的部分。然而这里有待考察的是,罗尔斯是否始终坚持这一概念区分,是否事实上并没有提出一门关于正义的德性理论,而只是提出了关于正义的法权理论。

与这一法权特征相反的是,康德最初只是在若干篇幅小得多的论文中,如"世界公民观点之下的普遍历史观念"(1784)、"论谚语:'理论正确,实践无方'"(1793)和《永久和平论》(1795)中,提出了关于法权和国家的道德概念,并且直到《法权论》中才对这一概念做了全面而系统的研究。因此对正义理论的康德式解读,合适的相关文本实际上落在了《法权论》之中。罗尔斯虽然常常诉诸《奠基》,偶尔也诉诸康德的其他伦理学著作,但是除了一个无关紧要的引用(参见罗尔斯 1971,23,"注释"8)之外,他极少征引康德的政治学著作和《法权论》。

然而这里的文本发现只是提供了一个次要的论据。更重要的是这样一个实质性的问题:罗尔斯是否——哪怕是以隐秘的方式——接受了康德法权哲学的根本思想?按照康德对德性和法权的双重区分,对康德式正义解释的第二个追问又可以分为两个局部追问:首先是质料意义上对正义原则所规制着的对象的追问,对康德而言,这就是具有行动自由的主体的共同生存;其实是形式意义上对有关个体与正义的关系的追问,康德认为这里不需要任何道德性，合法性已经足够了。对第一个问题而言，罗尔斯关于正义的运用条件的理论还有待研究；对于第二个问题而言，罗尔斯提出了两个模型观念，即关于道德个体的模型观念和关于良序社会的模型观念。

由于我在《政治正义》(1987，第 10—12 章)中已经研究过上述运用条件，因此在这里对其结论做一个简短的回顾就足够了：康德的定义，即具有行动自由的诸个体间的外在共同生存，完全可以与罗尔斯的观点相统一。也就是说，这一定义可以被纳入选择理论的出发点之中，于是行动自由也就对应着这一理论中的主体性理性概念。但是在这个方向上，罗尔斯并没有使选择理论产生太多理论结果。为了规定正义的运用条件，罗尔斯以合作作为出发点。他不仅揭示了合作中的冲突性因素，而且还发现，使正义呼之即来的与其说是合作，还不如说是冲突。和康德不同的是，罗尔斯并没有清楚地看到，使法权和正义变得必要的首先是冲突。如果说，康德相应地把自己限定在对法权问题予以道德解释这一任务的话，那么在罗尔斯这里盘根错节的则是经济问题——他不仅使政治正义与冲突相关联，而且使其与对相互有利的合作相关联。罗尔斯的第一条正义原则，即关于平等权利和自由的原则，涉及的正是康德赋予(道德)法权的使命：行动自由的相容性。但是相反的是，第二条正义原则的第一部分，即"差异性原则"(difference principle)，涉及的则是收入和经济状况，因而涉及的首先是经济问题，而非法权问题。

当然，人们可以把差异性原则解释为法权的任务之一。根据这一原则，法权秩序的直接任务虽然在于给(最大化)的平等自由提供保证,但是没有物质性的善品,就没有真正的自由,因为经济善品、收入和经济状况为物质性善品开辟着道路。按照这一辩护模式,罗尔斯在差异性原则中讨论过的福利国家,就不是一个直接的正义任务,而只是一个间接的正义任务。过去几十年间西方工业国家确立的建成福利国家的任务,只是有助于实现间接自由而已。

　　法权以及宪政国家的自由和合作法权直接地属于政治正义,而福利国家则只是间接地属于政治正义——在一定意义上,罗尔斯是承认这一客观上有差序的重要性的。具体而言,罗尔斯赋予了第一条正义原则,即自由原则,相对于第二条原则的绝对优先性(罗尔斯 1971,11)。然而罗尔斯在优先性规则中忽略的这样一个结果:如果说只有第一条原则才具有根本性正义原则的地位的话,那么差异性原则只有在第一条原则的前提之下才能拥有正义意义。从辩护理论的角度来说,如果我们不是直接从初始境遇,而是从对如何实现第一条正义原则的考虑中出发来推导出差异性原则的话,那么上述这一点可能会变得更清楚一些。这样一个有次序的证明可能会接纳康德对运用条件的定义,从而在第一步证明中只是对外在的自由共存之可能性条件进行研究。第二步证明可以追问实现这一自由的条件;康德对福利国家的限制也可以在这里得到部分的纠正。

　　罗尔斯在《杜威演讲录》中曾经阐述过作为正义理论之基础的两个模式观念,其中第一个观念,即关于"道德个体"的观念,隐含着一个伦理学的、道德化的理解。在罗尔斯将正义感归于道德个体,并认为这一感受具有非异质性特征的地方(1980,521,525,

533），都可以确认这一理解方式的正确性。但是我们也能发现截然相反的断言。比如有一个观点就反对对个体的伦理学解释，而赞成对它的法权解释，它认为罗尔斯并没有把个体看作完全自律的，而是仅仅在理性的意义上把它看作自律的。这也就是说，理性自律的产生并不伴随着某个道德意向，相应的主体也不必非要受到正义原则的持续引导（罗尔斯 1980，598）。支持对个体予以法权性理解的观点认为，罗尔斯（1980，548）把道德个体的自由规定为"断言之自我产生的源泉"，但是"不要求个体对他们想要做出的断言提供辩护"（1980，548）。这里谈论的是关于自由的法权概念，即行动自由，而非它的德性概念，即道德自由。

另一方面，罗尔斯关于道德个体的概念，也包含着若干在康德的行动自由概念中并未出现过的规定性。其中最重要的就是这一假设：人具有发展和实践其道德力的兴致。在一定程度上，康德对这一兴致并不陌生，他甚至提到过人具有发展和实践其道德力的义务；但是康德的这一"义务"并不属于法权论，而属于德性论（《德性论》，§19）："对其作为一切可能目的之手段的天赋能力（精神、心灵和身体能力）的培育（cultura）是人对自己的义务。"

如果我们忽略了这些不同因素，那么我们也就错过了罗尔斯哲学中堪与康德相媲美的清晰性。罗尔斯道德个体概念中所包含的因素，部分地属于一个关于法权主体的有限概念，部分地属于关于德性主体的一个争议性概念。另一个模棱两可之处则存在于罗尔斯的理性假设中，即：每个人都想使其利益最大化，或者说，在"尽其所能保护和提升其善品观念——不管这一观念是什么"的过程中，每个人都有"更高阶的利益"（罗尔斯 1980，525）。这个更高阶的利益不属于法权理论,而属于经济理论——与之相应的是"经济人"(*homo oeconomicus*)的理念。这样一来,罗尔斯就再次将其理论建立在了"经济学偏见"之上。

按照罗尔斯的第二个关于"良序社会"的道德理想(1980,521),社会应该受到一个关于正义的公开观念的规定。但是,罗尔斯同样认为一个良序社会应该具有完全的自律性(1980,533;参见1982,第 III 部分)。如果与这一主张有关的是法权秩序,而非个别法权主体的话,那么它与康德的主张也具有一致性。在一个法权社会中,必须满足自律要求的并非个别的社会成员;相反,不允许出现异质性特征的只是他们的共同生活的基本秩序。但是,罗尔斯并没有讨论过相应的与法权秩序的关系,因此也再次忽略了法权与德性之间的区别:属于一个良序社会的并不是它的道德自律,而是法权自律,而后者只存在于完全实现的政治正义之中。

按照康德的观点,一个法权共同体具有三个可以依据德性法则放弃掉的要素,分别是:(1)强制力权威;(2)公共法权秩序,即国家;(3)国家实施强制的手段,即刑罚。在罗尔斯说的第二个模式观念中,这些要素基本上没有任何作用——这也正好印证了法权和德性之间存在的差别。与此同时,罗尔斯还面临着将一个良序社会歪曲成伦理学理想的危险。在康德那里,一个不是由法权而是由德性法则所规定的共同体无异于一个无形的教堂。这样一个共同体的系统性位置存在于德性论的延伸之中,存在于宗教哲学当中。人们必须要问的是:罗尔斯是否不知不觉地在不经意间将宗教哲学因素带入了他的正义理论之中了呢?

由于罗尔斯的正义原则是从明智的选择中演绎出来的,也由于他并没有采纳那个对于康德而言意味着本质性区分的法权与德性之分，因此这里就隐含着一个结论，即他对康德理论的诉求是不可行的。这正是约翰逊的结论（1974），他批评说，罗尔斯的理论根本没有为自律、绝对命令和纯粹实践理性概念保留任何位置。然而，这一批判有点操之过急。约翰逊没有考虑到法权和德性（伦理学）之间的差别，因此既没有看到自律和绝对命令之间的一般性和特殊性差别，也没有看到二者所具有的法权意义和伦理学意义之差别。与此相反，他想当然地把这些概念理解为伦理学概念。这些在伦理学上被理解的概念在罗尔斯哲学中是缺乏的，这与其表明后者反对诉诸康德哲学，不如说表明他是诉诸康德理论的。

更深入的研究表明，诉诸康德理论并非像约翰逊所相信的那样是一个错误，而只是招人误解而已。如果说，尽管罗尔斯的正义原则有特定的局限性，但还是具有绝对命令的意义的话，那么对法权和德性的明确区分，进一步说对法权和经济的明确区分，在他的哲学中则是付之阙如的。康德法权哲学中更具有争议性的方面，即绝对性因素，至少在直观上得到了罗尔斯的承认；而诸如法权的运用条件等其他因素，则未能实现康德曾经达到过的那种明确规定性。

第十二章　对阿佩尔商谈伦理学的康德式质疑

　　先验思维在今天所扮演的不仅仅是某种历史性的角色,它的影响也不仅仅只有在哲学的某些分支领域中才能感受到。事实上在先验论证和伦理学中,它已经变成了阿佩尔哲学思想的一个部分。对于第二次世界大战之后的哲学发展而言,沟通欧洲大陆传统与欧美思维模式的努力是非常重要的,一个百科全书式的全新哲学版图就这样逐渐地产生了出来。尽管不是每一个哲学立场都能在这一版图中显示出恰如其分的轮廓,但这丝毫不能削弱这项事业的哲学分量,因为阿佩尔在其沟通尝试中追寻的是一个系统性的主导目标。在向人文主义语言哲学的过渡阶段中,他从分析哲学中接过了语言的转向;在美国实用主义哲学的影响下,他对语言哲学的转向做了非语义学的,而是语用学的理解,并把实用主义与康德的先验终极奠基之旨趣结合了起来。与今天的基础哲学相比,阿佩尔的先验语用学这一结合的野心也毫不逊色。

　　在这一新创的第一哲学的框架之内,先验思维赢得的不仅仅是某种地区性的意义。尽管如此,先验思维的最大作用力并没有展现在基础哲学本身之中,而是展现在被阿佩尔认为毫不费力地从第一哲学中派生出来的第二哲学之中,这就是通过芬克的"实践哲学/伦理学"学派而在学院哲学领域内声名远播的先验商谈伦理学(参见阿佩尔等人所著1984;其中阿佩尔本人的论文:13—153,606—634;D. Böhler:313—435以及845—892;W. Kuhlmann:495—622,545—605;参见阿佩尔1973,1976)。

　　相对于一般先验语用学,阿佩尔的伦理学更是从与康德思想的交锋中产生出来的。我们可以为此找到大量的一致之处。正如康德一样,阿佩尔深信,对于实践而言存在着可以从理性上加以奠基的约束性,而这一可奠基性则不局限于技术理性或策略理性。阿佩尔没有把道德规定为理性的,而是规定为自律,就此而言他追随的还是康德的道路。给这个自律找到一个标准,并且通过某个程序对这一标准进行规定,这同样是康德式的。虽然阿佩尔相信自己在这一标准上能与康德保持距离,但是由于这一新标准,即共识标准,至少早就被康德预见过了(《永久和平论》VIII 350,17f.),就此而言他仍然还是个康德主义者。同样具有康德特征的是这一新标准的普遍主义特征,以及对这一标准予以先验奠基的兴致。

　　鉴于这一广泛存在的一致性,人们不应该对存在的差别予以高估。就像在康德与罗尔斯之间起主导作用的是一个保留性冲突一样,在康德与阿佩尔之间也存在着某种家族分歧。阿佩尔所宣称的差别可归结为四点,其中第一点是:康德并没有对道德予以成功的最终奠基,完成了康德先验伦理学主张的事实上是阿佩尔本人。

　　阿佩尔认为,康德的失败缘于错误的范式。自托马斯·库恩以来,人们认为,正如在政治史中存在着革命一样,在科学史中也存在着范式转换。阿佩尔认为,对康德的超越,其意义不亚于建立一个彻底的新方向。第二个差别之处在于：康德的意识理论式的先验哲学被阿佩尔转换成了语用学先验哲学，康德的先验伦理学被阿佩尔转化成了先验语用学。然而阿佩尔也并非如此自负，以至于要把范式转换统统归在自己名下。事实上他从内在于自己哲学版图中的传统思潮中汲取了许多关键性的因素，如人文主义语言观念、美国实用主义、维特根斯坦的语言游戏思想，也许还有海德格尔的此在分析，当然还有塞尔的言语行为理论。

第三个差别之处是，阿佩尔给语言语用学中的辩护理论缺陷赋予了一个实体性的表述。他认为，康德"还是在孤独的个体这一立场上提出其伦理学问题"，而事实上突出的却是"对立的主张之间实实在在的和解"。正是在这里，一般性的范式转换获得了一个针对伦理学的变量。与康德"独白式"的标准相对的是阿佩尔（1984，125f.）的"对话道德原则"，即理想的交往共同体或者以商谈方式取得的共识。康德伦理学也就变成了这里的先验商谈伦理学。

最后，阿佩尔赞成对康德哲学进行本质性的简化，并声称在专门针对伦理学的范式转换中完成了这一简化。按照康德的观点，一个"孤独的个体"必须要操心的是"他的意志——也就是他的内在意向——必须能够被一个超人类的、无所不知的裁判者断定为善的"。就此而言，康德的独白式道德是与一个实践理性的预设，尤其是与上帝的存在联系在一起的。与之相反，对话式的道德则可以取消掉这些沉重的前提。

在阿佩尔与康德拉开距离的这四重努力中，仍然有值得怀疑之处。这些怀疑受到康德的启发，并超出了"康德怀疑论"的范围。

但是它们并不具有某种"正统康德主义"的特征，相反具有客观的论据作为支撑。

第一节　共 和 理 性

在把自己的伦理学称为伦理学这一点上，阿佩尔基本上没有什么顾虑；由于他也参照了康德哲学，所以他认为自己的伦理学毫无疑问也是先验哲学。然而，康德本人只是把他的先验计划限定在关于知识和对象的理论上（《纯粹理性批判》B 25/A 11f.），从而排除了扩充到实践领域的想法（《纯粹理性批判》B 28f./A 15）。现在我们已经知道（参见本书第四章），这一计划完全过渡到了伦理学；对于实践而言，我们同样可以追问其客观有效性的前经验条件。但是在这一过渡中发生的具有多重后果的变化，也导致有利于范式转换的两个论证最终失去了意义：

1. 按照第一个论证，从意识到语言的范式转换之所以是必要的，是因为康德的伦理学基础已经岌岌可危了。阿佩尔引用的实例来自于康德关于理性事实的学说："道德法则能够作为'纯粹理性的事实'和'先天知识'（即先于一切经验的知识）被认识到——在当代哲学提供的视野之下，康德的这一主张要么必须表现为在理性奠基之尝试上的一次教条主义突破，要么……和他自己所认可的原则，即从一个事实中根本演绎不出规范，相冲突"（阿佩尔等1984，129）。

毫无疑问正确的是，由于康德在理性事实的学说上只有几篇漫不经心的论文，因此对它全面而令人信服的解释至今还付之阙如。同样正确的是,无论哪一个伦理学在这里都处于自相矛盾的境遇:作为重建性的科学,伦理学的反思对象,即道德意识或道德言谈,总是已经被给定了。尽管伦理学和事实、实然有关,但是它还要导向一个作为应然之基础和尺度的道德原则。然而,一旦人们深思事实的特性及其在合法性理论中的位置,这一矛盾的幻象也就迎刃而解了:

a）首先,事实不涉及自然的给定性,而涉及道德的现实性。不管怎么说,这一现实性就其根本而言没有应然性特征,而只有在必有一死的、被倾向所误导着的存在这一情形中才具有应然性特征。凭借着理性事实这一概念,康德成功地使在他之前的历史中就已经以根本方式被提出的那个批评失去了力量。尽管康德把应然性特征赋予了道德,但是他并没有像后来的黑格尔所担心的那样把道德贬低为单纯的应然——相反,作为事实的道德始终具有令人惊异的实在性。也许在这里黑格尔还会引入他关于实体性道德的思想,然而康德可能会用道德实在性的不同阶段这一区分来回答他。在康德的《道德形而上学》一书中,实体性道德始终在两种方式上是当下存在的:它不仅是社会世界的道德性,同样也是带有个人特征的道德性。但是这一当下存在是与某个前提联系在一起的。从系统性而非历史性的角度来说,为了使社会关系和个人态度以道德的方式得以构建,人们必须首先给它们预设一个道德评价。否则的话,这一实体性道德的理论就会堕落为"对习性的辩护",而黑格尔关于某个浸透着实在性的道德的意向,也会急转而下变成马克瓦德关于某个道德贫瘠的实在性的观念。康德在这里认为,理性事实向我们无可置疑地表明,我们对这一道德评价、对这一道德立场从来都不曾陌生过。

康德是否最终证明了这一共识，人们对此问题当然有不同的观点。在《实践理性批判》的第六段中（V 31, 22ff.），康德曾经不无满意地指出了一个人类用来裁定其行为合法性的判断。康德在义务和爱好之间建构出了一个冲突，他要追问的是这样一个问题：一个面临着不可延期的死刑威胁，也就是面临着一个其爱好受到极端威胁的人，是否应被要求放弃针对一个正直之人做出的伪证，尽管他认为还有克服这一倾向和避免这一伪证的可能性。答案毫无疑问是肯定的，人们可以（但不是：将会）避免伪证。为了准确地理解这一答案，人们必须按照康德的做法回溯到一个先于爱好（也即自爱）的立法上去。因为我们事实上就是这么判断的，而且由于死亡的临近既期待着这一伪证，同时又认为这是错误的，所以道德判断意义上的道德意识就会逐渐表明自己是实在的。

b）其次，我们也不能对理性事实的合法性价值予以错误的评价，因为理性事实在康德那里不具有奠基任务。同样它也没有下列具体用途：（1）把道德定义为绝对命令；（2）从绝对命令中推导出普遍化的标准；（3）从理性事实中获得自律概念。康德只想通过其伦理学的第四个要素指出的是，由三个部分组成的道德奠基并非哲学的虚构；（4）因为事实上存在着其确定性基础超出了自身福利的实践判断，也因为存在着真正的道德判断，所以道德哲学就失去了作为理智的玻璃球游戏的特征——道德哲学于是变成了对人类生存的启蒙。

此外，阿佩尔本人也主张一个与康德的理性事实相类似的因素。阿佩尔所处的论证情境没有倒转的可能；此外这一情境也期待着出现一个理想的交往共同体，而这一共同体——不论是实在的，还是理想的共同体——都隐含着特定的道德责任。但是即便人们承认了所有这些命题，论证情境也不会失去其给定性特征。

我们在这里也不可忘记的是，仅仅通过论证情境不可倒转这一证明，还根本谈不上对伦理学的先验奠基。为了使先验概念不至于失去其特征，必须引入一个双重证明。只有在下列意义上，先验概念才成其为先验概念：它们不仅先于经验而有效，而且表现为一些条件，假如没有这些条件，客观性（在理论领域是知识的客观性，在实践领域是行为的客观性）就是不可能的。在这两个合法性步骤上，阿佩尔恐怕还需要更详细的说明。

2. 关于从意识到语言的范式转换的第二个论据显得如此之贴切，以至于它常常使我们想到一个断言，即康德的思想已经属于过时之列。既然这已经成为共识（opinio communis），这一论据也就将其他"批判性"追问拒之门外了。但是这里同样存在关键的质疑。

一个从哲学史上提出的质疑是：在康德的《纯粹理性批判》中，那位把新范式引入了近代思维的笛卡尔遭到了多重批判。对笛卡尔做出批评的不仅仅是我们所熟悉的《纯粹理性批判》中关于"谬论"的章节，事实上奥尼尔（1990，第1章）就曾指出，康德与笛卡尔的距离其实更远，在"第二版"中，这一距离已经伴随着对培根名言的引用开始了。

更重要的是，《纯粹理性批判》不仅仅只是在若干命题中，而是就其整体结构而言都具有阿佩尔意义上的那种交往和商谈担当。这一交往特征始于《纯粹理性批判》一书的动机，即与其他哲学家进行论辩。康德和其他哲学家们谈论的乃是同一个科学概念，就此而言他们的所谓论辩其实是无稽之谈，因为科学家们追寻的是一个"共同目的"，完全是在阿佩尔的意义上寻求"同气相求"（《纯粹理性批判》B VII）。另外，《纯粹理性批判》一书也不是独白式的，因为它并没有尝试通过一个独断的、居高临下的方式，而是通过一个商谈式的法庭程序来解决这一问题。这一程序完全是公开的——不仅如此，没有一个人被贬低为纯粹的旁观者。唯一被追问的只是人人具有的理性权能，当然可能是无意识地具有的权能。

商谈伦理学的另一位主要代表人物哈贝马斯（1983，75）也曾借助米德的观点主张哲学的某种理想的角色转换。但事实上，康德不仅早在米德很久之前就已经意识到了这一角色转换，而且还提出了一个真正具有普遍意义的单数角色转换形式。但是康德并非像人们希望的那样在伦理学中提出了这一角色转换。因为在《纯粹理性批判》中，起决定作用的不是哲学的专门知识，而只是一般的人类理性，因此在关于理论理性的讨论过程中，每个人既是原告又是被告，最重要的还是法官。在这一点上，康德的立场是再清楚不过的了。他在《纯粹理性批判》的"方法论"中说，"理性的存在任何时候都无异于自由公民的同声一气……他们中的每个人必须能够毫无保留地保留其顾虑，甚至否定性观点（*veto*）"（《纯粹理性批判》B 766f.）。我们今天要说的是，康德的理性从根本上说是民主式的。如果为了反驳"理性是由多数人决定的"这一误解，康德恐怕会继续主张"理性是共和式的"（参见本书第九章）。

康德对哈贝马斯唤起的理性角色转换这一思想并不陌生，这一点同样可以在《判断力批判》中得到确证。为了理解审美判断

（趣味的判断）的独特性——尽管这一判断不是客观判断，然而它却需要每个人的赞同——康德已经预设了一个通感的存在（《判断力批判》§19）。他通过人类共同知性的三个准则来进一步解释这一通感的基本原理。其中第二个准则要求"在每个位置上都设身处地地为他人着想"。这是因为，"只有当人们设想自己身处于他人的位置时，才能规定"那个超越了"判断的主观性、私人性条件"的一般立场（《判断力批判》§40）。

从这一引文出发，我们不难得到如下结论：我们不能再把康德哲学不假思索地纳入关于一个独白式意识的范式之中了。当然，阿佩尔（还有哈贝马斯）可以弱化他们的主张，并进而谈论前交往性思想的其他部分。然而对于商谈伦理学的自我理解而言，这一弱化则具有较严重的后果。康德可能不再是旧范式的捍卫者，而是居于新范式的绽开之际。对康德哲学所做的不偏不倚的重新解读揭示出来的，恐怕远不止一个畏首畏尾的阐释之开端。

阿佩尔把康德的先验自我意识理论看作意识哲学残余中的核心部分。阿佩尔把重点放在了"意识"上，而笔者则宁愿把重点放在"先验"和"自我"上，因为康德所倚重的乃是一个对于知识而言具有建设性的，同时先于经验而有效的反思性概念。

这些引文不仅不能把康德解释为第一位先验语用学家，而且还给阿佩尔视野中的近代哲学划上了一个问号。使人们稍感欣慰的是，给伦理学提出的范式转换需要在康德的实践哲学中——而非理论哲学中——去寻找。然而在康德的实践哲学中，在《奠基》、《实践理性批判》和《道德形而上学》中，所谓的那个范式根本就没有发挥任何值得一提的作用——这里的基本概念不是意识，而是意志。一个与伦理学相关的范式转换可能会发生在行为理论或者理性心理学中。古典哲学家,如亚里士多德,已经把行为理解为一个追随预先给定的目标或目的的活动——行为理论的根本概念是冲动(orexis)。在近代(尤其康德)对关于行为的理论反思所做的深入研究中,人们追问预先给定之物的起源,并把目标和目的回溯到了行为者的承认上(也即"Setzung",即"设定"上),因此对意志的谈论就是题中之义了。

虽然阿佩尔在行为理论方面有欠考虑,并因此低估了专门针对伦理学的范式问题,但是他仍然是一个"康德主义者",甚至在两个不同的层面上承认意志之不言自明的性质。在第一个层面上,商谈寻求的不是简单的相互攀谈,而是实践共识和共同意志。为了在冲突情境中能产生寻求共识的举动,现在——在一个更为根本的逻辑层面上——就需要某种朝向寻求共识的意志;或者借用阿佩尔更富知识论色彩的简单说法,现在需要的是论辩的意志(参见 1973,II 415)。

第二节　作为先定的绝对命令

按照"意志"这一范式,先验伦理学追问的是客观有效的——尽管是绝对客观有效的——意志规定性的前经验条件。如此这般被勾勒出来的理论蓝图实际上被人们简单化了。但是"在原则上"我们知道,康德对此问题作了三种方式的理解。即使康德的回答是有争议的,一个基础伦理学,尤其一个先验伦理学,也不能取消掉下文中三个问题中的任何一个。

　　对于"什么是意志中的客观有效"这一元伦理学问题,康德用"无条件的责任"这一概念,也即语义学意义上的绝对命令来回答。康德在规范伦理学的视野中寻求意志之先于经验而有效的确定性基础,而他最终在自律中发现了这一基础。对于另外一个规范伦理学问题,康德则用一个一再作为其伦理学之梗概的思想来回答,即:不论对于"无条件的责任"这一概念,还是对于自律原则,合作性的标准都存在于普遍化的程序之中。

　　1. 阿佩尔可能会把这个元伦理学问题贬低为一个简单的预备性问题,并以此来解释,他为什么在自己的伦理学中赋予这个问题以重要性。但是事实上,这一问题不仅有更重要的意义,而且对于商谈伦理学而言也是必需的。对于"交往"、"商谈"、"共识"等阿佩尔的基本概念,康德的理解都是规范性的,甚至是道德性的。但是这样一来,阿佩尔也面临着循环论证的危险。一个共识一方面会因为时间紧张或根本的观点差异而受到阻滞,另一方面会因为知识的、情感的或其他的不平等而失去价值。阿佩尔对此心知肚明,因此他只承认某个有限的共识为道德原则。

　　对道德予以保证的机遇本身就拥有一个只有在理想条件下才能发生的商谈。而这里的理想条件则已经与道德基本原理相对应。如果用道德语言来表述阿佩尔在语用学中提出的观点,就是:商谈的参与者不允许相互使用身体的、情感的、修辞的或其他形式的暴力;他们不允许撒谎、欺骗或以精致的方式掩饰——以积极的方式来说,他们必须平等地相互承认。这样一来循环论证的风险就在于:首先需要为基本原理找到一个判定标准,但是这些基本原理却以隐藏的方式融合在对这一判定标准的定义之中——也就是说,道德基本原理是包含在商谈的理想条件之中的。

针对这一循环论证的批评,阿佩尔通过区分不同奠基层次的方式予以辩护(1984,620f.)。按照这一辩护,理想的共识将会在第二个层次上得到实践,并在这里获得具体的道德原理。但是构成系统性起点的,则是对论辩性商谈的自我反思,而这一自我反思则分为两个方面:和语言交织在一起的论辩的不可逆性,以及对特定基本道德规范的潜移默化的承认。但是这一回答只不过是拖延了问题而已。要走出这一循环论证的危险,阿佩尔还面临着一个新的困难。那个在先验语用学中被搁置起来的语义学讨论,在这里变成了一个刻不容缓的元伦理学问题;只要这个语义学讨论还付之阙如,那么商谈的合法性价值就会被削弱。

与此同时,对于“先验语用学为什么可以毫不费力地从第一哲学过渡为作为第二哲学的伦理学”这一问题,答案也是显而易见的:因为如果一个人从一开始就不对元伦理学的问题予以回答,那么对论辩性商谈的自我反思就不会要求与伦理学建立什么关系了。如果人们只是注意到隐藏在每个商谈中的那些规范,那么他所获得的也只是一个商谈伦理学的洞见。只有当一个人能够成功地完成同一化时,他才能够获得伦理学的重要性。也就是说,他必须把一物同化为另一物,把理想的商谈同化为另一情形,甚至同化为关于道德的某个突出情形。但是,为了能够给这个同一性予以奠基,人们必须知道“道德”到底意味着什么。由于商谈伦理学不加证明地预设了关于“道德”的知识,因此事实上也就丧失了先验的奠基能力。

2. 在康德的第一个规范伦理学命题和阿佩尔之间存在着一

种分裂关系。阿佩尔尽管承认意志的自律性，但还是放弃了纯粹意志概念（1973，II 417）。如果人们在纯粹意志概念中思考的是一个脱离了人类需要和利益，脱离了同情、反感和社会冲突的实践，那么这个放弃就是可以理解的。但是事实上，这样一种脱离现实的思想是不可能发生的。康德对上述这些问题有通盘考虑，他提出的问题只是：人类应该怎样对这些因素做出应对？尤其是，每一种应对的最终确定性基础到底是什么？正是在这一问题上，存在着非此即彼的关系：如果一个人以策略性的，或者在规范性的意义上以实用的方式做出应对，那么他遵循的就是康德曾经在爱好和他律概念中做出总结的那些外在的确定性基础；一个人只有摆脱了这些确定性基础，在否定他律这一意义上遵循着某个纯粹意志的时候，他的行为才是自律的。尽管人们可以认为纯粹意志概念令人误解，从而像罗尔斯那样试图为它找到一个新的程序性定义，但是对这一概念的放弃是以放弃自律为代价的——显然，阿佩尔本人并不想付出这一代价。

与取消自律概念的做法相反，我给商谈伦理学提出的建议是：不要再针对着康德把自己理解为一个范式转换或者解放，而要把自己理解为一个语言语用学的新表述。不包含更多限制的共识对应着共同意志。一旦人们通过理想的责任对共识予以限制，并把这一限制看作道德性的限制，那么最初的那些单纯事实性共识——同时也是独立于策略性的、语用学的和其他外在基础的那些共识——就会变成理性共识，于是事实性的共同意识也就转换成了纯粹的（共同）意志。这一转换就表现在作为平等商谈参与者的个体之间的相互承认之中。

这一新的解读避免了把康德的自律概念归结为一个唯我论概念的做法。虽然阿佩尔曾经担心康德"只是在法权层面上才明确考虑人际关系的相互性"（1984,125），但事实上康德在自律和相互性之间看到的是一个更为复杂的关系。一方面，康德可能会认为阿佩尔的选言性问题是成问题的。在他看来，主体性（在阿佩尔那里是"独白式的"）和相互主体性（在阿佩尔那里是"对话式的"）并不具有"非此即彼"的关系，而具有"既是又是"的关系。事实上，康德在《法权论》中提出的是关于群体的自律概念，而在《德性论》中提出的是关于自然人的自律概念。另一方面，个体的自律包含着对所有道德义务和法权义务的承认，而《德性论》则在义务的合法相互性之外，同时引入了非义务性的，只是在道德上要求如此的相互性。对后一相互性的基本原理（如仁慈、感恩、参与感、相互尊重）中的一个或若干个，人们可以赋予不同的名称，但是这一主题性论域永远不会失去其现实性。

尽管康德"自律理论"的另一个因素，即合法性和道德性之区分，不止一次地遭到怀疑，但是阿佩尔试图克服康德所谓的唯我论的努力却突显了这一区分的紧迫性。人们完全可以从策略性的基础出发，或者为了社会适应的目的而对阿佩尔的主张（1984,126）心满意足，仅仅接受对话性道德的约束。但是，如果有人既想不为人瞩目，还想做一个受人敬重的同侪，那么他的行为恐怕就要合法，但是这与（道德）自律还相去甚远。就此而言，自律原则不应该成为"干巴巴的保证"，而是必须为商谈伦理学引入一个超越合法性的道德性。

3. 如果说商谈伦理学是要在一个远不止第二性的意义上与

康德伦理学划清界限的话，那么还可以在规范学的
(*Kriteriologischen*)意义上对绝对命令提出批评。在阿佩尔为了
对话性基本规范之故而提出的放弃独白式规范的主张之中，"康德
式怀疑"再次压倒一切。其中最重要的怀疑使我们注意到一个逻
辑优先性，即：阿佩尔的选项本身实际上符合康德的标准。为了使
理想商谈事实上成为一个道德原则，它必须在双重意义上具有毫
无例外、毫无限制的责任（参见本书七章第四节）。也就是说，在使
情景普遍化的意义上，商谈必须对任何情景而言都是有效的；在使
个人普遍化的意义上，它必须对每个个人都具有同等效力。相对
于这里的商谈，康德的绝对命令则是双重性的：不论是在元伦理学
的意义上，还是在规范伦理学的意义上，绝对命令都已经被预先规
定好了。

　　阿佩尔单方面与康德的对立（1984，124ff.）———也就是说，在
一个"单独的良知决定"中，光是康德的思想实验就可以得到实
施———其实并没有体现出矛盾。虽然与"光是"（schon allein）相对
的是每个人的可错性，而当其他人反复核对的时候，犯错的风险也
就相应地得以降低，但是要犯错的风险完全消失则是不可能的。
尤其要强调的是，反复核对并不会带来真正的交往和商谈因素，它
只不过在结构上重复着同一个考虑，即重复着每个人都能自在地
完成的那个内在商谈。

　　按照第二个观点，之所以反对"光是"，是因为担心它会导致分
离的风险。比如在"虚假承诺能否使自身普遍化"这一问题上，有
人可能会高估潜在的借方的视角，而另外的人会高估潜在的贷方
的视角。人们在米德和哈贝马斯的理论基础上找到的那个据称可

以借以克服上述风险的角色转换，其实在康德哲学中乃是不言自明的。甚至，对普遍化的康德式检验还有更多的作用，例如它可以回答米德没有回答的那个问题，即：假如人们知道每个人的视角，将会做出什么事情？按照康德的观点，人们会思忖可能的反应，把这些反应普遍化为基本原理或准则（例如，普遍化为诚实的承诺和虚假的承诺），最后给已然普遍化了的基本原理提出可普遍化的问题。每一个能够通过这一"艰难考验"的基本原理，本身（eo ipso）都能满足哈贝马斯提出的条件（1983,75），即"得到所有人的承认"。

第三节　自大之风险

一个哲学理论的性质不仅仅取决于其概念的精确性和观点的力度，事实上其理智品味也构成了一个评判标准。当阿佩尔在交往伦理学中远离了那些康德在其"实践理性的预设"中提出的前提时，他正是将其主张提升到了这一标准的高度之上。他说："例如这样的预设：存在着一个全知的上帝，他裁断着人类的内在意向，他创造了作为人类道德保障之舞台的世界，并因此作为世界历史之现实的掌舵者而为一切业已发生的事情，也为自己负有责任。与之相反的是，人类的互动和交往共同体本身则肩负着为人类一切所作所为的可能后果所承担的一致责任的关切，乃至义务"（阿佩尔等，1984,126）。

即便是那些富有同情心的康德解释者们，也会认为这里所引用的预设只不过是教条主义形而上学的残余。对于这些预设，最好的办法莫过于保持沉默，比如罗尔斯就在其康德"解释"中认为这些预设不值一提。对形而上学预设的放弃显得如此之迫不及待，以至于人们几乎要把它与宗教相提并论，而伦理学在世界观中立的工业社会中似乎没有任何地位。在阿佩尔声称其理论由于更为简单，因而更有品位之前，有必要提出这样的一个反问：康德赋予其预设理论的任务到底是什么？还有：这个任务被理想的交往共同体所承担，还是已经变得无的放矢？

　　凭借着预设理论，康德试图"通过对至善概念的确定来消除纯粹理性的辩证法"。这里根本不涉及阿佩尔所假定的"道德前提"；相反在对道德的神学奠基中，康德看到的是一个质料性的确定性基础，也就是他律（《实践理性批判》V 40f.）。

　　康德用实践理性预设回答的是一个完全不同的问题，是追问作为至善的终极意义的问题，他在灵魂不朽和上帝的此在中看到的是这一至善的必要前提。如果把至善理解为完满的善，也就是理解为把其他一切目的都统一在自身之内的无所不包的善，那么它涉及的就是现实的幸福和作为福报的道德（德性）之间的一致性——也就是说，只要一个人的生活善良而正直，那么他就应该享受同等的幸福。现实世界中存在着坏人得好报、正直之人（如约伯）得恶报的可能性①，也就是说存在着幸福并非永远与福报严格按比例"分配"的可能性，对此交往伦理学是不能否认的。

　　康德所提出的那个难题依旧存在。即便一个交往共同体的成员愿意为其行为的一切可能后果承担"一致的责任"，也不能阻止

---

　　① 《圣经·约伯记》中的约伯，对上帝怀有无限的忠诚，即便上帝在撒旦的挑唆下使其家破人亡、妻离子散，也不改对上帝的爱。尽管约伯最后终究与上帝和解，得到祝福，但是仍不改其在西方文化史中"善有恶报"的典型形象。——译注

他们的行为发生在一个没有一个成员能完全看透，并且能完全支配的自然和社会权力场之中。此外，这些行为的作用和副作用还会产生人们完全无法驾驭的自动力。更进一步地说，人们也不应该忽视人类生活的遭遇性特征，忽视被抛给某个外在命运的生存状况：那些病入膏肓或受到永久性伤害的人，那些失去了最好的朋友或者生活伴侣的人，正如生活在我们这个世纪中的那些失去了财产和故乡的百万富翁和亿万富翁们一样，他们也许可以凭借道德信念使自己不至于陷入对生活的怀疑之中，可是尽管如此，它们的优渥感还是受到了影响。当然，如果交往共同体的行为在事实上始终出自一致的责任，那么许多诸如此类的命运就可能会得以避免。然而，一个交往共同体并非无所不知到可以预见一切苦痛，也非无所不能到要么把苦痛逐出这个世界、要么按照道德的缺损程度来分配苦痛。一个交往共同体可以诉诸法律和社会制裁措施，它可以惩善扬恶并因此创造出特定的平衡，但是与人类的苦痛相应的并不仅仅是来自他人的惩罚，人类的优渥感只构成了因为好的行为而从社会得到的褒奖的一个部分。

简而言之，如果人们不愿意在夸大其辞中把全知全能归之于交往共同体，那么他们将难以相信幸福和福报之间的比例能得到保证。此外，我们也没有生活在一个理想共同体的条件之下；相反，在我们和与我们相类的他人之间经常缺乏一致的责任。正是在这里，存在着一个交往伦理学不能否认的挑战性特征，即：尽管我们被要求要有更多的一致性，但是往往更愿意追逐私利。因此在幸福和福报的比例上，根本不存在一个始终以道德方式行动的交往共同体所能达到的程度。更加使人怀疑的是，即便有至善的意志,交往共同体也不能实现康德在"纯粹(实践)理性的辩证法"这一关键词之下所陈述出来的那个使命。至于康德的答案,也即他的预设理论,是否成立,则是另一个问题。至少康德曾经注意到一个难题,而这却被阿佩尔和其他绝大多数道德哲学家忽视了。也许不要提出这个问题反倒是明智之举,因为对于一个可信的回答而言,还缺乏概念和论辩上的手段。但是也有可能的是,正因为道德哲学没有回答这些问题,所以他才应该以批判的方式寻求新的手段。

今天,语言和交往在科学中可谓欣欣向荣。这一现象的基础之一,便是我们借以"原则上"把民主制承认为政治性结构特征的那个自明性。从另外一方面来说,只有当一些人的生存受到威胁时,他们才会做出激烈的抵抗。这一点对于语言和交往也是适用的。因为,我们不能把语言的贫困之危险,甚至把失语状态看作没有害处的;简单化的图像媒体(电视、广告或对话气球文学)之泛滥、专业语言和夸夸其谈的专业语言的侵袭、过剩的诱惑、变本加厉的职责性的和功能性的命令:所有这些与工业"文明"相伴相生的现象无不威胁着语言能力,威胁着人们建立深入的个人关系或进行非实用性对话的意愿。

在这样一个处境中,我们与阿佩尔一道关注语言和交往之根本而全面的内涵,毫无疑问是有意义的。同时,反对一个个体主义的自由之理解,而赞成一个交往性的自由之理解,这也是正确之举,因为真正的自由是在自由而平等的他人承认中显现自己的。因为个体具有不同种类的需求和利益,因此假如没有对同侪的异己性的尊重的话,交往性的自由理解也不可能产生出来。具体的行为规范并不是某个独白式的、非历史性的假设过程的结果,更不是某个纯粹权力和纯粹决定的结果;相反,与它们相对应的是历史性的交往过程。比方说,法权秩序的一个重要任务便是,以制度的方式使商谈性意志的构建成为可能。然而,对于在先验语用学基础上建立一门哲学伦理学这一目标而言,对语言、交往和论辩的支持并不能构成一个充分的论据。

第十三章 哈贝马斯的交往行为理论

　　尽管社会批判理论继承了黑格尔，尤其是马克思的哲学遗产，但是它却通过此后的科学和社会发展对前者的哲学蓝图提出了多方面的质疑。这一社会批判理论能做什么？应该做什么呢？作为法兰克福"学派"长期以来最具影响力和创造力的代言人，哈贝马斯把批判理论与对现代性进行重新定义这一雄心勃勃的目标结合了起来。尽管他目睹了现代性的种种病象，但是却没有把自己列入那些誓言要告别现代性工程的极端的批评家之列。乍一看来，哈贝马斯的计划是自相矛盾的，即：哈贝马斯要在反对现代性中保卫现代性。

　　在哈贝马斯所铺陈开来的广泛的任务域中，有三个方面值得特别关注。第一个方面是，哈贝马斯要为一个现代社会理论寻求基本的理论概念和规范性尺度；这一任务是在《交往行为理论》（1981）一书中完成的。第二个方面是，他告别了之前的绝对性要求，放弃了旧式批判理论常常显得深奥而自明的措辞，并在"作为替身和解释者的哲学"（1983）一文中赋予自己一个谦虚得多的哲学和科学概念。由于和黑格尔、马克思一道被作为"大师级思想家"而推向历史前台，也由于弗洛伊德在科学上所做出的进展，康德此刻获得了更重要的意义。如果有人一定要用夸张的手法强调这一新趋势,可以说这是一个"康德式的转折"。一个最重要的论据是:在黑格尔传统中,老式的批判理论事实上(ad acta)已经对绝对命令、根本上对道德哲学做出了证明。第三个方面是,在哈贝马斯新近的批判理论中,上述保留都被克服了。如果说,作为道德哲学的"商谈伦理学"(1983)经历的是一个令人瞩目的重建的话,那么绝对命令的沟通原则则在其理论框架中扮演了一个特殊角色。

在一个更为温和的意义上,所谓的"康德式的转折"就意味着,时而批判、时而肯定的对待哲学遗产的态度不再只钟情于黑格尔和马克思,而是也将康德纳入其中。然而在一个更雄心勃勃的意义上,它则意味着,通过诉诸康德,可以扬弃黑格尔,尤其马克思的一些特定的典型思想要素,至少可以弱化它们的精确性。通过简化的方式,我们可以从三个要素上来谈论马克思主义:(1)按照主导性的批判概念,需要找出各种各样的矛盾,揭示出历史中的虚假成分和社会关系中的不合理现象。马克思的批判概念是否定性的,与之相反的是,康德的批判概念则是肯定性的,甚至是司法性的(参见本书第二章);(2)取代了作为所谓的关于"单纯应然"理论的伦理学的,是一个社会理论;(3)经济在这一社会理论中具有优先性,伴随着法权和国家问题的下降,社会批判首先是一个政治经济学批判。

为了更准确地看清这一理论的轮廓,我们接下来将联系着康德,以上述三个要素为背景,对哈贝马斯的最新批判理论予以审视。

第一节　对《交往行为理论》这一巨著的讨论

a) 一个"普世理论"

哈贝马斯早在十年之前就已经提出了交往理论的构想。当他通过不同的准备工作已经把知识界的注意力吸引到自己身上,并且在哲学家、社会学家和语言理论家已经就此展开深入讨论之后,我们就可以在康德的《纯粹理性批判》发表 200 周年之后(即 1981 年)来探讨这一精心酝酿的理论了。凭借着将近 1200 页的篇幅,这一巨著已经以外在的方式展示为一部鸿篇巨帙。哈贝马斯将该书分为两大卷。第一卷的副标题是"行为理性与社会的理性化";而第二卷的副标题"功能主义理性批判"虽使人想起康德的《纯粹理性批判》,但事实上这一标题更接近于霍克海默的"工具理性批判"。

在该书之前的工作中,哈贝马斯已经讨论过一些纯学术化的问题,如:真理理论、道德的奠基和交往能力。这使人们认为,哈贝马斯已经放弃了社会批判的冲动,至少把这一冲动推到了幕后。然而《交往行为理论》一书证明这一想法是个误解。作者继承了社会批判理论的传统,尽管其做法和社会批判理论的正统代表有所不同。哈贝马斯从来就有独立的思维,不能把他局限在某个特定的学派观点上。在持续的批判和自我批判中,他拆除了新马克思主义社会批判理论中的边界,尝试着对这一理论做出深入构建,并考虑到了社会科学中的新观念以及变化了的社会关系。《交往行为理论》最重要的创新在于：相对于马克思对经济和劳动的过高评价，相对于老派批判理论委身于从康德到黑格尔的意识哲学之窠臼中的局限性，哈贝马斯提出了"交往行为"和"交往理性"作为其基本概念。

　　正如之前的马克思和法兰克福学派一样，哈贝马斯同样是在一个双重意义中理解批判理论的。一方面，它要对社会科学保持批判性；另一方面，它也要对社会科学的对象即社会现实保持批判性。毋庸置疑，在一部新的著作中，对最新社会科学的批判性改造一定具有更大的比重。如果说对社会科学的批判在其他章节中处处可见的话，那么对社会现实的明确批判事实上只保留在第三部分，也就是最后一个部分的"最后的考察"之中，而哈贝马斯在这里想要做的，就是借助最新的基本概念来理解当时的生活世界中的特殊程序。

　　类似于他在之前的著作《知识与兴趣》(1968)的做法，哈贝马斯在对理论史的批判性接受中提出了自己的理论。他的出发点不再是马克思，而是韦伯及其理性化理论。原因在于："在众多社会学经典作家当中，韦伯是唯一一位凭借着历史哲学的思想前提和进化论的基本假设取得了理论突破，同时又试图对普遍历史性的理性化过程的现代化进程予以解释的人。"（I 207）他还认为："关于理性化的理论不属于那个作为科学的社会学必须摒弃的思辨传统。"（I 209）不过，哈贝马斯在韦伯这里看到的是一个独特的歧义性。一方面，哈贝马斯认为韦伯成功地把握了社会理性化过程的复杂性；另一方面，他又认为自己的行为理论本质上受到了一个有限的目的理性观念的规定。相应地，哈贝马斯也呼唤着一个从目的理性到交往理性的范式转换。

为了反对把社会实践及其理论局限在目的理性上，从卢卡奇到霍克海默再到阿多诺的老派批判理论就已经做了激烈的抗争。哈贝马斯接续了他们的批判传统。但是自从"知识与兴趣"(1965)这一就职演讲以来，他却认为老派批判理论的规范性基础是有问题的。在与阿佩尔的亲密接触中，哈贝马斯寻求在语言领域中对批判理论予以重新奠基。

在关于理论史的第二章中，哈贝马斯重拾老派批判理论的批评，以便通过对"工具理性批判"的重复而为一个"功能主义理性批判"的形式创造出必要的自由空间。在霍克海默和阿多诺那里，使批判理论得以进展的那个扩展了的理性概念已经被提了出来，但是由于他们"简单地用否定辩证法"把所缺乏的概念工具给圈了起来，因此这一理性概念在他们那里并没有真正展开。而主要的缺陷则在于那个意识哲学的根本思想，这一思想曾经规定了从笛卡尔到康德再到黑格尔的思想方式，同样能够从哲学上克服韦伯的目的理性思想。交往行为这一崭新的基本概念不仅仅针对着韦伯的目的理性概念，它也针对着老法兰克福学派所提出的对这一概念的批评。哈贝马斯并没有放弃老法兰克福学派关于和解和自由的观念，但是他相信，只有借助交往理性这一新的概念，才能使这些观念得以展开。

对于这一具有双重必要性的范式转换，哈贝马斯是在第三个阶段，也即理论史阶段中完成的。伴随着这一范式转换，哈贝马斯离开了德国传统，转向了两位重要的社会学家，即米德和涂尔干。他说："在这两位社会学家所提出的基本概念中，韦伯的理性化理论都被吸纳了,并摆脱了与意识哲学的争论:米德采用的是社会学中的交往理论基础,而涂尔干采用的就其根本而言是一个与社会——系统融合相关联的、关于社会团结的理论。"(II 9f.)

另一方面哈贝马斯也很清楚,社会理论不能被缩减为交往理论。为了避免由此产生的局限性,他把社会同时构想为一个系统。把系统概念带入社会理论,同时又没有对涂尔干之前的工作造成伤害的社会学经典作家是帕森斯。哈贝马斯在关于理论史的第四章中与帕森斯展开了交锋,不同于单纯的交往理论基础中的"解释学观念论",他引入到社会理论中的是一个系统概念。

虽然哈贝马斯的这部著作充满了对理论史的广泛讨论,但是引导着它的不是历史性的意向,而是系统性的意向。与《知识与兴趣》相比,系统性的讨论在《交往行为理论》一书中占有更大的比重——尽管这一比重还不够。尤其是"最后的考察"在理论史上还有不少缺漏之处。从"帕森斯到韦伯再到马克思"的回溯之路,应该能给"如何解决当今社会现代化进程中突出的难题打开眼界"(II 448)。然而,只有那些看到新事物和学会看待新事物的人才能打开眼界。哈贝马斯对眼界的描述,并不是真得要把眼光投向社会,并学着重新看待社会。他在这里表述的是"批判性社会理论的任务",而激发了这一理论的不仅仅是"西方马克思主义的幽灵",还有韦伯的理性化理论,以及涂尔干和米德的交往理性概念。因此关于什么和谁激发了看待和评价社会的新方式这一问题,只有在开始的行文中才能得到回答。

哈贝马斯在该书的"前言"中曾经提到,批判性社会理论的基础是交往行为概念,这一理论为处理"三个相互限制的主题集合体打开了大门"（I 8）。第一个主题集合是"一个与对理性的认知性、工具性简化相对立的交往理性概念"。第二个主题集合是"关于社会的一个双层观念，这一观念把生活世界和系统这两个范式以一种不仅仅是修辞学的方式结合了起来"。这两个集合将在两卷本著作的进展中得到详细讨论。而在"结论部分"中讨论的则是第三个主题集合，它"作为一个现代性理论"，将对"今天愈加明显地出现的社会病理学类型"予以澄清：

　　哈贝马斯看到，资本主义现代化的结果是产生了两个社会病症：日常实践的固化和物化，以及文化的贫化和硬化。这两个倾向对应着韦伯所概括的自由受损和意义受损。韦伯把它们看作西方世界理性化进程的不可避免的后果；而哈贝马斯则相反，他由社会子系统（尤其是经济和国家机构）从交往性生活世界的脱钩过程、由家庭和学校创造不出来的那些领域中的系统性命令的侵袭出发，来解释这些病症。哈贝马斯期待着，在那些脱钩过程能够被逆转、相应的制度能再次从系统性命令中解放出来的地方，上述两个社会病症能被广泛地扭转过来，重获更大程度的自由和意义。

　　我们对哈贝马斯关注的主题、对其著作《交往行为理论》的核心关切和结构所做的提纲挈领式的总体介绍就到此为止。尽管这里列举的大量历史性、系统性文献可能会使有些读者望而生畏，但是该书还是以一个清晰的思想为基础的，而其系统性的、理论史的展开也会逐渐变得越来越清楚明白。

　　哈贝马斯的这本书"是为那些对社会理论的基础怀有专业兴趣的人写的"（I 10）。然而对于这些专业人士而言，他们生活在一个越来越专门化的世界当中。这一趋势在这里恰好处于一个争议性的矛盾之中。专业的社会学家会倾向于把哈贝马斯当作一名哲学家，而专业的哲学家则会把他归入社会科学家阵营，结果不论对于哪一方面的专家而言，他都成了门外汉。而事实上，他是一位跨界者；往更好了说，他是一位把哲学和社会科学带向共同工作的沟通者。哲学重新获得了实践上的重要性，社会科学也被期待具有哲学的反思能力。除此之外，正是通过该书的方法，通过在系统性目的中对理论史的重建，哈贝马斯不仅使系统性思维免受历史的侵害，同时也反过来使历史性的思考不至于被拉回到档案馆中去。最后，哈贝马斯阻止了历史学家和系统研究专家们局限在各自有限的格局之中，因为在这里，有待处理的大量足以令人窒息的文献来自不同思维传统和对象领域，这就要求每个单方面的专家能够跳出他狭隘的专业领域窠臼来看问题，并使自己对统御性的整体关联做到胸有成竹。

哈贝马斯关于帕森斯的评论，同样以一种不同的方式适用于他自己——也就是说，他同样具有"一个要包罗万象的理论家所具有的那种普世理论风格"（II 298）。人们当然要对这样一个思维风格提出疑问：人到底能不能做到这一点？即便是能做到，那么人应该这样做吗？哈贝马斯不仅以杰出的方式证明了"人能够做到"，也指出了"人可以做到"。为了重新奠基批判性社会理论，是否有必要做出这一行为，这还是个悬而未决的问题。

这一著作的结构所表现出来的百科全书式的兴趣，使人联想到黑格尔和韦伯。从字面上来说，"百科全书"意味着教养的范围，这是一个年轻的希腊人——更一般地说，一个文明人——应该接受的东西。百科全书包含着一个教化因素，在哈贝马斯这里更包含着一个自我教化的因素。哈贝马斯按照自己的来历对理论史的系统性接受,有助于自己"在当代找到把康德到马克思展开的哲学意愿在科学上卓有成效地结合起来的平台"(I 8)。另一方面,这一百科全书式的结构也给分析性的思想工作留下了过小的空间,以至于后者并没有在一个大幅画卷上展开,而是表现在一个精心构造的微缩画面之中。否则的话,哈贝马斯本可以更详细地探讨主要观点的分支部分,并与明显的误解和批评一决雌雄——事实上,这些误解和批评在"前期工作"的讨论中已经得到部分表述了。因此之故,社会科学家们认为哈贝马斯的《交往行为理论》是"典型的哲学著作";而英美哲学家们则会认为,它是"典型的德国著作"。对哈贝马斯的宏图在事实上保持怀疑的人,尽管会为他的理智包容力而感到吃惊,但是却不会完全折服:有的怀疑者不会信服他在理论史上所做的一个又一个对峙,有的不会赞成绝对性基本框架,而有的则不会同意哈贝马斯草草绘就的社会批判理论。

b) 理论史的对峙

在宽阔的理论史画卷中,我只想强调一个很小的,然而不证自明的部分。哈贝马斯批评老派批判理论说,它依附于从笛卡尔到康德再到黑格尔的意识哲学,也因此依附于一个"表象着客体并在客体中完成着自身的主体"的范式(I 523)。在他看来,卢卡奇、霍克海默和阿多诺对物化着自然和社会关系的"工具理性"所做的批判,只能表明什么东西遭到了破坏这一事实。只有借助交往行为这一新的范式,才能准确地指出这一破坏的所在,这就是:那些安放在沟通之中的关系,现在从这些沟通中脱钩了,它们的"本质"也因此被破坏了。从这一角度说,哈贝马斯还没有接纳我在前面介绍过的所谓康德式的转折,相反他采取的是与康德相对峙的态度。但是哈贝马斯还是在意识哲学和行为概念之间画上了一条连接线,并且认为意识哲学中的行为可以被理解为业已完成的工作。不过现在的问题是,所谓的"意识哲学"在笛卡尔、康德、黑格尔和马克思那里的差异如此之大,以至于我可能给"实践理性"这一概念根本找不到一个统一的、共同的范式。延续着"康德式的转折"这一解释路线,我在这里只挑出康德一个人来讨论。我们已经看到,把康德从根本上归入备受指责的"意识"范式,这根本是不可思议的(参见本书十二章第一节)。

不过此刻,社会哲学中与意识哲学有关的只是这样一个问题,即:后者是否能够代表饱受责难的理性概念?可是,我们很难找到一个作为"在客体中自我完成的行为"的理性。即便是对康德理性概念的第一个层次(即技术理性或以结果为导向的理性),也应该做更为形式化的理解。在理性的第二个层次(即实践的或以幸福为导向的理性)和第三个层次(即道德性的理性)中,我们可以更清楚地看到,把行为看作自我完成,这真是无稽之谈。

这样一来,我们也许可以把哈贝马斯对哲学史的简化看作一个没有触及系统性根本旨趣的历史性片段。事实上,这一质疑可以延伸到《交往行为理论》中,使我们注意到一个根本的模棱两可之处。一方面,哈贝马斯要让从康德到马克思的哲学意向结出丰硕的果实,此外还要把哲学和社会科学带入对话之中。另一方面,当他在理论史中寻求正面刺激的时候,却总是对老派的批判理论视而不见,把自己局限在社会学的经典作家之中。在这些经典作家中,哈贝马斯尽管可以重建从目的理性到交往行为的范式转换,也可以在一个"普世性的社会理论"中把生活世界和系统以可行的方式结合起来,但是在他对老派批判理论的质疑中,恰恰存在着最重要的理论因素。也就是说,在哈贝马斯的理论中,自由的理念和"无限的因素"(II 586)虽然以必要的方式被提了出来,但是由于他缺乏相应的概念工具,因此并没有被真正展开,更不用说被奠基了。在这里,我们不仅要建议哈贝马斯返回到之后的马克思去,更要强化对康德的征引。

除了实践理性的三个层次之外,康德还在实践理性的第三个层次中区分了有益于交往行为理论的两种道德,即个体性道德和法权性道德(也就是政治——社会性道德)。"个体性道德"这一概念包含着一个警告,即:不要针对着个人实践,对社会实践做出过高评价。事实上,哈贝马斯始终没有离开与马克思相应的理论倾向,他的理论史讨论的是社会学,而非补充性的(规范)心理学。而对康德的创造性发展可以把这两者都纳入论题之中,同时尝试对存在于个人性和交往之间的特定张力予以"辩证地保留"。康德的法权性道德概念也再次要求人们考虑,对"社会"负有责任的主体究竟是否存在。哈贝马斯不满足于仅仅诊断出社会的病症,他还要给出自己的治疗建议。然而,谁来承担把制度从与之相悖的系统性命令中解放出来的重任呢? 为社会病症和系统性命令的侵袭负有共同责任的,是不是绝对就是立法者呢?

一段时间以来,西方工业国家经历了某种变迁。这一变迁被稍嫌仓促地称为"国家的祛魅"(维尔克);一个更谨慎的标签是"新国家性";而一个更加公开同时更加保守的标签则是"变化了的国家性"(参见舒贝尔特)。人们更乐意谈论的不是国家,而是政治系统,政治系统被贬低成了与其他子系统相并列的一个子系统;"国家"虽然承载着大量新的使命,但是却很少诉诸传统的、主权性的手段;国家的使命和期待在上升,而它的控制力则在下降;由于跨国组织、全球市场联系和地区间联系的强化,国家的主权得以削弱了——对社会进程中那些极有可能很强烈的、类主体的因素中的"社会利益",所有这些变化都还不足以构成反驳。我用"类主体"一词指的是人们可以以一种变化了的形式同时归结为责任性的那些主权机构和代理机构。对于立法者的利益、执行者和司法制度而言,在不会因此强化"国家"甚至将国家神秘化,也不会因此排除其他的可能性,尤其不会因此在媒体和科学的通达性上陷入纷争的前提下,始终存在着值得讨论的选项。

在哈贝马斯的《交往行为理论》中,还有一个有利于更强的"康德式转向"命题的论据,即:交往行为的目的是沟通,而实际的沟通取决于参加者的理智和情感等外围条件,此外还取决于他们的社会和文化背景。在此过程中,有的人会受益较多,而有的人会遭受损失,因此,最终达成的沟通和共识并不能满足所有人的利益。由于在这样一个沟通中不可能存在终极目标,因此哈贝马斯又补充了非强制性这一特征——也就是说,沟通取决于相互信赖和"有效的认同"(I 525)。这样一来,"非强制性的沟通"和"有效的认同"等概念所承担的规范性奠基任务,就不可能通过回顾到社会学经典作家而得以重建;相反,它只能回顾到哲学上去。毫无疑问,哈贝马斯的《交往行为理论》将因为《商谈伦理学》得以完善,而这则与康德有关。

c）一个内在的殖民化？

哈贝马斯把现代性看作一个自我伤害的工程，这有一定的合理性。此前也有很多人把现代性看作一个危险的进程，但哈贝马斯的理论新意在于他的诊断。哈贝马斯用交往性生活世界中系统性命令的侵袭——例如家庭和学校的法权化——来解释这些病症，把这一进程称为内在的殖民化。由于最近几十年的立法进程，官僚主义和法庭，即行政法庭，事实上携带着形形色色的系统性命令侵入到了交往性生活世界之中，由此以来它们不仅时时共同统治着家庭和学校、科学教学与研究，也统治着技术以及经济和劳动力世界。尽管哈贝马斯在这方面收获颇丰，但就他的诊断而言，还难以令人信服。

我们的质疑始于两个基本概念：在"系统"和"交往性生活世界"这两个选言概念中，形形色色的社会世界被过分简化了。从一个方面来说，在对交往性日常世界的解释中，那些本身存在于家庭、学校和大学等成功形式中的客观强制力被以粉饰的方式给遮蔽了。从另外一个方面，即系统的方面来说，尽管那些影响卓著的社会科学理论从政治、经济和管理等不同角度谈论着无主体的关系网络和进程，但哈贝马斯本人的兴趣则在于寻求一些选择性的解释。为了在交往理性中重新或再次获得一个尽可能高的标准，我们值得对社会中已经或行将存在的主体性、交互主体性责任中的那些因素予以深究，对它们进行全面体察，找到合适的概念性，最后还要考虑持续发展的手段和形式。我们在上文中曾提到"国家主体"的类主体性责任，它就从属于这一关系整体。

例如,相对哈贝马斯而言,比较性因素就属于一个新概念。按照这一概念,"系统"和"交往性生活世界"指的不再是社会的两个部分,相反它们构成了两个理想化的端点,而这两个端点之间的相摩相荡则定义着社会形式的广阔区间,而"主体性"和"交往"这两个因素也凭借不断增加或减少的分量出现在这一区间之中。利用比较性概念,可以更好地解释为什么系统性命令从根本上可以侵入到家庭和学校之中。按照这一回答,零零星星的比较性概念其实早就有之,只是在用于讨论时则存在着方式和多少的区别。比较性概念这一模式也使我们有可能辨认出政治、经济和法权中的系统性特征。尽管如此,我们也可以为具有合法结构的公共空间保留那个在系统性思考中失去其当下性的东西,即政治意志,以及社会责任或集体责任。

紧随对哈贝马斯概念模式的质疑而出现在系统性上较为宽松的一个次序中的,是对内在殖民化这一命题的质疑。如果这一图式是正确的话,那么系统性命令必然会侵入交往性生活世界,正如外来的殖民者闯入部落社会一样;除此之外,系统性命令的自我扩张必然以牺牲生活世界为代价。在家庭和学校的法权化这一境遇中,我们真是自作自受。奴役着我们的不是外来的殖民者,而就是我们这些以国会为中介的部落。另外,在家庭和学校中长期以来就存在着特定的法则,也就是系统性命令;如果有人设想存在着一个摆脱了系统性命令的交往世界,那么他将陷入一个(指向过去的)乌托邦之中。最后,相应的法律在过去一些年中得到了广泛的——有时候也许是过于广泛的——构建,哈贝马斯也知道,关于福利国家、民主和平等的理论对此事实有很好的论证。但是,如果弱势群体将受到支持——或者以一种演说家的口吻来说：所有公民符合人类尊严的生活条件都将得到保证，那么尽管存在着"不断增长的社会心理学成本和社会成本"（Ⅰ9），人们仍然可以谈论一个殖民化过程。但这也意味着，我们不能谈论利用其他人这件事。

我们之所以对今天取得的成就不满意，在我看来至少有三个原因。首先，我们的不满意源于一个过高的期望，尽管是一个结构性意义上的过高期望。比方说，人们相信福利国家会直接支持个体和群体的福祉，但事实上福利国家只是在改善前提条件和外围条件而已。再比如说，人们可能会高估国家的控制力。第二个原因是，人们并非总能采取优化措施；人们设想为好的东西，例如一个可付诸行为的要求，可能会被新的手段证明已经偏离了确定的根本性（完美性），而变成了威权国家的家长式统治的延续。最后一个原因是，福利国家尽管有最好的措施，但仍然是一个模棱两可的"工具"——它想帮助所有人实现自由，但是如果没有对自由的伤害，自由也不可能产生。

这样一来，使交往性生活世界殖民化了的系统性命令，其实与前两个原因没有什么关系。哈贝马斯的诊断只是部分性地解释了社会病理而已。而为了对第三个方面，即福利国家的矛盾性方面予以深入解读，哈贝马斯的诊断可能完全是有益的。与其把侵入性的系统性命令解释成殖民化，还不如优先考虑一个关于收益与成本权衡的中性概念。这一概念提醒我们，福利国家所服务的不是自身，而是所有人；它允许把合适的（"成本更佳的"）系统性命令强调为积极的，把无效的命令或过分的命令强调为消极的。这里不言自明的是，不论是收益还是成本，都不仅仅是财务上的数量——事实上它们首先不是一个财务上的数量。在关于收益与成本的思考方式上，马克思那里起主导作用的否定批判的范式将会被相对化，而康德的司法性批判范式将在一个非先验的层面上得以恢复。

对同时代社会弊病的进一步诊断，将把其他一些因素纳入考虑范围之内，比如近代以来对主体性和自我发展的主张。通过这些因素，诸如家庭一样的交往性生活世界可以达到其功能边界，也许甚至可以超越这些边界。最后，上述的部分弊病来自一个根本的异化；在现代性中，这一异化在作为亲密场合的家庭和作为功能必要性场合的职业与劳动生活之间、在竞争和职业生涯之间起着支配作用。家庭承受着"双重道德"的要求："内在道德"联系着交往，而"外在道德"则受到经济、技术以及策略性责任的规定。由于家庭要得到养育，也因为孩子们不仅仅要取得对自我和对世界的信任，不仅仅要在自我负责的自由中和非强制的交往中自由成长，而是除此之外还必须今天努力学习，以便明天能给自己挣来"面包"，因此家庭的教导方法不能被限制在交往性内在道德的基本原理之中。这一教导方法必须对功能性的、以竞争为导向的外在道德敞开大门。要在实践中把这两种相互竞争的道德协调起来，当然包含了巨大的困难。这样说来，存在于爱的内在法则和职业谋生的外在法则之间的张力，其实早在新近的法权化趋势之前就已经产生了。其结果是，这些趋势使此处的难题更加尖锐，但是却难以构成通过其改变而对上述弊病予以完全克服的那个因素。

与家庭的"双重道德"相关的，还有一个更为基本的质疑。在其早期的论文"劳动与互动"中，哈贝马斯还把劳动当作社会的一个基本范畴。有意义的是,《交往行为理论》不仅仅是为了反对马克思对劳动的过高评价。在这本书中,作为基本概念的劳动范畴被完全抛弃了。但不论如何,劳动在"交往"这一概括性的概念之中,始终是一个个体性的权利。

必须承认,在社会哲学中重新给予劳动以更大的分量,这一尝试似乎比一个在社会理论史中不断被重复的研究计划要容易得多。因为西方国家基本上已经从不断增长的福利中学到了"教训",所以它们已经越来越多地从"劳动力社会"转变成了消费和休闲社会。尽管如此,劳动还是保留了其本质功能。虽然在农业中真正为了维持生计的人口比例越来越小,虽然不仅仅周工作时间变得越来越短,而且职业前后的生命时间由于更漫长的教育过程和更高的生活期待而变得越来越长,但是人们不能因此期待一个社会竟然能够整体性地(*en gros*)取消劳动。这一点更适用于第二世界和第三世界的国家。另外,如果人们能从若干不同角度的简单化中解放出来,那么他就会在劳动中发现一个令人惊异的活泼的名声。劳动不仅仅存在于某个膨胀性的用词法中,存在于关系劳动、共识劳动、缅怀和安慰劳动,甚至最近的睡眠劳动中,而且经济、政治和科学中声名显赫的角色都是与高质高产的劳动联系在一起的。甚至,为了完成一部巨著(Opus magnum),人们也需要一个未被破坏的传统劳动德性。

我们要给予劳动特殊的关注,不仅是因为它永恒的重要性,也源于一个范畴性的原因。劳动属于"沟通性现象",后者能够基于"策略性的行为或者交往性的行为"这一选择被毫不费力地适用于其中任何一方——哲学提供的是一个能够把理性和实践的不同方面带入一个"人性的同一性"、个人的整体以及促进着人格的同一性之中的机会。哈贝马斯当然知道,在黑格尔的哲学中,劳动至少是在一个三重化的"构造"中发生的,即:人构造了(a)自然、(b)他自身和(c)他与其他人的关系。不论是在本来的,还是在延伸的意义上,下面这一点始终都具有现实意义:劳动是一个在克服阻力中得到实施因而使人疲劳的活动;它是一个人们在其中通过辛劳而改变他物并在这一改变中以特定的方式——当然并非总是以所有权的方式——对他物(例如一个已经发生过的东西)据为己有的活动;从另一个方面来说,人们也通过辛劳而改变着自己。这一具有复杂结构的过程,往往直接或间接地发生在与同侪的合作和冲突之中。

劳动并不仅仅是用来保障生计或福利的工具性行为。作为自我评价的手段,它服务于自我意识;作为对陌生人进行评价的手段,它在社会职业和社会认同中具有决定性作用。由于劳动以多种多样的形式发生在既合作又冲突的交互行为中,因此它也创造了自我发展的机会。有时候它甚至在艺术等领域中提供了自我表演的可能性。

在这些说明的基础上,我们的确不应该只是谈论新教劳动伦理的复兴。事实上今天绝大多数国家赖以存在的选项早已公开出来了,即:要么是新教劳动伦理,要么是享乐主义的消费和休闲社会。凭借其演变为休闲与感官体验形式的潜力,劳动可以展现出一种能够抵制物化和文化硬化、抵制社会弊病的反作用力。当然,劳动不再只是由许多力量组成的空间之中唯一的反作用力,事实上它还联系着那个被我们模糊地称为"劳动世界的人性化"的一系列改进方式。我们用以维持生计的劳动比例已经变得更小，这将使上述任务更容易实现。简言之，如果社会哲学能在理论史中展开自身的话，那么我认为在这一哲学的其他领域中更明确地转向康德乃是有帮助的。从劳动这一范畴来说，我主张对黑格尔和马克思的思想做出合乎时宜的新表述。

　　我对《交往行为理论》的批评到此为止。这些批评清楚地表明，哈贝马斯对社会弊病的诊断从特定角度看是中肯的，但总体而言还不够完善。就交往行为理论而言，社会理论中的全球化蓝图还存在着根本的可疑之处。尽管如此，使一部科学的哲学著作赢得其重要性的首先不是其解决方案的说服力，而是其问题意识和研究视角。今天人们对晚近以来的理论史有了不同的解读，社会科学家或哲学家开始对狭隘的学科界限表达出不满，这一切都要归功于哈贝马斯这样的思想家们。对于处在哲学和社会科学之交叉地带中的社会理论而言，《交往行为理论》毫无疑问是一部重要著作。

第二节　替身还是法官：一个插问

　　在转型了的批判理论的第二个方面，即"新的谦虚"中，哈贝马斯赞成哲学和人文科学之间的分工合作，但是对于今天更有影响的自然科学则始终没有提及。当今天的科技企业还在以各种各样的方式鼓励着相互分化的时候，在学科之间进行合作的建议早已赢得了人们的全面赞同。由此看来，关键还在于具体的合作方案。哈贝马斯在"作为替身和解释者的哲学"（1983，第1章）这一标题中说出了这一方案,他以此反对把哲学当作侍者和法官的宏大要求。

不论是讨论转型了的批判理论,还是以更肯定或更批判的方式满怀期待地跟踪这一理论的研究计划,都如此令人愉悦,以至于人们难以相信,一个完全放弃了宏大抱负的人还有进行社会批判的能力。相比而言,"更谦虚的谦虚"则是可信的。人们摆脱了黑格尔和马克思的绝对主张,放弃了老派法兰克福学派偶尔表现出来的绝对性、先知式的风格,最后小心翼翼地接近了他的任务——但是他却难以完全拒绝作为侍者和法官的职责。

哈贝马斯的谦虚计划最早是在 1981 年斯图加特黑格尔学术会议上提出来的。由于适逢康德《纯粹理性批判》发表二百周年,此次会议的主题是康德与黑格尔的关系。这两位思想家之后的大部分哲学都是在其身影中或肩膀上建立起来的,但他们代表的是两个不同的奠基形式。哈贝马斯在其短论中讨论的就是康德的先验思想和黑格尔的辩证思想。

对于会议提出的"康德,还是黑格尔"这一问题,哈贝马斯做了"既不,也不"的回答。哈贝马斯认为,康德在对范畴的先验演绎中所提出的奠基要求,赋予哲学的是一个科学中的侍者角色。康德的这一要求和黑格尔的思辨辩证法所提出的要求都是具有说服力的。因此,康德和黑格尔之后的哲学史越来越满足于一个谦虚的功能,以至于人们最终想要完全消除掉他们的理性要求。取而代之的是维特根斯坦那里的治疗性哲学,巴塔耶[①]或海德格尔的史

---

① 巴塔耶(G. Bataille,1897—1962),法国思想家,爱欲、统治和僭越是他写作的三个中心。——译注

诗般的哲学，最后是在以解释学方式突围出来的新亚里士多德主义所具有的重要解释功能中表现出来的救世主形式。

哈贝马斯把哲学的最新发展描述为一个短暂的历史，其完美性乍看上去令人艳羡。但是如果人们详加审视，则发现他描述的是一个简化了的历史。按照黑格尔，我们不能把哲学理解为一个愈来愈保守的线性发展过程。通过胡塞尔的现象学、海德格尔的此在分析、科学理论、语言分析哲学，以及由霍克海默和阿多诺所开创的，哈贝马斯亦置身其中的传统，等等，哲学已经在这一时期赢得了新的分量。尽管存在着上述质疑，我们仍可以大致确定这一理论的精华所在：

如果说，哈贝马斯最初曾经追随罗蒂的话，那么他在这里则避之不及。哈贝马斯认为，尽管哲学没有完成康德和黑格尔赋予它的使命，但是并不排除这种使命。不同于罗蒂放弃"理性的保护者"这一使命的做法，哈贝马斯从根本上反对今天所谓告别哲学的姿态，他认为哲学还有两个重要的剩余功能：即便哲学不再能够为科学和文化提供终极奠基，它仍然在事实上满足于解释者和替身的角色，而后者"为具有普遍化要求的经验理论"提供了理论准备。

一个替身所做的是异己的工作，他的存在权利只是短暂性的；一旦主人和原身出现，他就完成了自己的职责。按照哈贝马斯的观点，哲学为那些披荆斩棘的理论家，也就是科学家们铺平了道路，而后者则可以"把某个准确的哲学思想像炸药成分一样引入到特殊的研究境遇之中去"（1983，22）。为此他列举了弗洛伊德的精神分析，韦伯的关于近代理性化的理论，以及皮亚杰关于认知能力发展的理论。

　　通过与替身相对比,哲学的功能不仅被给予了不完备的规定,而且也被低估了。首先,来自宗教、艺术和政治的思想也能给天才的科学家们打开崭新的研究视角,因此而言,在一个单薄的临时角色中,哲学只能得到泛泛而谈的定义。其次,哈贝马斯本人认为,哲学在为知识、行为和言语澄清基础,这一特殊的使命显然比替身这一职业更有野心。但这一使命不能自我陶醉,相反,它要求人文学科要自我超越,与自然科学和非科学性的文化领域展开合作——哈贝马斯并没有意识到这一点。通过多重合作,哲学就会成为一个平等的伙伴。

　　这一伙伴性合作的假设,不仅切合哲学及其对手——科学性的文化或外在于科学的文化——的特性,而且将允诺给它们一个更富有成效的共同工作。进一步说,它能使哈贝马斯的批判性社会理论这一主导意向更为合理。最后,这一假设也呼应着哈贝马斯在《道德意识与交往行为》这一文集中最有概括性的两篇论文,而其中第一篇表达的正是新的谦虚。

　　哈贝马斯把自己理解为一个把交往理性这一哲学思想带入讨论境遇的"开道夫理论家",而这一境遇则受到了科尔伯格①的道德发展心理学理论的塑造。凭借着与理性观念的联系,哈贝马斯自我宣称为一位法官;他驳回了伦理学中的怀疑主义,并为此奠定了一个最高的道德原则基础。在与科尔伯格的对话中,哈贝马斯再次证明自己是一个独立的对话伙伴,因为通过商谈伦理学的解

----

　　①　科尔伯格(Lawrence Kohlberg,1927—1987),美国心理学家,其关于道德发展的研究受到皮亚杰的影响。——译注

释,他不仅使科尔伯格发展范式的理论核心变得更加清晰,而且也在充分理据的基础上提出了对此范式加以修正的若干建议。

在哲学与伟大理论家的关系中,还存在着一个更有争议的评价。如果像哈贝马斯所假设的那样,伟大理论家们的开道先锋是哲学家们,那么哲学家们才配享有哈贝马斯原本为理论家们预留的"开道夫"这一美名。在这里我们总共可以发现一个三重化的关系:伟大的哲学"独辟蹊径",伟大的理论家们把这一"蹊径"扩展为经验科学观念,而普通的科学家们则在此观念上修建可行的道路。但是,不论人们偏爱哪一个描述,它们都不过是以形象的方式刻画上述关系的图像而已——当然它们同时也简化了这一关系。事实上更准确的表达是,哲学的媒介是概念,而非图像。不过哈贝马斯在这里完全赞同的是:哲学为人类文化的不同领域廓清了(理性)基础。

在康德那里,情形大致也是如此。如果哈贝马斯所称的史诗般的消退指的就是哲学从曾经存在于科学和文化中的支配性角色的回撤,那么这一回撤对康德而言到底是不是必要的?哈贝马斯用替身这一形象改变了哲学的女仆(ancilla)形象。哲学曾经是神学的女仆,现如今她应为具体科学服务。就像对神学那样,哲学并不要求对具体科学拥有治权,事实上现在她已经最终放弃了这一要求。《纯粹理性批判》的出发点尚且是,既然数学和自然科学长久以来已经得到了确立,那么它们就可以被用作哲学的榜样。既然《纯粹理性批判》已经"奠基"了具体科学,那么它只是研究这一问题:是否(如果是的话,为什么)一个确定的自我理解有权利获得严格的客观有效性?

　　由于在康德那里哲学至少不需要放弃其治权，因此它就可以重拾一个更为尖锐的问题：哲学需要在统治性权威（就今天而言乃是具体科学）的后面拖着它的裙摆或者在它之前举着火炬吗？它只能为其他学科充当替身，还是可以通过打开新的理论视角而为一些新的科学方向提供不可或缺的关键性准备工作？

　　哈贝马斯在《商谈伦理学》中首先澄清了这一现象：伦理学的对象是规范的应然效力。他接着指出，把自身理解为"理性的保护者"的哲学，在根本上对这一对象有话可说，即：实践问题同样具有真理能力，尽管其方式与理论问题有所不同。紧接着他为道德规范建立了一个最高的标准，这就是一个接续着康德和其他当代哲学家的具有普遍化能力的道德原则。同时，这一普遍化基本原则应该被看作道德讨论（"商谈"）的论辩规则，而不能被看作被掩藏起来的参与原则。在第四步中，哈贝马斯在一个对阿佩尔先验语用学论证的谨慎表述中为这一普遍化基本原则找到了基础。在对笛卡尔的经典命题"我怀疑，也就是我思，因此我在"（dubito, ergo cogito, ergo sum）所做的引申中，这一命题的第一部分意味着：一个人即便对普遍化基本原则持怀疑态度，他仍然可以论辩，因此论辩情境是不可倒转的。这一命题的第二部分意味着：在一个论辩情境中，普遍化原则早已被预先设定好了。哈贝马斯并不只是建立了一个道德原则，他还试图给这一原则的不可逆性和唯一性提供合法辩护。如此这番出现的哲学伦理学计划，最终绝非告别，而是恢复了古典哲学的先验论证意向——哈贝马斯再次更多地受到了康德的影响。

　　在第五步中，"节约原则"被引入了商谈伦理学，"以便只有那

些得到了(或者:可能得到)实践性商谈的全部参与者之同意的规
范才能主张有效性"(1983,103)。哈贝马斯随即在这里简单引用
了"黑格尔伦理学对康德道德学说的若干批评……,以便从伦理规
范相对于道德的优先性中获得一个简单的意义"(1983,55)。

　　总体而言,哈贝马斯对哲学伦理学的勾勒因为其富有教益并
且实事求是而令人印象深刻。我们姑且对复兴这一论证的意向以
及存在于这一计划("替身")及其实施("法官")之间的矛盾忽略不
论,但还是要提出一个关键质疑:"哈贝马斯真能建立一门商谈伦
理学吗?"为回答这一问题,哈贝马斯可能会诉诸他的"节约原则",
因为按照这一原则,只有得到所有人同意的那些规范才是道德的。
现在的问题是,能得到所有人同意的那些规范只是那些在严格意
义上具有普遍化能力的规范。其结果是,道德标准不在商谈之中,
而在被哈贝马斯本人只在过渡性原则的意义上承认为道德原则的
那个论辩规则上,即存在于那个普遍基本原则之中。从辩护逻辑
的角度来说,普遍化能力优先于商谈,而这一优先性同样是康德的
思想。

　　当哈贝马斯多次把普遍化原则看作"使共识成为可能的过渡
性原则"时,他实际上很接近康德的观点。因为,如果普遍化能力
使共识成为可能,那么优先性就落在了普遍化能力中,而非事实上
的同意之中。然而,作为使同意成为可能的条件,普遍化毕竟不是
通向其他真正的原则的过渡桥梁。相反,它是使道德整体能够屹
立于其上的立柱。哈贝马斯尽管从欧美最新的哲学讨论中采纳了
一些论证手段,然而究其伦理学之根本还是对康德伦理学的恢复。

　　尽管哈贝马斯对康德哲学进行了本质性的重建,然而从某方

面来说,他在商谈伦理学中要比他的"尊师"康德谦虚得多。按照
康德的观点,我们可以借助绝对命令把特定的生活原则("准
则")——如正直、临危相助或对基本行为能力的保障——看作道
德原则,同时把欺骗、漠视他人的困难或不尊重陌生人的生命等看
作不道德的行为。而按照哈贝马斯的商谈理论转向,一个实在的
商谈主张,只有特定的规范才具有道德性。这样一来,康德所谓的
形式主义不仅得到了加强,哈贝马斯的主张对一门商谈伦理学而
后也是适得其反的。如果要把商谈当作对规范进行检验的场合,
那么其参与者就不能相互撒谎、欺骗甚至杀戮。也就是说,商谈正
是以对一些基本原则的承认为前提的——人们借助康德的绝对命
令证明,这些基本原则具有道德性;作为不仅仅是值得称赞的原
则,它们享有绝对法权原则这一地位。如果道德原则不能允许对
诸如人权这样的基本政治原则予以合法化,那么一个批判性社会
理论也绝无产生的可能。哈贝马斯曾经"带着对三十年来所受教
导的感激之情"把自己的文集题献给了阿佩尔,而后者则对不依赖
于事实性商谈的道德规范阐释持开明态度——就此而言,阿佩尔
似乎不仅仅更接近康德,而且更接近事实。

第三节　商谈的先决条件:一个答复①

　　凭借着形形色色的观点和不断推陈出新的视角,商谈伦理学
展开的是这样一个基本命题:社会现实对于伦理学而言并非外在

---

① 该文出自《政治学季刊》(第 30 卷),1989 年,第 531—535 页。经重新审阅。

的;全部道德世界最终只能被理解为对对等性的要求,而对等性的来源则是理性的交往共同体。从个体道德的视角看,这一主张令人激动,说它充满争议也不无道理——也就是说,不论是对个体道德品格的概念和标准(但是不包括教育),还是对个体的良知判断(如果良知毕竟存在的话),抑或对人的自我责任而言,它都是有争议的。但是,如果商谈伦理学的对象是社会本质,也就是在关于法权和国家的伦理学中,这一伦理学在论证上存在着较少困难,当然也决定性地存在着较少争议之处。

　　一般而言,商谈伦理学与其他理论的差异表现得十分隐微。一眼看上去(prima vista),商谈伦理学的前提是"每个人……都有表达自己需要的权利"(哈贝马斯 1983,99),但事实上满足这一前提本身的乃是功利主义。也就是说,可以把功利主义理解为一个程序,这一程序展开的是对所有人的需要和利益予以平等关照这一要求。如果有人满足于功利主义的最大福祉原则,那么他的理论出发点就是一个越来越民主的开放进程——而这一进程在所有伦理学中都可以找到。

　　正如罗尔斯的《正义论》和商谈伦理学一样,我的《政治正义》(1987,以下简称"PG")一书与功利主义的区别也在于对程序问题的推进。这三个理论都属于普遍主义伦理学,其师祖不再是边沁,而是康德。但是正如在对罗尔斯和阿佩尔所做的详细讨论中那样,我们的理论包含着许多家族冲突的特征。

　　我们的冲突始于对各自理论立场的描述。在一篇访谈录中,哈贝马斯(1989)曾经带着饱含理解的同情——当然也带着明显的质疑——介绍过我的《政治正义》。因为"正义是分配性的好处"这一定义是从对功利主义的批评中发展出来的(PG，74ff.)，因此我暂且对哈贝马斯给《政治正义》所做的"功利主义"解释存而不论。更重要的质疑是从我的理论缺乏交互主体性这一批评中产生出来的:a)哈贝马斯批评个体主义前提(哈贝马斯，325)，并指控其为"民主理论上的缺陷"(哈贝马斯，327);b)他错过了一个更高阶段的交互主体性的视野(哈贝马斯，322);c)他对自己的商谈伦理学给予了高度评价，认为这一理论在商谈参与者的肯定/否定之态度上不持先入之见(同上)。

　　由于商谈伦理学尚未发展成为法权和国家伦理学，因此《政治正义》一书与阿佩尔和哈贝马斯的探讨更具有偶然性。然而，该书还是明确地联系着普遍赞同能力这一商谈伦理学原则(PG，85)，它同样在"政治正义的策略"这一框架内(PG，456ff.)主张一个"道德——政治性的商谈"(PG，478ff.)。在哈贝马斯的批评中我读出了这一主张，即要对政治正义与商谈伦理学的关系予以更深入的界定。为此我将在这里提出一个被哈贝马斯回避掉的见解:(1)政治正义包含着更高阶段的交互主体性，但是这一交互主体性是以一种不同于传统的交往理论和语用学交往理论的方式提出来的;(2)把交互主体性看作先验交换，这一新的合法性策略受到了法权与政治伦理学的具体论题的推动。这一策略给个体主义前提提供了另外一种理解方式，即:不能以实体性的方式，相反只能以辩护理论的方式理解这些前提;(3)交换理论中具有合法性的正义原则，为(法权)实践商谈保留了先决条件的地位。

　　1. 作为先验交换的交互主体性。交互主体性，尤其是涉及法权的交互主体性，是一个在直观上似是而非，在论证上很难解决的现象。商谈伦理学通过一个悬而未决的问题印证了这一困难。哈贝马斯在"一个争议性的实践……只有得到了所有人的同意,才是有效的"(哈贝马斯,322)这一主张中提出的标准,实际上适用于整个康德主义伦理学家族。康德本人曾经谈到"权威",他说:"不要听从任何外在的法则,除非我已将自己的同意给予它们"(《永久和平论》VIII 350,16f.);同样,同意也属于罗尔斯为正义制定的元标准(《正义论》§21)。正如已经提到的,我的《政治正义》(85)也与普遍共识或普遍同意能力这一标准有关。

　　康德主义伦理学家族各成员间的分歧只在于这一问题:哪个论证形式有能力使关于正确实践的争论简单化?商谈伦理学初看上去似乎回避了这一问题,但事实上它自信有能力对此问题予以重新表述。它并没有提出确定的观点,但却指出了满足这一简单的论辩情境的诸条件。特别值得一提的是"所有商谈的参与者都有必要设身处地为每个他人着想"这一条件(哈贝马斯,322)。凭借这一曾经被米德加以拒绝的要求,之前那些外在于商谈参与者的视角多重性被转换成了一个对他们而言的内在多重性。于是,从社会性的公共商谈中首先就产生了内在的、个人性的商谈。这样一来,每个人都可以做出的对话是一个独白式的私密性对话?还是一个交往性的,也就是一个作为参与过程的社会性对话?我认为,一个内在的对话在任何情况下都能给争议性的实践找出决定性的建议。在第二个阶段中,恐怕还要在形形色色的建议之上给社会对话引入一个共识才行。假如这些决定性的建议是相同的,那么真正的社会对话就会转变为对内在对话的一个简单赞同。

　　这一重建给商谈伦理学的自我理解提出了一个疑问。按照哈贝马斯的观点，人们在个人生活中可能更愿意做出的理想角色承担，需要被转换为一个公共活动。但是更能令人信服的理解是：不能把公共商谈理解为转换，甚至根本不能理解为一个"替代"，而是要理解为一个补充。个体对话和社会对话构成的不是非此即彼的选择，而是相互补充。在两个对话的游戏之间，内在性的对话似乎甚至获得了更大的分量，而社会对话也许仍旧还是一个确认过程。但是对于围绕着那个尚未解决的问题而展开的论辩，这一评价却是无关紧要的。因为，不论对于社会商谈还是个人性商谈，都面临着同一个刻不容缓的、有待解决的问题，即：到底哪些论辩形式具有简化冲突、做出决断的能力？

　　在商谈对象即争议性的实践中，最终关系到的是需求和利益。我的《政治正义》正是通过下面的方式寻求对一部分冲突进行简化的：在第一个合法性辩护的环节中，我们要找出那些需要满足例外条件的需求或利益；这些需求或利益应该同时具有特殊的和一般的有效性。只有通过更高阶的利益——严格说来，只有通过那些表现为普通的低阶利益之可能性条件因而对后者而言不可或缺的高阶利益，这一例外的条件才能得到满足。就这些利益与人类的利益和行为能力之关系而言，它们是先验利益。在这些利益当中，存在着对于一个实践主体的建构而言最为重要的因素。

　　仅仅凭借先验利益并不足以使一个社会合法地宣告自己有能力依照法律——这意味着具有强制力权威——处处干预。为了使基础性的商谈伦理学成为简化冲突的观点，这些利益还必须另外满足一个对于商谈伦理学而言喜闻乐见的条件。这一条件是在第二个合法性辩护的环节中通过一个内在的社会性突显出来的。在先验利益的框架之内,法权性的实践商谈依赖于那个只有在相互性中才能实现出来的利益。

相互施舍的模式构成的是一个交换。在此意义上,我们可以把与内在相互性有关的先验利益简单地称作先验交换。这里不言自明的是,我们必须在身处的交往世界中抵制某种扭曲。在这里既不能过于狭隘地把交换理解为一个经济过程,也不能太小心眼地理解为一个等价取舍,最后亦不能过于短视地理解为一个当下的取舍。如果我们从发展史的角度来考察先验交换,就会发现它与黑格尔所说的"意识的形成"有密切的关系:在最根本的自我利益中,人们发现的是对他人利益的依赖关系。

哈贝马斯把在"交互性"和"交换"这两个语言游戏中透露出来的意思称为"交互主体性"。这一概念涉及先验交换的对象即先验利益,也涉及实践主体性的建构。因此,在商谈伦理学的语言游戏中,先验交换就仅仅意味着:不论是作为一个整体还是作为一个关键部分,实践主体性的建构都与先验交互性和先验交互主体性联系在一起。正因为这一联系,我不会像哈贝马斯所宣称的那样(哈贝马斯,322),把"自然的正义"当作"一个第三人称的中立性事业"。先验计划满足了哈贝马斯的条件,它是一个第一人称复数的视角。哈贝马斯曾经担心"促成性的条件会消失在限制性的条件之后",但事实上,在"自然的正义"(PG,382ff.)这一关键词之后将会产生"促成性的"条件,而且它们是一些只有在与社会的联系中才能实现的条件。我和哈贝马斯的一致之处就在于(哈贝马斯,325),主体"只有以社会的方式才能被建构出来"。

为使实践主体的交互主体性建构既非不可能,也非受到过度伤害,社会强制力就要承担起保障的重任。因为这一保障对每个人都是有益的——更重要的是,这一保障与实践主体的构建中不可或缺的利益是联系在一起的,因此——也只有因此——社会强制力才是正当的。

　　但是在哈贝马斯和我的《政治正义》之间,无论是在论证方式还是在论证结果上,都存在着差别:如果说在哈贝马斯那里(哈贝马斯,325),主体"只有以社会的方式才能被建构出来",因此这一建构先于"社会强制力""被运用于主体"的话,那么《政治正义》则认为,社会强制力的合法化既不早于交换,也不晚于交换。在获得了结社的好处,也就是使实践主体成为可能的同时,人们也付出了"限制性条件"的代价。正是在这一代价中,我读出的是一个反对极端无政府主义的观点。

　　在对"限制性条件"也即"正义之国"(PG, 428ff.)所做的进一步规定中,我既不认为这一规定把"社会系统"标榜成了"社会整体意识和正义的自我程式化的中心",也不认为这一规定依附于"整体——部分"这一自然法权模式(哈贝马斯,327)。《政治正义》一书仅仅在次要、辅助意义上对国家所做的合法性论证,其实只是让国家多一些节制的一个吁求。此外我还认为,把政治系统转化为一个与其它相对自律的正义系统相并列的子系统的那个功能分化过程,即"国家的祛魅",其实不是我们这个时代的发明。这一分化过程在今天可能范围更广,然而拿经济来说,它的独特分量其实早已有之,进一步说,作为一种理论生命(βίος θεωρητικό ς),哲学和科学早在亚里士多德那里就已经主张相对于城邦生活的独立性了——不仅如此,它们还要主张对后者的优先性。此外,希波克拉底的箴言除了包括道德原则之外，还包括大量的生活细则，这一事实也使我们能够得出存在着自我意识的独立性这一结论。简言之，历史的纵深维度要给当代的戏剧化夸张和自负画上一个句号（参见本书第三章第一节）。当然另一方面，在我们克服祛魅化本身的魅化之前，既不能对国家的现存功能，也不能对其崭新的多重使命予以低估。有可能的是，国家的手段会发生变化，而它将拥有更少的暴力。尽管如此，今天的立法者仍须为那些相对自律的子系统，如经济和劳动世界、家庭、教育机构、科学研究部门设定重要的框架性条件。

2. 合法性理论中的个体主义。由于这一合法性辩护定位于每一个人的好处，因此它完全可以被称为一个"个体主义的辩护"（哈贝马斯，325f.）。然而最初只有合法化视角是个体主义的，对此视角而言，至少在这里讨论的法权——国家伦理学这一范围框架之内，个体主义至少是一个收获。因为法权强制力涉及群体的每个成员，因此一个集体收益还不足以获得合法性。为了避免功利主义在原则上主张的根本性优待和补充性歧视，这里的收益必须不再"只为集体中的所有人有益"，而是必须"为个别的每个人都有益"。商谈伦理学重视这一差别，这不无道理。当它要求得到所有人的普遍同意时，它对"普遍"和"所有"这两个表达的理解完全不言自明地是个体性的，而非集体性的。现在，为了回答"什么类型的论辩能赢得每个人的同意"这一尚未回答的问题，商谈伦理学也必须给每个人指出某种适合各自本性的收益。

哈贝马斯对《政治正义》的总结认为，该书具有一个"民主理论方面的缺陷"（哈贝马斯，327）。但是，合法性理论中的个体主义是与个别性的普遍共识相一致的。因此这里也就存在着基础民主制的一个部分,即:法权和国家关系最终只有在每个人的同意中才能使自己合法化。

只要这一合法化仅触及先验利益,人们就可能不仅以辩护理论的方式,而且以实体性的方式来看待个体主义,从而把《政治正义》简单地看作一个"自由主义理论"(哈贝马斯,321)。但是事实证明,先验利益中包括着内在的交互性。对于有关交互主体性的讨论而言,辩护理论中的个体主义事实上还是一个尚未解决的难题。如果有人愿意,他可以借助自由主义思维模式,也就是借助辩护理论中的个体主义,来为一个不仅仅是自由主义的国家理论提供证明。

凭借着"先验交换"这一概念,我不仅超越了哈贝马斯的"占有性的个体主义"(哈贝马斯,325),而且超越了作为"灵感来源"的康德(哈贝马斯,321)。按照康德的观点,使社会冲突领域中有行为能力的主体成为可能的是法权;按照《政治正义》的观点,构成了法权之基本层次的,是具有交互主体性质的实践主体性的诸条件。对康德的另一个超越在于,康德对福利国家持根本性的保留态度,而《政治正义》(469ff.)则对此持开明态度。我对康德的绝对法权命令这一概念也有另一番解读。我认为,这一基本观念规定了每一个法权伦理学的根本任务。正是在这一基础上,《政治正义》(77ff.)才有资格提出绝对法权命令这一概念。

3. 作为先决条件的先验交换:先验交换指出的是一个合法性权利的诸最小化条件。在"自然正义"这一名称之下(刚刚开始)提出的原则,包含着一个先决条件的意味,即:对于法权秩序而言,这些原则具有某种道德先决的地位。此外,对于《商谈伦理学》接续着阿列克西表述的那些规则而言(哈贝马斯 1983,97ff.),它们的目录在辩护理论上也具有类似于道德先决的意义。这些逻辑语义学的、程序性的规则是一些人们虽然能在商谈中加以专题化,然而却不再能支配的前提。

与《政治正义》相反,哈贝马斯主张的是一个实在的论辩。然而,不论是对那个帮助人们熟悉论辩前提的自我反思,还是对商谈伦理学本身,这一主张都失去了意义。这一结论同样适用于对先验利益和社会利益所做的阐释。主张一个实在的论辩,这当然是完全合法的,比如,那些非西方的文明同样有权利获得正义原则的保护。没有对这些原则的承认,任何法权秩序都会丧失其道德合法性。但是从结构上来说,实在的论辩不过是对用以回答那个尚未解决的问题的辩护策略的重复而已。

在法权实践的商谈中,可以区分出两个截然不同的阶段。在第一个阶段,也即根本阶段上,被指出的是法权和国家合法性的基本条件、最小化条件。作为先验利益,同时也作为社会利益,这些条件为具有语言和行为能力的主体的沟通和一致化过程提供了先决条件——这些条件不再依赖某个实在的沟通过程。《政治正义》的第二个民主理论要素就存在于这里。按照"作为基础合法性原则的民主"这个第一性要素而找到的那些基本原理,为"作为宪制原则的民主"这个第二性要素表述了不可剥夺的先决条件。

这些先决条件对于法权实践商谈具有同样的重要性。《商谈伦理学》(哈贝马斯 1983,第 3 章)在论辩理论的路径上获得的那些前提,在这里被扩充成了一组新的先决条件;同样,自然正义的先验利益和社会利益不再是可以随意支配的东西了。哈贝马斯在其商谈伦理学中并没有对属于这些利益的存在形式给予任何系统性的价值，原因在于：这些利益对实践主体的建构具有不可或缺的意义，但是同时，对这些利益的承认面临着威胁，因此值得用具有执行力的法权秩序对这些利益予以保护。

为了证明这些前提是不可或缺的，商谈伦理学用一个语用学矛盾算式来展开论证。这一算式表达的是这样一种情形：一个反对这些前提的人，往往在其论证中以它们为前提。这样一来，人们似乎就可以完全按照这一语用学的自我冲突的算式来解释上述先决条件。但是，这一冲突必须得到更为根本的规定。预设了这些先决条件的并不是那个论证者——他之所以不能预设，是因为他在论证着。这些先决条件不仅仅是使一个证明成为可能的条件——事实上，不论是作为更为根本的条件，还是作为专门针对伦理学的条件，这些先决条件都是实践主体的可能性条件，也就是行为能力的可能性条件。的确，对于作为具有语言天赋的存在者来说，论证的条件同时也是行为的条件。但是从一方面来说，事实上还存在着其他条件；从另一方面来说，实践主体与理论主体的区别并不在于诸如此类的证明，而在于这一证明对于行为能力的意义。

但是在商谈的第二个阶段，即实在的沟通和一致化过程中，情形则有所不同。那个被哈贝马斯忽略掉的使命，在《政治正义》中则在相应的"奠基"这一主题中，在"展望"中得到了讨论。而对于哈贝马斯的其他两个问题——即："在不断变化的历史挑战中，如何能够区分出一些特殊的基本权利？"以及：按照什么程序能够使"一个具体的调节性需要……得到满足"，而且相应的法律"自为地

包含着合法性的假设?"——我都用"政治正义的策略"做了回答
(PG,456ff.)。对这些策略而言,那些在基本的正义原则这一前
提之下,从实在的沟通与一致化过程中产生出来的"道德——政治
商谈"(PG,478ff.)乃是不可或缺的。在《政治正义》一书中,这些
程序给民主理论指出了一个第三性的方面。[①]

---

① 　 在本书发表的同时,哈贝马斯已经出版了其法权哲学著作《事实性与效用》
(*Faktizität und Geltung*),参见赫费 1993 a。

第十四章　附录:先验批判是否在语言哲学中被扬弃了?[①]

第一节　面向基础哲学的转变

如果说,人们在许多地方抱怨着语言的堕落,并偶尔在对语言的怀疑中窥见了本世纪的一个理智主旋律的话,那么对语言的思索则长久以来已经是哲学讨论中的一个重点了。其中的一个分支,即语言分析,甚至更是扩张成了一个主导性的方向;而对语言的反思持一种独特的拒斥态度的,也只有拉丁系统的文化了。

尽管(语言)分析哲学是在一个有限的、对很多人而言根本是旁枝末节的领域中发端的,但是在弗雷格以及后来的怀特海和罗素对数学和逻辑学所做的重新奠基中,它早已从一个一般的符号理论中扩展了出来,突破了作为一门分支性学科或其方法的狭隘的框架。分析哲学并不把自己定义为一门以专题化的方式与自然理论、历史理论或道德理论相并列的语言理论;相反,它要求哲学

_____

① 　这里的文字出自一次演讲,其听众亦来自哲学圈之外。最早的版本发表于:《哲学年鉴》91 卷(1984 年),第 250—272 页。

保持一种宽泛的意义,从而能够处理历史研究和系统性研究中的所有问题。

尽管如此,哲学的语言分析转向并非一个用来反对"本世纪是一个被对语言的怀疑规定了的社会"这一命题的明确反例。首先,这一转向确证了所谓"对时代的诊断"。作为对哲学的批判,对语言的深思是以哲学本身的语言为起点的,是以对传统逻辑学和传统形而上学的语言批判为起点的。这一批判在其后变得更加尖锐,并指向了包含在传统哲学中的关于语言的全部观点。一个新的语言观在这一批判中逐渐形成了。在一个清晰的语言批判进程中,对语言的怀疑转变成了对语言的新的信任。与这一信任相联系的,还有语言哲学的自我信任。语言哲学不满足于在哲学之声的音乐会中使自己能被人听得更清楚这一目标;事实上它要求获得基本哲学的地位,并完全自负地宣称要发展出当今唯一可能的哲学形式——尤其是一个要把包括古典存在论和近代先验哲学在内的所有形式都扬弃掉的形式(参见阿佩尔 1963,S. 21—66,以及图根特哈特 1976,第 I 部分)。

在这一新的语言哲学的早期阶段,人们当然并不熟悉这一要求,甚至对基础哲学的想法大为不悦——卡尔纳普有一篇文章的标题是"通过对语言的逻辑分析来克服形而上学"(1932),表达的是最为温和的使命之一。在此之前,马赫就曾如此这般定义说:"我们习惯上把那些概念(或词语)称之为形而上学的:我们已经忘记了是如何获得它们的"。维特根斯坦也在《哲学研究》(II xi,第 213 节)中写到:"一整团哲学的云朵可以被浓缩成一滴语言学说"。最终,形而上学问题都是以支离破碎的形式出现的,以语言批判的方式来消解形而上学这一自负的计划变成了对之予以分析性重构这一更为谦虚的目标。

按照一个很受欢迎的针对当代语言哲学的批评，语言哲学据说只是讨论语言，而不讨论事情本身，因此在哲学中只能扮演一个引导性的角色。但是，最迟从基础哲学转向以来，这一批评已经被克服了。毫无疑问存在着一些语言分析研究，它们还停留在预备阶段。但是语言分析至少还有三种功能，每一个后面的功能都包括着之前的功能，并超越着前一个功能。其结果是，至少从第二个功能开始，语言分析已经把引导性特征远远抛在了身后：

第一个，也是最弱的一个功能涉及一个富有教益的，甚至不可或缺的但同时客观中立的论证方式。由于哲学的基本概念通常而言是一些包含着多重含义的表达（πολλαχῶ ςλεγόμενα），因此语言分析非常欢迎对概念的区分和精细化技能。但是，语言分析在这里并没有获得根本意义，尤其是没有获得哲学从其开端处就已经熟悉的那个意义——其实早在柏拉图那里，就已经存在大量的概念区分了。亚里士多德《形而上学》中整个"Delta 卷"都是对基本哲学概念的多重意义的澄清；不止在《尼可马各伦理学》一部著作中，这位来自斯塔吉拉的亚里士多德一遍遍重复着上述工作。托马斯·阿奎那从谓词结构中演绎出了范畴（《物理学》第 III 卷第 5 讲，n.322，类似的还有《形而上学》第 V 卷第 9 讲，n.889—892）。康德曾经把概念辨析归入使思维获得彻底性的诸规则之中，但是这些规则并不像之前的分析性哲学家们所相信的那样，只要遵守它们，就可以保证科学的"康庄大道"（《纯粹理性批判》B XXXVI）。最后一个证据是，对分析哲学的一个重要问题，即：

"是"这个词语除了系动词功能之外还有一个谓词功能,其实在 18 世纪中已经被莱布尼茨讨论过了。早于弗雷格 130 年,康德已经对此问题做了否定回答,并将此回答用于对上帝存在的存在论证明的批判:因为"上帝之在"不是"实在的谓词"(《纯粹理性批判》 B 626),不是对某物的限定词,因此在上帝实存的断言中不存在先天分析命题,而只存在后天综合命题,也即一个需要把其他真理标准用做矛盾律的命题。

按照第二个更强的功能,基础哲学将通过语言哲学问题得到定义。这一定义的出发点是这样一个实情:所有认知——不仅是哲学认知,而且也是日常认知和个别科学的认知——都以语言为前提。"什么是对象?"这一根本问题将会被转换成"我们如何借助语言与对象发生关系?"这一问题;"什么是客观知识?"将会被细化为这一问题:"我们如何通过语言与对象的关系获得客观知识?"

当我们对"我们如何通过语言与对象的关系获得客观知识?"这一问题深思熟虑之后,就会倾向于这样来回答:语言必须如其所是地对对象加以反映。这样我们也就预设了下面的观点:存在着一个先于并独立于语言的现实;语言必须对这一"自在"的现实予以对象化,以便完成对其予以认知的任务,以便对现实如其所是地予以展现,而非对其予以颠倒或歪曲。这样一个回答对应着"自然主义意识",而后者会被分析哲学家们揭穿为虚假的意识——在他们看来,根本不存在通向现实的非语言途径。同样也不存在先于语言的知识和外在于语言中介的现实。对于语言符号所指涉的对象,如果不依赖于这些符号的使用,是根本不能被理解的;脱离语言的主客关系这一观念是一个无意义的观点;一个脱离了命题语境的对象是根本不存在的。

　　凭借着这一断言,语言分析提出了第三个,也是最强的一个要求。语言分析不再是特殊的提问方式,更不是对事物持中立态度的论证技术,而是转变成了一个特殊的答案;语言分析不再是一个单纯的开端,而是第一哲学中一个精确的理论立场——由于语言是作为一切知识得以展开的普遍而唯一的视域而存在的,因此为了发展出关于对象性及其知识的理论,语言分析就是一个必需的,同时也是唯一的方式。不论我们对语言总是做出多么彻底的改变,我们也只能不断地制造语言——语言与我们形影不离。如果我们彻底失去了语言——不是这个或那个语言,而是所有语言,这就意味着我们失去了一切现实和知识。以积极的方式说,作为使知识成为可能的条件,语言在知识构建中具有重要意义。由于人们乐意把不可剥夺的构成性条件称为先验条件,因此分析性的基础哲学也要求语言具有先验地位(参见阿佩尔 1963,S. 22—23,S. 25—26)。

　　但是我们也知道,把"存在着'自在'的现实,而且知识为获得其客观有效性,必须指向这一现实"这一观点最早当作幻象揭示出来的,其实不是当代的语言哲学,而是康德。事实上康德认为,知识的客观性不是源于对象,而是源于认知主体;当然也不是源于主体的经验构建,而是源于他先于经验的条件,即纯粹直观形式、纯粹知性的范畴和基本法则。

　　但是根据语言分析哲学家图根特哈特以及先验普遍语用学家阿佩尔和哈贝马斯的观点,康德对自然主义意识的革命还不够彻底;因为这一革命忽视了语言对知识的构造性意义,就此而言是一个不成熟的革命。为了克服残余的幼稚，必须来一场新的思维方式革命——"纯粹理性批判"将会在"语言理性批判"中被扬弃掉（参见施耐德巴赫 1982，S. 347）。然而，哈曼早已在《对理性之纯粹主义的元批判》(1784/1786，S. 224)中提出了"语言的系谱学优先性"。赫尔德在其《对〈纯粹理性批判〉的元批判》一书中也同意哈曼对康德所做的批判，而莱茵霍尔德也认为语言批判是必要的。简言之，对康德的语言哲学修正或克服并不是什么新话题，而是自最早出现对康德的批判以来就一直很重要的一个话题——只不过是，当时的语言批判并没有坚持到底。

　　基础哲学转向中的语言哲学是建立在一个双重命题之基础上的。从体系性上来说，语言哲学强调的是一个关于语言的知识建构性的，因而也是先验性的特征；从哲学史上来说，当代语言哲学宣称要扬弃之前的一切基础哲学。这两个命题一起给基础哲学的主张奠定了基础：既然语言具有先验意义，那么对知识的追问只有在语言哲学中才能得到回答；由于基础哲学的难题只有在语言哲学中才能得到解决，因此包括康德理性批判在内的形而上学传统将在最新的语言哲学中被扬弃掉。但是，这一双重命题真的成立吗？

　　忽略掉不同语言要素之间的相互关系，语言在根本上具有两个维度：一方面，它关联着对象，也就是说，它有所意指；另一方面，它具有行为和交往特征。正是按照这两个维度，当代语言哲学才发展成了语义学和语用学。语言理论中的基础哲学不是以单数，而是以双数的形态出现的，而这两个形态之间的关系则尚待厘清。由于这两个形态以语言的两个不同方面——一个是与对象的关系,另一个是社会行为特征——为主题,因此二者的相互补充也在我们的期待之中。不过迄今为止,它们更多是分别作为非此即彼、自我封闭的基础哲学而出现的。在德语哲学圈的讨论中,使基础哲学成为语义学的主张是由图根特哈特在《语言分析哲学导论演讲录》(1976)中提出的,而使其成为语用学的主张则是由阿佩尔在其《哲学的转换》(1973)一书中提出的。

第二节 图根特哈特的形式语义学

人们也许可以把前分析哲学中缺失的对语言意义的反思看作幼稚的。这虽然指出了一个问题缺陷,但是对传统哲学所提出的那些难题的解决却没有触及。然而,对语言分析的批评具有更重要的意义。按照这一批评,语言的压倒性意义在传统哲学中只被限定在知识领域之内。图根特哈特认为,这一缺失的语言反思也导致了对语言和其他三个领域的错误观点,这三个领域是:对象论(存在论)、知识论和真理论。

根据图根特哈特的观点,凡是在人们还没有对语言充当"媒介"这一观点做出反思的地方,人们都或明或暗地支持这样一个假设:对象的存在是不依赖于它与语言的关系的,现实就是摆脱了语言的,只有借助知识才能或多或少被触及的自在之物。相应地,人们把语言看作一个媒介,它横亘在主体和客体之间,在最简单的情形中作为对现实的摹写和反映——不论如何都作为对现实的复写——而出现。根据这个也被称为"柏拉图主义的实在论"的观点,先存在的是原始的或真实的现实,而后出现的才是作为其图像

的语言。打开了通向先于语言而实存的现实之通途,因此也构成
了语言与对象之关系的基本形式的语言要素,其实不是句子或言
谈,而是名称,是一个在语义学上尚未分化的要素。

在主张对象与知识相符合的真理论层面上,图根特哈特再次
揭示了关于语言、对象和知识的这一"传统观点"(1976,S.
190ff.)。他认为,这一传统观点虽然正确地看到了,一个谓词命
题语句的判断为了获得真值或假值,必须是一个有部分的整体。
但是主词和谓词这两个个别部分在这里是两个独立的整体,它们
为同一个对象而存在,并在其后通过系动词而联系起来。

在图根特哈特那里,这一"传统观点"在对象论上也是不得要
领的。而我在这里要继续谈论的是一个(朴素)的自然主义语言
观,以及一个与这一语言相对应的(朴素的)自然主义对象论、知识
论和真理论。按照这一观点,语言要素仅仅是使它所代理的对象
能够向意识对象化出来的中介。人们认为,在没有符号的情况下,
意识同样能够意识到这同一个对象;也就是说,语言所能胜任的只
是一个次要的而非首要的知识。它对知识可能是必要的,对知识
的精致形式甚至是不可或缺的,但是它对"知识一般"则是无关紧
要的,因此不具有先验意义。

事实上,在这些哲学家当中,存在着一种表达方式,它使人想
起"传统观点"中这个或那个因素。即便在托马斯·阿奎那这位极
具反思精神的哲学家那里(《关于真理的辩题》,第四辩题,a.6),语
言之中的物("in verbo")也要比自在之物("in se ipisis")更为真实
("verius")。这里的结论似乎是,语言虽然被赋予了一个优先等
级,但同时却获得了一个非语言性的真理。尽管如此,进一步的解

释可以表明,对象是否真地能够被理解为朴素的给定之物,语言是否真地能够被理解为代言者。因为"自在之物"和"语言之物"也能获得可能性和现实性(外显)之间的那种关系,因此它就可以进入一种虽然不是没有问题,但同时却与朴素的代理理论相抵牾的关系之中。

如果康德再世,可能会因为人们把他放在这样一个位置而感到吃惊。但是他在这一点上与图根特哈特是一致的,即:知识的基本形式存在于由各种不同的,但同时相互补充的因素组成的具有逻辑结构的整体中。虽然康德没有明确提出语言理论,因此不能简单地把他看作自然主义理论自觉的追随者;但是凭借其"哥白尼式的转向",康德已经以罕见的清晰性和彻底性抛弃了朴素的实在论。因为实在论的对象理论不可分离地属于自然主义语言理论,所以只要康德对语言加以反思的话,他就能够按照其非自然主义对象理论提出一个非自然主义的语言理论。尽管如此,他还是被图根特哈特和阿佩尔(1963,S.68ff.)归入了近代语言观的基本图式之内——这一图式可以回溯到奥卡姆的理论:词语是表象的名称,而表象本身则是世界之片段的图像。

这些批判家们假定的是,从笛卡尔开始,历经康德,直至胡塞尔的知识论把概念看作一种特殊的表象,而表象则意味着一个前语言的先行占有,一个脱离了语言的主客关系,一个没有逻辑结构的意识存在(图根特哈特 1976,S.86)。相应地,前语言意识借助表象而发生关联的具体对象则是"朴素的给定之物"(同上书,第 S.351—352),这一给定之物是上述概念的表象,而不是给定之物的代理者。作为代理理论的标志,哲学家们的表达方式则受到了重视；与德语化了的"表象"(Vorstellung)这个词相对应的拉丁词是 *repraesentatio*，它指的是实实在在的对象化，是代理。

但事实是，康德认为判断的要素只不过是表象的一个亚种。这些要素属于有意识伴随着的客观表象，属于知识；而知识本身与对象的关系或者是直接的、因此也是具体的直观，或者借助多个物共同具有的表征，因此具有概念特征(《纯粹理性批判》B 376ff. ；《逻辑学讲义》§ 1ff.)。此外，不论在概念中还是在直观中，康德都曾谈到"知识"或"认知的方式"；仅此而言，人们就可以想到独立的对象关系，从而纠正语言分析批判的不实之词。但是在现实中，这两个"知识"是相互指涉着的："没有内容的思想是空洞的，没有概念的直观是盲目的"(《纯粹理性批判》B 75，尤其是 B 33)。

人们还可以批评说，这里的名言默许了空洞的思想和盲目的直观，结果是，这两个要素虽然都存在于客观知识之中，但是从根本上说却不必相互补充。关键是，把直观定义为与对象的直接关系以及对具体事物的把握(《纯粹理性批判》B376)，这暗示着一个知识论上的独立性。然而这一定义具有误导性，因为康德是在两个不同的含义上使用"对象"这一表达的。一方面，这一表达指的是被认识到的肯定或否定事态，是在判断中被相应地断定的事态。与对象的这一关联毫无疑问是独立的，但是它的实现仅仅依靠概念或直观都是不够的，事实上它依赖着二者的共同作用。另一方面，"对象"这一表达指的是尚不具有结构的，只有通过概念才能获得其形式和形态的质料。这一质料虽然是直观的关联项，但是并不能(作为感性材料)独立自存；相反，它将在一个哲学论证中被"建构"出来。只有经过概念的"加工"和"结构化"，这个质料才能成为可知之物。假如没有概念化的构造，这里存在的只是没有内在关联的未定之物，只是感觉的胡乱堆积，而不存在现实的整体性和确定性。简言之，没有概念，根本就没有世界。

康德尝试用"形式"和"质料"这一对表达式对直观和概念的关系加以规定，这可能会招致一些批评。但是对我们的讨论而言，这些批评暂可被搁置一边，因为它们并不涉及这一讨论的关键。形式和质料本质上是相互关联的，因此不论是直观还是概念，都不意味着独立的知识类型。即便是作为纯粹直观之科学的数学，离开概念也是不能产生的。与其说康德在这里说的是"知识"，还不如说是知识要素，是关于某个唯一对象关系的两个相互依赖的视角。

《纯粹理性批判》一书中关于"纯粹理性的基本原理"的章节强调了直观的非独立性。在这里，直观只是认知的第一个要素，在此基础上建立起来的是其他要素，如知觉、经验和一般的经验性思维。直观将显象展示在时间和空间之中，它的功能对应着图根特哈特所说的"空间时间性定位"。然而，空间和时间的延展并不意味着知识，更谈不上是知觉的一个弱形式。这里缺乏的是借此使在时空形式中延展开来的显象获得其特性的那些感觉。此外对于康德而言，知觉只是在一个很弱的意义上，而非在一个较强的严格客观意义上表现为知识，而严格意义上的知识被称为"经验"，它构成了理性批判真正的主题。为了成为经验，知觉必须显现在一个必不可少的时间整体关联中。康德认为，这一必然性只有通过纯粹知性概念，也即范畴才有可能获得。

必须承认，直观和概念这两个相互补充的要素在康德哲学中并非语义学上的要素，而是不同的认知能力——正是在这里，产生了更多的批评。人们因此批评康德说,康德通过认知能力这一说法赋予了所谓的(关于思想和情感的)心智命题以本己的心智本质,而自莫尔的《对观念论的反驳》(1903)一书以来,对心灵主义的批评一直是分析哲学史中的一个重要部分。但是首先要指出的是,以彻底的心灵主义批评为特征的不是诸如此类的分析哲学,而是逻辑行为主义这一哲学方向——但是逻辑行为主义并不足以声称:在把人类的一切陈述翻译为纯粹的物理陈述的过程中,已经发现了一个可以抵制一切批评的图式。进一步说,康德本人也曾对莫尔批驳过的贝克莱观念论提出过批评。在"理性批判的辩证法"中,他曾对心灵概念的假设进行了彻底而细致的反驳。除此之外,我们这里讨论的具有基础哲学转向的分析哲学,其实并没有针对康德所谓的心灵主义,而是针对其表象理论,也就是关于概念的代理理论。

同样可疑的还有这一观点,即认为表象理论是从康德前批判时期的思想中产生出来的。如果说图根特哈特对表象理论的批评是正确的话,那么他对先验批判的批评则是不成立的。此外,图根特哈特虽然以密尔的逻辑学为例对所谓的"传统观念"进行了批评,但是密尔的哲学尽管从哲学史上说晚于康德哲学,但是他并没有参与康德的先验哲学转向。

饶有趣味的倒是语言分析哲学本身,因为它的第一个阶段实际上是依附于代理理论的。举例说,维特根斯坦在其《逻辑哲学论》(2.1—2.225)中关于语言和真理的理论实际上是摹写理论,因而也是符合理论的一个朴素版本。被图根特哈特强加给先验哲学的观点,即主张被意识带入综合的杂多性实际上是预先给定的感性材料,与其说是康德的观点,还不如说是逻辑经验主义或分析哲学代表人物的观点。难道具有基础哲学转向的语言分析最后竟然要与自己的过去,也即前分析哲学针锋相对吗?

　　我们要在这里离开图根特哈特对传统的批判,而转向其系统性的反对纲领。不论"语言对知识具有构造性的意义"这一命题是否针对着传统哲学,或更针对着早期的分析哲学,它都不适用于任何一门具体语言。因为构造性的知识条件对于知识而言在根本上是有效的,而自然形成的语言则是一个历史社会现象,诸如数论这样的数学语言——只要人们在根本上赋予其知识功能——只适用于一个特定的对象域。在这两种情形中,语言都不适用于知识一般。简言之,只有那些具有绝对的"语言间性"、对所有可设想的语言同样有效的语言要素,才具有对知识的构建性意义。

　　对语言的知识构建性意义的单纯追问,超越了我们熟悉的具体科学对语言的研究,而为一个全新的、真正哲学式的语言科学奠定了基础。按照图根特哈特的观点,这一科学研究的是使对象关系成为可能的那些形式性和普遍性前提。不同于所有那些具体科学意义上的语言科学,这里的研究从事的是一个"语义学的基础研究";语言分析能保证的,只是一个对基础哲学来说绝非没有争议,然而却能使它的立场在与具体科学的对比中得到强化的东西——它获得的是一个属于自己的问题集合。但是,这一问题集合不再是之前的语言分析所寻求的那种集合,它既不存在于精确构造出来的人工语言之中,也不存在于把日常语言从混乱、错误和"语言妖魔化"中"净化"出来的过程中。尽管存在着与这两个传统的亲缘性,基础哲学转向中的分析哲学还是拒绝了逻辑经验主义,因为后者把科学简化成了经验知识、数学甚至还有逻辑学,并在"语言学现象主义"以及"日常语言哲学"中把语言看作一个排他性的、只能用行为主义理论才能研究的社会现象。而按照行为主义语言理论,符号使用只有在刺激——反应模式中才有可能。图根特哈特对此的反驳不无道理(1976,S. 224ff.):在所有可能的情形中,人们对"市政厅着火了"这一陈述句和"火!"这一信号的使用和理解都是不同的;因此,句子不依赖于特定情境,同样也不受条件的支配。

图根特哈特认为,包括科学语言在内的所有语言都具有先天条件,对其进行研究正是哲学的使命。哲学再次追求着它自古希腊以来一直在追求的那个先天知识。在字面意义上,这一先天知识就是形而上学(Meta-physik):一个关于那些不源于经验的因素的理论。形式语义学所赞成的,自然是对先天知识的确定把握,是一个分析性的,而非康德式的综合性理解。

普遍语义学的方案也反对极端的语义学历史主义和语义学相对主义。这一理论的代表人物是萨丕尔、B. L. 沃尔夫和后期的维特根斯坦,偶尔也有哈曼、赫尔德和洪堡。按照这一观点,只存在着相互区别但相互平等的语言或语言游戏,以及与此相应的相互区别但相互平等的存在论和知识形式。作为基础哲学的语义学能够承认语言的平等性,也能承认世界观与具体语言的联系,但是它不同意的是这样一个观点,即:语言与对象的联系是一个没有先天条件的排他性历史社会现象。

按照"传统语言观",名称(更一般地说是专名)与谓词都是独立的意义载体,而命题或者判断则是事后性的联结。为了克服这一传统语言观,语义学必须为自己提出一个三重化问题:1)一个专名(a,b,c)具有什么语言功能? 2)一个谓词(F,G,H)具有什么语言功能? 3)作为二者之整体的命题(Fa,读作"F 适用于 a")具有什么语言功能?

即便对于语言分析哲学家们而言,对上述问题的回答也并非没有争议。甚至在语言学转折之后,哲学也难以摆脱它曾经给予传统形而上学的那些批评和无穷无尽的争吵——新的基础哲学也难以接受康德主张过的"科学的康庄大道"(《纯粹理性批判》B VII)。在激烈的争论和失败的讨论路线之中,基础哲学提出了大量的建议、反建议、过渡理论和新的理论出发点。在此基础上,图根特哈特的哲学忽而更为肯定,忽而更为批判:

按照图根特哈特的理论,谓词具有表征、分类和区别的功能。与此同时,专名承担的则是个别化这一必要的附加任务:它给出的信息,决定了在所有对象中,哪些对象能通过谓词加以分类和区分。在谓词中,人们很快就会看到,这两个功能在本质上是相互关涉的。相反在专名中,分析哲学家们更倾向于认为专名是直接与对象相联系的,当它们涉及具体可感对象的时候更是如此。而图根特哈特表明,事实正好与此相反。在语言与具体可感事物的联系中,总有某物从所有事物中被抽离了出来。与此同时,图根特哈特意欲超越迄今为止的所有分析哲学。他认为,专名虽然代表一个对象,但是只有返回到一个指称系统,也即返回到特定知觉领域的所有对象时,这一功能才能得到澄清。然而图根特哈特只是部分地提出了这一主张,例如,他不认为这一主张适用于专名。

在这里提到的图根特哈特的形式语义学中,我们看到,他事实上确认了语言分析的那个基本命题,即:只有返回到谓词的使用,人们才能澄清关于概念的说法;也只有返回到专名的使用,人们才能澄清关于对象的说法;同时,谓词和专名是相互关涉的。前分析哲学和早期分析哲学中关于无语言的对象关系的观点是不成立的;相反,语言符号的使用则具有绝对根本的位置。作为对象关系的可能性条件,语言也是一切知识的必要前提。当然这里会有这样一种误解:有序的符号使用应该取代对象的位置;并且之前的偏见都是从后者之中产生的,因此对语言分析的检验只能借助语言的使用,而非事情本身。而事实上,有序的符号使用取代的不是事情本身,而只是一个所谓的不依赖符号的对象关系。

与这一新的分析性语言概念相对应的,是一个分析性的对象概念。由于我们不能以先于语言的方式与对象发生关系,因此对象也不是朴素的给定之物。借用弗雷格的观点来说,给定之物的本质特征就在于它是在(多种多样的)给定方式中显示出自己的。最后也会产生一个新的真理理论,它并不是从对象、物或存在者那里来理解真理的,而是从"对事态持之为真"这一主张出发来理解的。做出这一主张的人也就赞成一个关于事态的真理,而事态则是真理的前提。在这里,维特根斯坦的命题"理解一个命题,就是去知道这一命题为真的情况是什么"(《逻辑哲学论》4.024)可以用第二个要素——即"知道"这一要素——加以补充:提出主张的人承担着使这一命题为真的保证。这样一来,一个命题的真理就取决于两个既相互区别,又相互补充的使用规则:即谓词的使用规则("谓词适用于对象"),以及专名的使用规则(即"一个专名指称着那个谓词适用于其上的对象"这一同一性规则)。

　　的确,有一些问题始终尚未解决,而其他一些问题的解决似乎难以令人满意。比方说,对于图根特哈特阐释过的事态而言,斯特劳森的"同一化"概念就比"具体化"这一概念更合适,因为这里涉及的不是某个种概念,而是某个具体事物。同样难以令人信服的是这一观点,即:人可以通过例子学会专名和谓词。这是因为,例子携带着举例之目的这一前理解的烙印,难以成为独立的决定项。此外,图根特哈特虽然除了理论命题之外还考虑到了实践命题,但是却没有考虑到美学命题(即关于艺术的命题)。还有,他既没有解释前命题性对象关系的可能性(例如:一个石头落在我的头上),也没有解释与这一关系相对应的前谓词语言(在这里就是:疼得大叫)。同样,无意识的东西也被忽略了。

　　在这里我们要中断对上述悬而未决的问题的追问,而回到一个主要问题上来:在形式语义学的方案中,先验理性批判这一计划是否被扬弃掉了呢? 对于那个证明了假如没有语言的表征和具体化功能,它与对象的关系就不可能产生这一命题的人来说,他是同时已经消解了先验批判的使命,还是指出这些使命已经变得无的放矢了?

第三节　形式语义学可否替代先验批判?

　　"与对象的关系如何可能"这一形式语义学的基本问题是包含在先验批判的研究计划之内的,前者的志趣也反映在后者之中。但是先验批判并非毫无前提(tout court)地对对象关系加以研究,而是满足于一个更高的条件,即那个与真理($\dot{\epsilon}\pi\iota\sigma\tau\dot{\eta}\mu\eta$)这一古典理念相对应,并拒斥某个单纯的意见($\delta\acute{o}\zeta\alpha$)的那个科学性。为了满足这一在严格意义上也被称为"客观性"的条件,人们不但必须知道这一对象关系,而且还需要额外知道这一关系具有普遍的有效性("没有例外");而且,因为它与人只能具有这样的关系,因此它也是必然有效的。先验的计划可以从主体出发得到定义,因此也同样受到一个更为确定的条件的规定。在严格意义上,对象关系是科学的、客观的,它的有效性不仅仅限于这个或那个主体,也不仅仅限于某个特定语言游戏的参与者。先验批判所关心的对象关系,应该对每一个认知主体都是永远有效的。

从古典时期以来,哲学怀疑论者们一直在质疑是否存在着这样一个对所有语言游戏同样有效的对象关系。只有在哲学与严格的客观性理念和对之加以怀疑的怀疑论展开交锋的地方,先验批判的重要性才能显示出来。虽说康德并没有把怀疑论理解为一门语言理论,而是理解为一门知识论,但是怀疑论也可以在语言理论中被定义为语言怀疑论的一个形式。如果我们忽略掉"准确的表达是否存在"这一怀疑的前阶段,就可以划分出有效性不断增加的三个阶段。先验批判只有在第三个阶段中,也就是在最彻底形式的语言怀疑论中,才会遭到挑战。

第一阶段的语言怀疑论针对的是一个特定的言说方式,它认为这一方式具有抽象、含混或暧昧的特点;或者,这一方式据说已经过时,变得支离破碎,或与意识形态纠缠在一起。这一语言怀疑论可能会针对着日常语言、科学语言或技术语言,也可能会针对着文学语言和文学批评的语言,并给每一种语言提出一个更为合适的语言形式。语言怀疑论的第二个阶段针对的是特定的意义理

论。当代的语言分析就属于这一阶段。在形式语义学的否定性部
分中,它批评的是自然主义的语言观;在其肯定性、"建设性"部分
中,它指出的是,意义是任何一种知识的不可或缺的"媒介"——正
如我们已经指出的,这样就不仅提出了一门更符合事实的语言理
论,而且也因此获得了或者重获了对语言的信任。于是我们也就
理解了,为什么每个具有理论动机的语言批判最终都要回到语言
上来。语言可能是一个"贫乏的工具",但它是唯一一使对象关系成
为可能的工具。此外对于知识而言,语言则不具有工具特征。

　　只有在语言怀疑论的第三个阶段,也即最后一个阶段中,先验
的追问才能凸显出来。在此阶段中,人们对语言转变为严格客观
知识的能力提出了质疑。对康德哲学蓝图的回顾使我们看到,图
根特哈特形式语义学的动力首先不是来自第三阶段,而是来自第
二阶段。因此我们不能期待形式语义学除了把先验理性批判这一
蓝图当作出发点来讨论之外还有别的方式——尽管这一讨论是充
满敬意的。

　　康德的批判源于一个具有前批判性质的知识论开端,源于一
个先验研究本身。即便是关于知识的两个来源这一开端,就已经
指出了知识的两个必需条件,即感性和知性;同时,这两个条件也
分别被赋予两个同样不可或缺的功能,即直观和思维。但是具有
先验性的既非知识的来源,亦非它们的功能,而只是某个第二阶的
不可或缺性,即直观和知性这两个既先于经验,又使经验成为可能
的纯粹形式。

　　由于康德并没有借助语言对知识来源和相应的功能加以定
义,因此他与图根特哈特的主要差别就在于知识论开端中前先验

的层面上。因此,如果要找到合适的理由来反对康德的开端,并使形式语义学得以奠基,那么对康德的先验问题尽管需要某种改写,但是这一问题既没有得到回答,却也没有变得毫无意义。之所以要对这一问题加以改写,是因为,在之前以脱离语言的方式定义出来的直观功能和思维功能之中,现在出现了表征和具体化这两个语言功能。但是,至于这一语言功能是否使严格的客观性成为可能,如果是的话又如何成为可能,对此问题还是没有答案。

因此之故,形式语义学并不能取代先验批判的位置。它只能对先验批判的知识论和对象论开端(Ansatz)予以澄清——事实上,它最终能对此做出比康德更好的澄清。但是,只有通过那个超越了形式语义学的问题,才能打开知识的先验性纵深维度。因此,语言分析哲学中所谓更为彻底的开端——之所以更为彻底,是因为这一开端把语言在知识中的中介作用当成了本质性的作用——在形式语义学的实践中变得比康德的先验哲学更缺乏彻底性。伴随着"什么叫作与对象相关"这一问题,先验语义学被迫停留在了一个"过渡层"上。语言分析的宏图并没有使先验哲学变得更为彻底,相反后者的理性批判计划使形式语义学的计划变得更彻底了。

只要先验问题与形式语义学发生着关联,那么人们就可以把它归入"先验语义学"之列。这一先验语义学将由两个部分组成,即关于表征功能的先验语义学和关于具体化功能的先验语义学。在这两个情形中,我们都要提出下面的康德式问题:是否存在着先于经验而有效的语言功能形式——这些形式预设了任何一个经验性功能,并在先于经验的有效性这一基础上使一个对不同语言游戏同样有效,因此能在严格意义上被称为客观功能或科学功能的能力成为可能？

　　我们甚至可以展望的是，在表征和具体化这两个情形中，我们可以把康德式的回答连同其二分化给衔接起来。也就是说，当人们首先在一个形而上学的思考中寻求前经验的条件时，就会发现，在一个严格意义上的先验思考中，知识——这一知识对具体语言之间的差别持中立性态度，并正因如此而能被称为严格的客观知识或严格的科学知识——是如何仅仅因为前经验条件而存在的。

　　在关于具体化的先验语义学这一情形之中，我们可以按照康德的"先验感性论"在第一步论证中把空间和时间当作前经验的定位形式，并在第二步论证中指出，假如没有空间和时间，也就没有客观的定位，因此一个客观有效的谓词陈述也就是不可能的。先验语义学的另一个部分也可以如法炮制出来。它首先要找出前经验的谓词或谓词形式，接着指出这些形式对科学上的有效谓词陈述是不可或缺的。类似于康德在《纯粹理性批判》"分析论"第二部分中关于纯粹知性原理的理论，这里的先验语义学甚至可以包括一个第三步论证。比如，我们可以在这一步中思考这样的问题：因果关系对科学性是否是不可剥离的，以至于其他一些取消了因果陈述的知识形式不配享有——或至少尚不配享有——严格意义上的科学性？

　　即使人们经常赋予因果性科学（或更为一般地说：法则科学）一个更高的地位，但是今天科学机构的实践却不同意这样一个对科学概念的过于狭隘和片面的理解。长久以来已经变得根深蒂固的科学多元主义，也比这个整体性科学的计划要更为宽容、更有前景。但是，"什么叫作严格意义上的'科学性'？"这一问题并没有因为多元主义的实践而失去其意义。

只要形式语义学追问的是严格客观性的可能性，只要它已经朝着先验语义学在前进，它的要求就是合理的——它已经在一个曲折的形式中继承了先验批判，也在此意义上"扬弃"了先验批判。但是，我在图根特哈特那里并没有看到比这些最初的端倪更多的东西。

第四节　阿佩尔的先验语用学蓝图

在哲学语用学的众多文献中，维特根斯坦的《哲学研究》凭借其对私人语言的彻底清算和语言游戏理论而异军突起。按照这一理论，行为、世界解释和语言使用这三个要素交织成了一个社会生活形式的不可分离的整体。然而在维特根斯坦看来，一切意义和有效性标准的不可倒退的视域也是一个关于世界之张启的经验性视域，它只对特定的、实在的交往共同体有效。这样一来，人们就可以从一个语言过渡到另一个语言，尤其可以理解过去的历史和陌生的文化。如果人们不纠结于完美的话，就会发现，翻译和理解的可能性证明了人并没有被囚禁在给定的语言游戏之中，而是能从一个世界张启的视域跃入另一个世界张启的视域。为了理解视域跨越的可能性，人们必须像阿佩尔所说的那样假设一个更高的共同性，一个最终具有普遍特征的共同性。按照他的观点，理想的交往共同体就是一切经验性理解的不可倒退的可能性条件，并作为条件而具有先验意义。

阿佩尔关于交往共同体的观点有点像笛卡尔的怀疑论观点，

即:一个经常怀疑着理想交往共同体的人,是一个论辩着的人;然而,论辩是一种定向于理解与沟通的语言行为,因此也发生在交往之中。

每个实在的交往都在追求一个同声一气,一个不依赖于权力而仅仅依赖于论辩的共识。这样一个无强制力的同声一气在现实的交往共同体中是找不到的。原因是,我们即便对时间紧张和意见差异可能会阻止达成一致这一点忽略不论,仍然会发现,每个实在的交往都依赖于一些对无暴力的共识构成威胁的外围条件。这一威胁的起点是,使只有一部分人能参与交往;它进而对人们的情感和理智能力做出区别。此外,还存在着事实错误,以及在自己的利益、操之过急的判断、甚至深度扭曲(结构性的偏见、意识形态的局限性、神经或精神性因素)上发生的自我欺骗。最后,人们也并非总能阻止谎言和欺骗,阻止暴力和暴力威胁。由于上述理由,一个自生自灭的交往过程并不能为无强制力的一致性这一目的提供保证。但是阿佩尔认为,正是由于这一意向的存在,人们才会在现实的交往中期待一个对于所有人开放着的、摆脱了一切隐蔽的强制力和扭曲的理想交往共同体。简短地说,阿佩尔的观点是(1973,II S. 220ff.,S. 358):谁严肃地参与着交往共同体,谁就已经为一个理想交往共同体创造着前提;这样一个假如离开了"语用学的自我矛盾"就不可能产生争论的交往共同体,正好构成了一切知识的基础。

尽管阿佩尔已经在一系列论文中阐述了其先验语用学,但还是在一部分计划上留下了空白。如果我们期待这一理论取得更为根本的进展的话,那么它就不得不直面若干条批评。第一个批评涉及对康德的解释,问题是:康德是否真的抱有一个终极奠基的兴趣? 还是说,这一兴趣在康德哲学中并不像在笛卡尔、德国观念论和胡塞尔那里一样作为一个思想动机而存在? 接下来的批评是,康德关于先验统觉的思想是否隐含着一个唯我论,因此并不完全可信? 由于先验意识涉及的不是经验性的个体,而是属于对象知识的自我关系,因此它似乎处在"唯我论,还是交往"这一选择之中(参见本书第十二章第一节)。需要澄清的还有:阿佩尔是如何把对知识而言不可或缺的对象关系构建在关于真理的共识理论中的? 在其真理理论中,难道不缺乏一个最终以语义学方式重新表述出来的真理符合论的因素吗(参见赫费1979,第9章)? 更进一步说,正因为理想交往共同体的理想性,我们也许能将它看作一个对康德理性观念的重新表述,因而在伦理学中——而非在纯粹理性不具有构造性意义的知识领域中——赋予其更大的说服力。

我们在这里只回答另一个问题,即:阿佩尔的计划是否扬弃了先验理性批判? 对于证明了理想交往共同体是理解之必需前提的人来说,他是否已经消解了先验批判的使命? 他是否已经指出了那些没有一起消解掉的使命是不重要的,甚至根本是无稽之谈呢?

康德的先验批判包含的不仅仅是一个全新的哲学概念。事实上,它是作为一个独一无二的哲学思想之王国而著称的,这一王国源于普遍的知识——对象理论和特殊的知识——对象理论的结合。这一结合对全新的哲学概念而言并不是外在的。对科学——在康德的《纯粹理性批判》中,科学是数学和数学化的自然科学——予以超越性的解释这一使命,本身已经是把哲学理解为关于科学知识的("思辨")理论这一思想的题中之义。就像人们常常对具有基础哲学之转向的语言哲学所做的批评那样,相比于康德伦理学的丰富主题,语言哲学显得如此之贫乏。即便是图根特哈特,也没有提出"对象关系在什么条件上可以赢得严格科学性之地位"这一问题,而关于数学、自然科学或其他形式的科学的哲学则完全缺乏这一问题。

先验语用学更是如此,它对康德"实在哲学"宝藏的忽视令人瞠目。在理想交往共同体这一概念中,阿佩尔也许参考了康德关于先验统觉的主题。但是这点素材只构成了"概念分析论"的小小一角。而对于先验感性论、知性法则的分析论和包含在其中的科学哲学,阿佩尔完全没有任何思考。

正如康德的思想宝藏来自他的哲学蓝图一样,阿佩尔的贫乏主题同样来源于他的哲学蓝图。他们的差异最终可以追溯到对先验概念的不同理解。阿佩尔尽管采纳了康德的"先验"表达,但是并没有追随后者对先验的二分式定义,即把它定义为先天性以及经验的可能性条件。相反,阿佩尔认为理想的交往共同体具有另外两个先验基础:这一共同体是"不可倒退的",此外还具有作为绝对的终极性知识和语言权威的地位。在这样一个理解中,康德的哲学蓝图一方面被低估了,另一方面则被高估了。正是由于这两个原因,阿佩尔的先验计划在哲学上看来才更为贫乏。一方面,正因为阿佩尔主要是在寻求一个终极存在,因此他不需要对先验感性论感兴趣。这是因为,即使人们同意康德的观点,认为空间和时间这两个纯粹直观形式具有不依赖于经验的有效性,并且对客观性知识是必不可缺的,但是这两个形式尽管在康德意义上具有先验意义,可还是不能满足阿佩尔的终极存在这一条件。

　　另一方面,当人们只是把阿佩尔的理想交往共同体理念与康德的先验统觉学说进行比较时,康德先验概念中的第二个差异点就会显出其重要性。先验统觉在纯粹知性概念的先验还原中有其位置。尽管存在着解释上的困难和矛盾,这一先验还原还是由两个主要步骤构成的。首先,范畴被证明是一切客观性经验的构造条件;其次,先验自我意识被证明是一切(范畴性)综合的来源。但是阿佩尔却急于达到他的目标。他从语言及其对语言的理解那里直接跳到了"最高点",这个最高点对他而言就是理想交往共同体。也就是说,他要绕开纯粹知性概念这条"弯路"。这样一来变得更为贫乏的不仅仅是先验语用学的主题,事实上,如果缺乏范畴或某个类似的理论部分,一个先验的统一体基础也很难证明具有赋予客观性的力量。事实上,一个似乎是弯路的部分恰恰是对知识和语言进行奠基中的必要因素,这一奠基将把自己抛给彻底的怀疑论,并在与它的交锋中证明严格客观性的可能性。

　　此外还存在这样的怀疑,即对一个理想交往共同体的期待所展示出来的是否是先验统觉的对应物? 是否它的系统性位置并不存在于先验辩证论,而存在于先验分析论之中? 由于交往共同体具有理想性质,因此与其说它具有构造性的知性因素这一意义,还不如说它具有调节性的理性理念这一意义。那位被阿佩尔步其后尘的皮尔士,恐怕会为后者的无疆界的研究者共同体这一思想而深表赞同,因为他在花了三年时间研究《纯粹理性批判》之后,最终抛弃了"分析论"的证明,而对"辩证论"给予了很高的评价。

　　至于先验语用学批评所取得的更为宽泛的结论,这里不再论述。这里的批评已经取得了与形式语义学批判中所取得的成果相类似的结论,即:在当代语言哲学中,先验理性批判的蓝图并没有被简单地扬弃掉。我们在有关伦理学的章节中清楚地表达出来的观点(参见本书第十一至十三章),对于这里的知识理论和对象理论而言,仅仅是对一个计划的宣言而已——在对当代语言哲学、当然也对当代其他哲学进展的解释中,值得期待的不是先验批判的离场,而是对它的重新阐述。

参 考 文 献

Adorno, Th. W. 1965: *Offener Brief an Marx Horkheimer*(《给霍克海默的一封公开信》),in: *Die Zeit*, 12.2.

Altmann, A. 1981: *Prinzipien politischer Theorie bei Mendelssohn und Kant*(《门德尔松与康德的政治理论原理》), Trier.

Apel. K.-O. 1963: *Die Idee der Sprache in der Tradition des Humanismus von Dante bis Vico*(《从但丁到维科的人文主义传统中的语言观念》), Bonn.

—1973: Das Apriori der Kummunikationsgemeinschaft und die Grundlagen der Ethik("交往共同体的先天性与伦理学的基础"), in: ders., *Transformation der Philosophie*(《哲学的转换》), Frankfurt/M., Bd. II, S. 358—435.

—1976: Sprechakttheorie und transzendentale Sprachpragmatik zur Frage ethischer Normen("关于伦理规范的语言行为理论与先验语用学"), in: ders. (Hrsg.) *Sprachpragmatik und Philosophie*(《语用学与哲学》), Frankfurt/M., S. 10—173.

—u. a. (Hrsg.) 1984: *Funkkolleg Praktische Philosophie/Ethik*, *Studientexte*(《广播大学实践哲学、伦理学教材》), 3 Bde., Weinheim—Basel.

Axelrod, R. 1984: *The Revolution of Coorperation*(《合作的进化》), New York(dt.: Die Revolution der Kooperation, München 1987).

Baudrillard, J. 1968: Art. Modernité("艺术,现代性"), in: *Encyclopaedia Universalis*《大全百科》, Bd. XI, Paris, S. 139—141.

Beccaria, C. B. 1764: *Deidelitti e delle pene*(《罪与罚》), neuere Ausg.: Mailand 1973(dt. *Über Verbrechen und Strafen*, Leipzig 1905).

Bentham, J. 1789: *An Introduction to the Principles of Morals and*

Legislation(《道德与立法原理导论》),hrsg. v. H. J. Burns u. H. L. A. Hart,London 1970.

Berlin I. 1969:Two Concepts of Liberty("自由的两个概念"),in:ders. ,*Four Essays on Liberty*(《自由四题》),Oxford,S. 118—172.

Berner A. F. 1876:*Lehrbuch des deutschen Strafrechts*(《德国刑法教科书》),Leipzig.

Bien G. 1980: Art. Lüge("艺术,撒谎"),in: *Historische Wörterbuch der Philosophie*(《哲学史辞典》),hrsg. v. J. Ritter u. K. Grünter,Basel—Stuttgart,S. 533—544.

Bittner,R. 1974:Maximen("准则"),in:*Akten des 4. Internationalen Kant-Kongresses*(《第四届国际康德大会纪要》),Mainz 1974, G. Funke(Hrsg.),Teil II. 2,Berlin—New York,S. 485—498.

Bloch,E. 1959:*Das Prinzip Hoffnung*(《希望原则》),Frankfurt/M.

von Bormann,C. u. a. 1976:Art. Kritik("艺术,批判"),in:J. Ritter u. K. Grünter,(Hrsg.),*Historische Wörterbuch der Philosophie*(《哲学史辞典》),Bd. IV,Basel—Stuttgart,Sp. 1249—1262.

Burg,P. 1974:*Kant und die französische Revolution*(《康德与法国革命》),Berlin.

Castel de Saint-Pierre, C. —I. 1713—1717: *Projet pour rendre la Paix perpétuelle en Europe*(《欧洲永久和平计划》),3. Bde. ,Nachdruck:Paris 1981.

Cooper,W. E. u. a. (ed.)1979:New Essays on John Stuart Mill and Utilitarianism("密尔与功利主义新论"),in:*Canadian Journal of Philosophy*(《加拿大哲学期刊》),Supplement Volume V.

DanteAlighieri 1979:Monarchia("君主"),in:ders. ,*Opere minori*(《神曲》),Bd. 2,Milano—Napoli,S. 239—503(Orig. um 1310).

Deggau,H. -G. 1983:*Die Aporien der Rechtslehre Kants*(《康德法权论的疑难》),Stuttgart-Bad Cannstatt.

Deutsches Wörterbuch(《德语词典》),hrsg. v. J. Grimm u. W. Grimm,33 Bde. ,München 1984.

Enderlein,W. 1985:Die Begründung der Strafe bei Kant("康德对刑罚的奠基"),in:*Kant-Studien* 76(《康德研究》76),S. 303—327.

von Feuerbach, P. J. A. 1801: *Lehrbuch des gemeinen in Deutschland geltenden peinlichen Rechts*(《关于在德国大行其道的令人尴尬的法律的教科书》), Gießen [14] 1847.

Feyerabend, P. K. 1975: *Against Method: Outline of an Anarchistic Theory of Knowledge*(《反对方法：一个无政府主义知识论的提纲》), London (dt. *Wider den Methodenzwang: Skizze einer anarchistischen Erkenntnistheorie*, Frankfurt/M. 1976).

—1989: *Irrwege der Vernunft* (《理性的歧途》), Frankfurt/M. (Die amerikanische Ausgabe erschien 1986 unter dem Titel: *Farewell to Reason*).

Forschner, M. 1982: Kant versus Bentham. Vom vermeintlichen kategorischen Imperative der Strafgesetzes("康德与边沁在所谓刑法绝对命令上的争执"), in: R. Brandt(Hrsg.) *Rechtsphilosophie der Aufklärung*(《启蒙时代的法权哲学》). Symposium Wolfenbüttel 1981, Berlin—New York, S. 376—398

—1983: Reine Morallehre und Anthropologie("纯粹道德学说与人类学"), in: *Neue Helfte für Philosophie 22: Kants Ethik heute*(《哲学新论集：当代康德伦理学》22), S. 25—44.

Foucault, M. 1978: *Von der Subversion des Wissens* (《知识的颠覆》), Frankfurt/M.

Geismann, G. 1983: Kants Rechtslehre vom Weltfrieden("康德的世界和平法权学说"), in: *Zeitschrift für Philosophische Forschung 37/3*(《哲学研究》37/3), S. 363—388.

—1988: Versuch über Kants rechtliches Verbot der Lüge("论康德对撒谎的法权禁令"), in: H. Oberer, G. Seel(Hrsg.), *Kant. Analysen—Probleme—Kritik*(《康德：分析、问题与批判》), Würzburg, S. 293—316.

H. Oberer (Hrsg.), 1986: *Kant und das Recht der Lüge* (《康德与撒谎权》), Würzburg.

Gesellschaft und Staat. Lexikon der Politik(《社会与国家：政治学辞典》), hrsg. v. H. Drechsler, W. Hilliger, F. Neumann, Baden-Baden [1] 1979.

Günter, L. 1966: *Die Idee der Wiedervergeltung in der Geschichte und Philosophie des Strafrechts*(《历史上的报复观与刑法哲学》), 2 Bde.

(Neudruck der Ausgabe von 1889).

Habermas,J. 1968: *Erkenntnis und Interesse*(《知识与兴趣》),Frankfurt/M.

—1981: *Theorie des kommunikativen Handelns*(《交往行为理论》),2 Bde. , Frankfurt/M.

—1983: *Moralbewusstsein und Kommunikatives Handeln*(《道德意识与交往行为》),Frankfurt/M.

—1988: *Nachmetaphysisches Denken*(《后形而上学之思》),Frankfurt/M.

—1989: OtfriedHöffes politische Fundamentalphilosophie. Grenzen des Vernunftrechtlichen Normativismus("赫费的政治学基础哲学:理性法权规范主义的界限"),in: *Politische Vieteljahresschrift* 2(《政治学季刊》2),S. 320—327.

—1992: *Faktizität und Geltung. Beiträge zur Diskurstheorie des Rechts und des demokratischen Rechtsstaats*(《事实与效用:关于法权与民主法权国家的话语理论论文集》),Frankfurt/M.

Hamann,J. G. 1784: Metakritik über den Purismus der Vernunft("对理性之纯粹主义的元批判"),in: ders. *Schriften zur Sprache*(《语言论集》), hrsg. v. J. Simon,Frankfurt/M.

Hare,R. M. ²1965: *Freedom and Reason*(《自由与理性》),Oxford (dt. : Freiheit und Vernunft,Düsseldorf 1973).

Hartmann,N. 1935: *Ethik*(《伦理学》),Berlin—Leipzig.

Hassmer,W. 1981: *Einführung in die Grundlagen des Strafrechts*(《刑法基础导论》),München.

—1983: Strafziele im sozialwissenschaftlich orietierten Strafrecht("在以社会科学为导向的刑法中的刑罚目标"),in: W. Hassmer, K. Lüderssen, W. Naucke: *Fortschritte im Strafrecht durch die sozialwissenschaften*? (《社会科学带来了刑法的进步?》),Heidelberg,S. 39—66.

Hegel,G. W. F. : Über die wissenschaftlichen Behandlungsarten des Naturrechts("论对自然法权的科学讨论法"),in: ders. , *Werke in zwanzig Bänden*,Frankfurt/M. ,1970,Bd. II,S. 434—530.

—Über die Einrichtung einer kritischen Zeitschrift der Literatur("论一个批判性文学杂志的创立"),in: ders. , *Werke in zwanzig Bänden*,Frankfurt/ M. ,1970,Bd. XI,S. 9—31.

Henrich, D. , Horstmann, R. -P. （Hrsg.） 1988：*Metaphysik nach Kant? Stuttgarter Hegel-Kongreß 1987*（《康德之后的形而上学?：1987 年斯图加特黑格尔大会论文集》）, Stuttgart.

Höffe, O. 1971：*Praktische Philosophie—Das Modell des Aristoteles*（《实践哲学：亚里士多德的模式》）, München—Salzburg.

—1975：*Strategien der Humanität. Zur Ethik öffentlicher Entscheidungsprozesse*（《人文的策略：论公开性决定程序的伦理》）, Freiburg—München（Taschenbuchausgabe：Frankfurt/M. 1985）.

—1979：*Ethik und Politik. Grundmodell und-probleme der praktischen Philosophie*（《伦理与政治：实践哲学的基本模式和问题》）, Frankfurt/M. （¹1987）.

—1987：*Politische Gerechtigkeit. Grundlegung einer kritischer Philosophie von Recht und Staat*（《政治正义：批判性法权与国家哲学的奠基》）, Frankfurt/M. （Taschenbuchausgabe：Frankfurt/M. 1989）.

—1987a：Kants kategorischer Imperative als Kriterium des Sittlichen（"作为伦理标准的康德绝对命令"）, in：ders. , *Ethik und Politik*（《伦理与政治》）, Taschenbuchausgabe： Frankfurt/M. ³1987, S. 84—119 （Orig. in： *Zeitschrift für philosophische Forschung* 31 [1977], S. 354—384）.

—1988：*Den Staat braucht selbst ein Volk von Teufeln*（《魔鬼民族亦需要一个国家》）, Stuttgart.

—1988a：Praktische Philosophie（"实践哲学"）, in：*Staatlexikon der Görres-Gesellschaft*（《格雷斯学会国家辞典》）, Bd. IV, Freiburg i. Br. , Sp. 522—532.

—1989：Die Ethik der Natur im Streit und die Moderne（"争议中的自然伦理与现代性"）, in：*Scheidewege* 19（《岔路》19）, S. 57—74.

—（Hrsg.） 1989a：„ *Grundlegung der Metaphysik der Sitten* ". Ein kooperativer Kommentar（《对〈道德形而上学的奠基〉的合作性评论》）, Taschenbuchausgabe：Frankfurt/M.

—1993：*Moral als Preis der Moderne. Ein Versuch über Wissenschaft, Technik und Umwelt*（《作为现代性之代价的道德：论科学、技术与环境》）, Taschenbuchausgabe：Frankfurt/M.

—1993a：Eine Konversion der kritischen Theorie? Zu Habermas's Rechts- und Staattheorie（"批判理论的一个转换?：论哈贝马斯的法权与国家理论"）,

in:*Rechtstheorisches Journal* 12(《法权理论期刊》12),S. 70—88.

—1994:Politischer Liberalismus. Ein neues Werk von JohnRawls("政治自由主义:评罗尔斯的一本新著"),in:*Neue Zürcher Zeitung*,19. 1(《Zürch 新报》19. 1).

—(Hrsg.) 1995:*Klassiker auslegen*:*Kant*,*Zum ewigen Frieden*(《经典解读:康德〈永久和平论〉》),Berlin.

Horkheimer,M. 1974:*Zur Kritik der instrumentellen Vernunft*(《工具理性批判》),hrsg. v. Alfred Schmidt,Taschenbuchausgabe:Frankfurt/M.

Hugo,G. 1789:*Lehrbuch des Naturrechts als einer Philosophie des positiven Rechts*(《作为实证法权哲学的自然法权教科书》),besonders des Privatrechts,Vaduz 1971(Orig. 1789).

Jaspers,K. 1957:Kant. Zum ewigen Frieden("康德:《永久和平论》"),in:K. Ziegler(Hrsg.),*Wesen und Wirklichkeit des Menschen. Festschrift H. Plessner*(《人的本质与现实:普莱斯纳纪念文集》),Göttingen,S. 131—152.

Johnson,O. A. 1974:The Kantian Interpretation("康德解释"),in:*Ethics* 85(《伦理学》85),S. 58—66.

Jonas,H. 1979:*Das Prinzip Verantwortung. Versuch einer Ethik für die technologische Zivilisation*(《责任原则:针对技术文明的伦理学研究》),Frankfurt/M.

Kelsen,H. [1]1960:*Reine Rechtslehre*(《纯粹法权论》),Wien.

Kersting,W. 1984:*Wohlgeordnete Freiheit*:*Immanuel Kants Rechts-und Staatphilosophie*(《有序的自由:康德的法权与国家哲学》),Berlin—New York.

Klug,U. 1968:Abschied von Kant und Hegel("告别康德,告别黑格尔"),in:J. Baumann(Hrsg.):*Programm für ein neues Strafgesetzbuch*(《新刑法的蓝图》),Frankfurt/M. ,S. 36—41.

Korsgaard,C. M. 1986:The Right to Lie:Kant on Dealing with Evil("撒谎权:康德论恶"),in:*Philosophy and Public Affairs* 15(《哲学与公共事务》15),S. 325—349.

Kühl,K. 1984:*Eigentumsordnung als Freiheitsordnung. Zur Aktualität der Kantischen Rechts-und Eigentumslehre*(《作为自由秩序的所有权秩序:

康德法权与所有权学说的现实性》),Freiburg i. Br. —München.

Lübbe,H. 1987:*Politischer Moralismus. Der Triumph der Gesinnung über die Urteilskraft*(《政治道德主义:意向对判断力的胜利》),Berlin.

Luhmann,N. 1988:*Paradigm lost. Die ethische Reflexion der Moral*(《失乐园:对道德的伦理学反思》),Stuttgart.

Lyotard, J. -F. 1983: *Le différend* (《争议》), Paris (dt. Der Widerstreit, München 1988).

Marquard,O. 1981:*Abschied vom Prinzipiellen*(《告别原则》),Stuttgart.

——1984:Neugier als Wissenschaftsantrieb oder die Entlastung von der Unfehlbarkeitspflicht("好奇是科学的推动力,还是从不可错之义务中的挣脱"),in:E. Ströcker(Hrsg.),*Ethik der Wissenschaft? Philosophische Fragen*(《科学的伦理?:哲学追问》),München-Paderborn,S. 15—26.

——1986:*Apologie des Zufälligen*(《为偶然一辩》),Stuttgart.

——1987:Drei Phasen der medizinethischen Debatte("医学伦理学的三个阶段"), in: O. Marquard, H. Staudinger (Hrsg), *Anfang und Ende menschlichen Lebens. Medizinethische Probleme*(《人类生命的始终:医学伦理学的问题》),München-Paderborn,S. 111—115.

——1987a:Von der Schnelligkeit der Welt und der Langsamkeit des klugen Menschen("世界的快与聪明人的慢"),in:*DIE WELT*(《世界报》),30. 12. 1987,S. 16.

Mendelssohn, M. 1983:Jerusalem oder über religiöse Macht und Judentum ("耶路撒冷,或论宗教力量与犹太人"),in:*Gesammelte Schriften*(《门德尔松全集》),in Gemeinschaft mit F. Bamberger u. a. ,Bd. VIII,Stuttgart-Bad Cannstatt(Orig. 1783).

Michaud-Quantin,P. 1970:*Etudes sur le vocabulaire philosopique du Moyen-Age*,Kap. XII:Le vocabulaire du latin scholastique et la critique(《中世纪哲学词汇研究》,第 12 章:"经院[哲学]拉丁词汇及其批评"),Rom.

Mill,J. S. 1861:Utilitarianism("论功利主义"),in:ders. ,*Essay on Ethics, Religion and Society*(《论伦理、宗教与社会》),hrsg. v. J. M. Robson, Toronto—London 1969,S. 203—259 (dt. : *Der Utilitarianism*, D. Birnbacher [Hrsg.],Stuttgart 1976).

——1868:Speech in Favor of Capital Punishment("关于赞成死刑的演讲"),in:

F. Feinberg, H. Gross (eds.), *Philosophy of Law* (《法哲学》), Encino-Belmont(Ca.) 1978.

Müller, G. 1962: *Die Wahrhaftigkeitspflicht und die Problematik der Lüge* (《真实义务与撒谎问题》), Freiburg i. Br.

Nancy, J. L. 1983: *L'impératif catégirique* (《绝对命令》), Paris.

Nozick, R. 1974: *Anarchy, State and Utopia* (《无政府主义、国家与乌托邦》), New York(dt. : *Anarchie, Staat, Utopia, München* 1976).

Oberer, H. 1982: Über einige Begründungsaspekte der Kantischen Strafrechtslehre("康德刑法学说奠基中的几个方面"), in: R. Brandt (Hrsg.), *Rechtsphilosophie der Aufklärung* (《启蒙时代的法权哲学》). Symposium Wolfenbüttel 1981, Berlin—New York, S. 399—424.

Oelmüller, W. (Hrsg.): 1987: *Metaphysik heute?* (《当代的形而上学?》) Zürich—Paderborn.

O'Neill, O. 1990: *Constructions of Reason : Exploration of Kant's Practical Philosophy* (《理性的构建：康德实践哲学探索》), Cambridge.

Patzig, G. 1971: *Ethik ohne Metaphysik* (《无形而上学的伦理学》), Göttingen.

Poliziano, A. 1492: Lamia: praelectio in priora Aristoteles analytica("亚里士多德《前分析篇》讲解"), in: ders. , *Opera omnia* (《全集》), a cura di I. Maier, 3 Bde. , Torino 1971; Band I: S. 451—461.

Ramus, P. 1548: *Scholae in liberals artes* (《人文学者》), Hildesheim 1970.

Rawls, J. 1955: Two Concepts of Rules ("规则的两个概念"), in: *Philosophical Review* 64(《哲学评论》64), S. 3—32.

—1971: *A theory of Justice* (《正义论》), Cambridge Mass. (dt. Eine Theorie der Gerechtigkeit, Frankfurt/M. 1975).

—1974/75: The Independence of Moral Theory("道德理论的独立性"), in: *Proceedings and Addresses of the American Philosophical Association* 48(《美国哲学学会进展与演讲》48), S. 5—22.

—1980: Kantian Constructivism in Moral Theory: The Dewey Lectures 1980 ("康德道德理论中的建构主义"), in: *The Journal of Philosophy* 77 (《哲学期刊》77), S. 515—572.

—1982: The Basic Liberties and Their Priority("基本自由及其优先性"), in: *The Tanner Lectures on Human Value III* (《人类价值泰纳讲演集》III),

S. M. McMurrin(ed.) , Salt Lake City , S. 1—87.

—1985 : Justice as Fairness. Political not Metaphysical("作为公平的正义 : 政治的 , 而非形而上学的") , in : *Philosophy and Public Affairs 14*(《哲学与公共事务》14) , S. 223—251.

—1993 : *Political Liberalism*(《政治自由主义》) , New York.

Ricken , F. 1989 : Homo noumenon und homo phaenomenon. Ableitung , Anwendbarkeit und Begründung der Formel von der Menschheit als Zweck an sich selbst("人的本质与人的现象 : ‘人是自身的目的’这一表述的由来、运用与奠基") , in : Höffe 1989 a , S. 234—252.

Ritter , C. 1971 : *Der Rechtsgedanke Kants nach den frühen Quellen*(《康德早期文献中的法权思想》). Frankfurt/M.

Rorty , R. 1978 : Epistemological Behaviorism and the De-Transcendentalization of Analytical Philosophy("认识论行为主义与分析哲学的去先验化") , in : *Neue Helfte für Philosophie 14*(《哲学新论集》14) , S. 115—142.

Röttgers , K. 1982 : Art , Kritik , in : O. Brunner , W. Conze , R. Koselleck(hrsg.) , *Geschichtliche Grundbegriffe. Historisches Lexikon zur politisch-sozialen Sprache in Deutschland*(基本概念史 : 德国政治社会语言历史辞典) , Bd. III , Stuttgart , S. 651.

Schalk , F. , Weber , H. -D. 1976 : Art. Kritik , Literaturkritik("艺术 , 批判 , 文学批判") , in : J. Ritter , K. Gründer(Hrsg.) , *Historisches Wörterbuch der Philosophie*(《哲学史辞典》) , Bd. IV , Stuttgart , Sp. 1282—1292.

Scheler , M. 1954 : *Der Formalismus der Ethik und die materiale Wertethik* (《伦理学中的形式主义与质料性价值伦理学》) , Bern.

Schmitt , C. 1963 : Das Zeitalter der Neutralisierungen und Politisierungen("中立化与政治化的时代") , in : ders. , *Der Begriff des politischen*(《政治的概念》) , Berlin , S. 79—95.

Schnädelbach , H. 1982 : Bemerkungen über Rationalität und Sprache("理性与语言评注") , in : W. Kuhlmann , D. Böhler(Hrsg.) , *Kommunikation und Reflexion*(《交往与反思》) , Frankfurt/M. , S. 347—368.

Schuppert , G. F. 1989 : Zur Neubelegung der Staatsdiskussion : Entzauberung des Staates oder „Bringing the State Back In? "("对关于国家的讨论的再研究 : 国家的祛魅 , 还是‘把国家带回来’?") , in : *Der Staat 28*(《国家》

28),S. 91—104.

Sidgwick,H. 1874:*The Methods of Ethics*(《伦理学方法》),Nachdruck：London u. a. 1967(dt. Die Methoden der Ethik,2 Bde. ,Leipzig 1909).

Singer,M. G. 1961:*Generalization in Ethics*(《伦理学中的普遍化》),New York(dt. :Verallgemeinerung in der Ethik,Frankfurt/M. 1975).

Smart,J. J. C. 1973:An Outline of a System of Utilitarian Ethics("功利主义伦理学体系纲要"),1961,überarbeitet in：ders. , B. Williams (ed.), *Utilitarianism for and against*(《功利主义之赞成与反对》),Cambridge, S. 1—74.

Spaemann,R. 1989:*Glück und Wohlwollen. Versuch über Ethik*(《幸福与善意：伦理学研究》),Stuttgart.

Starobinski,J. 1971:*Jean-Jacques Rousseau：la transparence et l'obstacle*(《卢梭：澄明与阻滞》),Paris.

Thomasius,C. 1688:*Institutiones jurisprudentiae divinae*(《神圣法学的机制》). Neudruck der 7. Aufl. Halle 1730,Aalen 1963.

Tonelli,G. 1978:"Critique" and related terms prior to Kant. A historical survey("康德之前的'批判'概念及相关术语：一个历史调查"),in：*Kant-Studien 69*(《康德研究》69),S. 119—148.

Trapp, R. 1988: *"Nicht-klassiker" Utilitarismus. Eine Theorie der Gerechtigkeit*(《"非经典的"功利主义：一个关于正义的理论》), Frankfurt/M.

Tugendhat,E. 1976:*Vorlesungen zur Einführung in die sprachanalytische Philosophie*(《语言分析哲学导论演讲录》),Frankfurt/M.

—1984:Drei Vorlesungen über Probleme der Ethik("关于伦理学问题的三篇演讲"),in：ders. ,*Probleme der Ethik*(《伦理学的问题》),Stuttgart,S. 57—131.

Urmson,J. O. 1975:Zur Interpretation der Moralphilosophie J. St. Mills("密尔道德哲学的解释"), in：O. Höffe (Hrsg.),*Einführung in die utilitaristische Ethik*(《功利主义伦理学导论》),München,S. 87—95.

Vanberg,V. 1982:*Verbrechen,Strafe und Abschrekung：die Theorie der Generalprävention im Lichte der neueren sozialwissenschaftlichen Diskussion*(《犯罪、惩罚与威慑：从最新的社会科学讨论看预防理

论》），Tübingen.

Williams，B. 1985：*Ethics and the Limits of Philosophy*（《伦理学与哲学的界限》），London.

Willke，H. 1983：*Entzauberung des Staates：Überlegungen zu einer sozialen Streuerungstheorie*（《国家的祛魅：关于社会控制理论的思考》），Königstein.

Wolff. R. P. 1973：*The Autonomy of Reason. A Commentary on Kant's Groundwork of the Metaphysics of Morals*（《理性的自律：对康德〈道德形而上学的奠基〉的评论》），New York u. a.

Zöllner，J. F. 1784：*Über Moses Mendelssohns Jerusalem*（《论门德尔松的"耶路撒冷，或论宗教力量与犹太人"》），Berlin.

术语对照表

（按字母顺序排列）

A

Abschreckung 威慑
Absicht 意图
Adelsprivileg 贵族特权
affirmative 肯定的
allgemein 一般的、普遍的
Allgemeinheit 普遍性
Allgemeinwohl 共同福祉
Alternative 选择项、替代项
Anachie 无政府状态
Anachismus 无政府主义
anachronisch 不合时宜的
Anachronismus 不合时宜
Anfangsgrund 始基
Angelegenheit 关切
Annerkennung 承认
Anpassungsdruck 适应的压力
Antagonismus 不可知论
Antinomie 背反论
Antrieb 刺激
Anwendungskonflikt 运用冲突

apologetisch 辩护的
Aporetik 争论
a priori 先天（的）
Argumentaonssituation 论证情境
äthtetisch 审美的、美学的
aufgeklärt 开明的
Aufklärung 启蒙、启蒙时期
Aussenwelt 外在世界
Autonomie 自律

B

Bedürfnis 需求
Befugnis 权威
Begehren 欲求
Begehungspflicht 作为的义务
Begehrungsvermögen 欲求能力
Begierde 渴望
Begnadigungsrecht 赦免法
Begriff 概念、理解
Begrifflichkeit 概念性
Behaviorismus 行为主义
Bekenntniss 教派

beleben 激活
Berechtigung 合理化
Bescheidenheit 保守、节制、折衷
Bestimmungsgrund 规定根据
Bildung 教养

C

Charakterisieren 表征
Codierung 立法

D

Definitivartikel 正式条款
Depositum 财产寄托
Depotismus 专制
didaktisch 教化的
Differenzierungsprinzip 划分原则
Differenzthese 差集命题
Diskurs 话语、商谈
Diskursethik 商谈伦理学
Diskurstheorie 商谈理论
distributiv 个体性的
Durchlässigkeit 通达性

E

Egoismus 自我主义
Egoist 自我主义者
Eigensinn 私意
Eigentum 财产
Eigentumsdelikte 财物犯罪
Eigentumstitel 财产权
Ein-Satz-Ethik 单一原理伦理学

Einstellung 态度
Eintrittsbedingung 入门条件
Elementargüter 基本善品
Emanziption 解放
empirisch 经验主义的、经验（论）的
empirisch-pragmatisch 经验性、实
    用性的
Empirismus 经验论
Entlastung 释放
Entmoralisierung 去道德化
Entpflichtung 免责
entsakralisieren 世俗化
Entscheidungstheorie 选择理论
Entzauberung 祛魅
Erkenntnis 知识
Erlaubnis 许可
Ermächtigung 授权
Erscheinung 显象
Eudämonismus 幸福主义
eudämonistisch 德性的
Exterritorialität 法外治权
Exzentrierung 去中心化

F

Fahrlässigkeit 过失
Faktum 事实
Fallibilismus 可错性
fasches Versprechen 虚假承诺
Fundamentalphilosophie 基础哲学

G

Gegensatz 矛盾、对立

Gegenseitigkeit 对等性

Gehorsam 顺服

Geltung 效力

geltend 有效的

gemeinsam 共同的

Gemeinsinn 通感

Generation 年代

gerecht 正当的

Gerechtigkeit 正义

Gesetz 法则、法律

Gesetzgebung 立法

Gesetzlichkeit 法则性

Gerichtsinstanz 审判权威

Gesinnung 意向

Gesinnungsethik 意向伦理学

Gewalt 暴力

Gewaltenteilung 分权

Gewissen 良知

Gläubiger 贷款人

Glaubwürdigkeit 可信性

Gleichheit 公平

Glückseligkeit 幸福

Glückwürdigkeit 福报

Gratifikation 满足

Grund 理由、根据、基础

Grundform 基本形式

Grundgüter 基本善（权益）

Grundrisswissen 框架性知识

Grundsatz 原理

Gültigkeit 有效性

Güter 善品

Güterabwägung 法益权衡

H

Haftung 法律责任

handlungsextern 外在于行为的

Handlungsfreiheit 行动自由

handlungsintern 内在于行为的

Handlungsorientierung 行为定向

Hauptprüfung 主审

Hedonismus 快乐主义

Hegemonie 治权

Heimatrecht 居住权

Herrschaft 统治

herrschaftsfrei 无统治的

Herrschaftsfreiheit 无统治性

Heteronomie 他律

Hilfsgebot 帮助命令

Hinterweltler 离群索居者

Homophonie 主音调

I

Identifikation 同一化

ideology 意识形态

immanent 内在的

Imperativ 命令

Individualitä 个体性

Individuum 个体

inkriminatorisch 归罪性的、指控性的

Instanz 权威

Institution 制度

instutionell 制度的

Integration 融合

Integrität 正直、完整性
intellektuell 理智的
Intention 意向、意旨
Interesse 利益、兴趣、志趣
interposonell 人际间的
Interpret 解释者
intraposonal 个人之内的

J

judikativ 司法性的
Jurisprudenz 法理学

K

kategorial 范畴的
Kategorie 范畴
kategorisch 绝对的、直言的
kasuistisch 诡辩的
Kiecherei 奴性
Klugheit 明智
Kollektivwohl 集体福祉
Kompatilität 相容性
Kompensation 补偿
Kompetenz 能力
kompromittierend 指责性的
Kommunikation 交往
Konflikt 冲突
Konsens 共识
Kontrapunkt 对位点
Konstitution 宪法、宪制
kontingent 偶然的
Koexistenz 共存

korrektiv 矫正性的
Kreditwüdigkeit 值得信赖性
Kriminalstraf 刑事处罚
kriteriologisch 规范学的
Kriterium 标准
Kritik 批判、批评
Kritikautonomie 批判自律
Kulturunwilligkeit 文化抵触

L

Last 累赘
Laxheit 慵懒
Legalität 合律法性
Legitimationslogisch 辩护逻辑的
Legitimationstheorie 辩护理论
legitimatorisch 合法的
legitimieren 合法化（辩护）
Legitimität 合法性
Leibeigenschaft 农奴制
Leibesstraf 体罚
Leibwesen 肉体生物
Letztbegründung 终极证明
Lokalisierung 定位
Lust 情欲

M

Märtyrern 殉道者
Maßstab 尺度
Maxim 准则
Menschenbild 人类理想
Menschenrecht 人权

Mentalismus 心灵主义
Merkmal 表征
Metaethik 元伦理学
metaphysisch 形而上学的
Mitmensch 同侪
Moderne 现代性、近代
Modernisierung 现代化
Moralität 道德性
Motivation 动机

N

Nächstenliebe 利他
Naturrecht 自然法权
Naturvorgabe 天然局限
negative Kritik 消极批判
Neigung 爱好
Neutralisierung 中立化
Nichtdenkenkönnen 思之无能
Nichtwollenkönnen 欲之无能
nomitive 规范的
Notrecht 紧急法权
Notwehr 紧急防卫
Nutzenvergleich 效用比较
Nützlichkeit 效用

O

Objekt 客体
objektiv 客体的、客观的
Objektivität 客观性
Offenheit 坦率
öffentliches Recht 公共法权

ökumenisch 普世的
Ontologie 存在论
Orientierung 定向

P

Paradigmawechsel 范式转换
Partikularitä 个别性
pathosfähig 同情的
Peripherie 外围
Person 个人
Persönlichkeit 人格
Personalität 个人性
Pflicht 义务
Platzhalter 替身
Pluralismus 多元主义
Pluralität 多元性
Polyphonie 复调
Positismus 实证主义
positive Kritik 积极批判
Postmoderne 后现代
Präferenz 优先项
Pragmatik 语用学
pragmatisch 实用(性)的，语用学的
pragmatistisch 实用主义的
Pragmatismus 实用主义
Präliminarartikel 先决条款
Präjudizien 先决条件
Prävention 预防
Praxis 实践
Primärstaat 原初国家
Primat 优先(地位)
Prinzip 原则

Priorität 先天性、优先性
Privatrecht 私人法权
Privilegierung 特权化
Problematisierung 质疑
prozedural 程序性的
Prüfung 检验
Prüfverfahren 验证程序

Q

qualitativ 限制性的
Quasi-Natur 准自然

R

Rahmenbedingung 外围条件
Randzone 边缘域
Rangfolge 等级秩序
Rangunterschied 差序格局
Rationalität 理性
rationalistisch 唯理论的
Realitä 实在
Recht 法、法权、法律
Rechtsgesetz 法权法则
Rechtspflicht 法权义务
Rechtsprozess 法权诉讼
Rechtsstaat 法权国家
Rechtstatsachenforschung 法律事实
　研究
Rechtstitel 法定权利
Rechtsvernunft 法权理性
Rechtswissenschaft 法学
Rechtszustand 法权状态

Regel 规则
Rehabilitierung 恢复
Re-Moralisierung 再道德化
republikanisch 共和的
Resozialisierung 再社会化
Restkontroverse 保留性冲突
richterlich 司法性的
Rigorismus 严格主义
Rückfälligkeit 再犯

S

Sache 事情、事实
Sachenrecht 物权法
Sachverhalt 事态
Schlichtung 化解
Schuldigkeit 罪责
Schuldner 借款人
Schuldzuweisung 罪责推定
Sein 实然、存在
Selbstbetäubung 自我麻痹
Selbstbindung 自我约束
Selbsterhaltung 自我保存、自卫
Selbsterkenntnis 自觉
Selbstgesetzlichkeit 自我立法
Selbstinteresse 私利
Selbstliebe 自爱
Selbstzweck 自身目的
Sensibilität 感受性
Sichabarbeit 自我完成
Sinndiät 感官节制
Sittlichkeit 道德习性
Skepsis 怀疑论

social primary goods 社会基本善品

solipsistisch 唯我论的

Sollen 应然

Sozialstaat 福利国家

Sozialwelt 社会世界

spekulativ 思辨性的

spezifisch 特殊的

Stellvertretung 代理

Straf 惩罚

Strafbedüerfnis 惩罚需要

Strafcharater 惩罚特征

Strafgerechtigkeit 惩罚正义

Strafmass 刑罚幅度

Strafrecht 刑法

Straftat 犯罪行为

Straftatbestand 犯罪行为构成

Strafwürdigkeit 罪当该罚

Stratifikatorisch 科层制的

Streben 欲求

Subjekt 主体

subjektiv 主体的、主观的

Subjektivität 主观性、主体性

Subsumitionsthese 包含命题

Substanziell 实体性的

Surrogat 替代物

System 体系、系统

T

Talionsrecht 对等报复法权

Täter 犯罪人

Tauschgerechtigkeit 交换正义

Test 测试

Textkritik 文本批判

Texttradition 文本传统

thematisch 主题化的

Themen-komplex 主题集合

Tötungsdelikt 谋杀犯罪

Tragweite 影响

transzendental 先验的

transzendent 超验的

Trieben 驱动力

Triebfeder 动机

Trittbrettfahrergefahr 搭便车风险

Tugend 德性

U

Überlegenheit 优渥

Überlegungsgleichgewichtigkeit 反思性均衡

Überzeugung 信念

Üblichkeit 习性

ungerecht 不正当的

Unlust 不愉快

Unlustempfindung 不愉快感

universal 普遍的

Universalisierung 普遍化

Unparteilichkeit 公正

Unrecht 不法行为

Unrechtsabwehr 正当防卫

Unschuld 天真、无辜

unspezifisch 非特殊的

Unterform 次级形式

Unterlassungspflicht 不作为的义务

Unterordnung 次级等级

ursprünglich 本来的(地)

V

Verallgemeinerung 普遍化

Verarmung 贫化

Verbesserung 改造

Verbindlichkeit 责任

Verbindlichkeitsart 约束方式

Verblendungszusammenhang 迷惑关联体

Verbot 禁令

Verbrechen 犯罪

Verdinglichung 物化

Vereinheitlichung 同化

Vereinigungstheorie 净化理论

Verfassung 宪法、宪制

Verfassungsgeber 立宪者

Verfassungsstaat 宪政国家

Vergehen 违法

Vergeltungsstraf 报复性惩罚

Vergeltungstheorie 报复理论

Vermögen 能力

Vernunft 理性

Vernunftsfaktum 理性事实

Verödung 硬化

Verpflichtung 履责

Verständigung 沟通

Verstarrung 固化

Verträglichkeit 相容性

Veto-Recht 否决权

Volk 民族

Völkerbund 民族联邦

Völkerstaat 民族国家

Vorbedingung 先行条件

Vordringen 侵袭

Vorgabe 先定

Vorprüfung 先行审查

Vorsatz 用意

Vorstellung 表象

Vorteil 利好

Vorurteil 偏见

W

Wahrscheinlichkeitswert 概率值

Welterschliessung 世界之开启

Wesen 存在(者)

Widerspruch 矛盾

Widerstandsrecht 反抗权

Wiedergutmachung 补偿

Wiedervergeltungsrecht 对等报复法权

Wille 意志

Willkür 任意

Wirklichkeit 现实

Wohl 福祉

Wohlergehen 福利

Wohlfahrtsstaat 福利国家

Wohltätigkeit 仁慈

Wohlwollen 善意

wollüstige Selbstschändung 色情自渎

Z

Zufällig 偶然的

Zumutung 过分要求

Zurechnungsfähigkeit 归责能力

Zusammenhang 关联整体

Zustimmungsfähigkeit 赞同能力

Zuteilung 分配

Zwang 强制力

Zwangsbefugnis 强制力权威

Zweck 目的

Zwischenebene 中间层面

人名对照表

（按字母顺序排列）

A

Adorno，Th. W. 阿多诺
Alexy，R. 阿列克西
Altmann，A. 奥特曼
Apel，K. -O. 阿佩尔
Aristoteles 亚里士多德
Augustinus，奥古斯丁
Austin，J. 奥斯丁
Axelrod，R. 安克塞罗德

B

Bacon，F. 培根
Bataille，G. 巴塔耶
Baudrillard，J. 鲍德里亚
Beccaria，C. B. 贝加里亚
Bentham，J. 边沁
Berkeley，G. 贝克莱
Berlin，I. 柏林
Berner，A. F. A. F. 贝尔纳
Bien，G. 毕恩
Bittner，R. 毕特纳

Bloch，E. 布洛赫
Blumenberg，H. 布鲁门伯格
Borkenau，F. 鲍可瑙
Bormann，C. v. 波尔曼
Burg，P. 伯格
Burke，E. 伯克

C

Carlyle，T. 卡莱尔
Carnap，R. 卡尔纳普
Chagall，M. 夏卡尔
Cohen，H. 科亨
Constant，B. 贡斯当
Cooper，W. E. 库珀

D

Dante 但丁
Descartes，R. 笛卡尔
Durkheim，E. 涂尔干

E

Enderlein，W. 恩德莱茵

Engels, F. 恩格斯

Erasmus 伊拉斯谟

F

Feuerbach, L. 费尔巴哈

Feuerbach, P. J. A. v. 冯·费尔巴哈

Feyerabend, P. K. 费耶阿本德

Forschner, M. 弗什纳

Foucault, M. 福柯

Foucher, S. 富歇

Frank, S. 弗兰克

Frege, G. 弗雷格

Freud, S. 弗洛伊德

G

Gauguin, P. 高更

Geismann, G. 盖思曼

Grotius 格劳秀斯

Günter, L. 君特尔

H

Habermas, J. 哈贝马斯

Hamann, J. G. 哈曼

Hare, R. M. 黑尔

Harrison, J. 哈里森

Hartmann, N. 哈特曼

Hassemer, W. 哈瑟莫尔

Hegel, G. W. F. 黑格尔

Heidegger, M. 海德格尔

Henrich, D. 亨利希

Herder, J. G. 赫尔德

Hiob 约伯

Hobbes, T. 霍布斯

Höffe, O. 赫费

Horkheimer, M. 霍克海默

Horstmann, R. -P. 霍斯特曼

Hugo, G. 胡果

Humboldt, W. v. 威廉·洪堡

Hume, D. 休谟

Husserl, E. 胡塞尔

J

Jaspers, K. 雅斯贝尔斯

Johnson, O. A. 约翰逊

Jonas, H. 约纳斯

K

Kelsen, H. 凯尔森

Kersting, W. 克斯汀

Kierkegaard, S. 克尔凯郭尔

Klug, U. 克鲁格

Kohlberg, L. 科尔伯格

Korsgaard, C. M. 考斯嘉德

Kühl, K. 库尔

Kuhn, T. 库恩

L

Leibniz, G. W. 莱布尼茨

Locke, J. 洛克

Lübbe, H. 吕勃

Luhmann, N. 卢曼

Lukács, G. 卢卡奇

Lyotard, J.-F 列奥塔

M

Machiavelli, N. 马基雅维利
Macpherson, C. B. 麦克佛尔森
Malebranche, N. 马勒伯朗士
Marquard, Odo 马克瓦德
Marx, K. 马克思
Mead, G. H. 米德
Mendelssohn, M. 门德尔松
Michaud-Quantin, P. 米肖-康坦
Mill, J. S. 密尔
Milton, J. 弥尔顿
Montesquieu, C. 孟德斯鸠
Moore, G. E. 莫尔
Morus, T. 托马斯·莫里斯
Müller, G. 缪勒

N

Nancy, Jean-Luc 南希
Nietzsche, F. 尼采
Nozick, R. 诺齐克

O

Oberer, H. 欧勃勒
Ockham W. 奥卡姆
Oelmüller, W. 欧尔缪勒
O'Neill, O. 奥尼尔
Ovid 奥维德

P

Parsons, T. 帕森斯
Patzig, G. 帕齐希
Peirce, C. S. 皮尔士
Piaget, J. 皮亚杰
Platon 柏拉图
Poliziano, A. 波利齐亚诺
Proudhon, P. J. 蒲鲁东
Pufendorf, S. 普芬道夫

Q

Quintilian 昆提利安

R

Ramus, P. 帕图斯·拉姆斯
Rapoport, A. 拉波波特
Rawls, J. 罗尔斯
Reinhold K. L. 莱茵霍尔德
Ricken, F. 里肯
Ritter, C. C. 里德
Ritter, J. J. 里德
Robespierre, M. 罗伯斯庇尔
Rorty, R. 罗蒂
Röttgers, K. 霍特伽斯
Rousseau, J. J. 卢梭

S

Saint-Pierre Abbe de 圣皮埃尔神父
Sapir, E. 萨丕尔

Schalk, F. , 肖尔克
Scheler, M. 舍勒
Schiller, F. 席勒
Schmitt, C. 施米特
Schnädelbach, H. 施耐德巴赫
Schönberg, A. 勋伯格
Schopenhauer, A. 叔本华
Schuppert, G. F. 舒贝尔特
Searle, J. R. 塞尔
Sidgwick, H. 西治维克
Simões, M. 西门子
Singer, M. G. 森格
Smart, J. J. C. 司马特
Smith, A. 亚当·斯密
Sokrates 苏格拉底
Sophokles 索福克勒斯
Spaemann, R. 斯伯曼
Starobinski, J. 斯塔洛宾斯基

T

Thomas von Aquin 托马斯·阿奎那
Thomasius, C. 托马修斯
Tonelli, G. 托内利
Trapp, R. 特拉普
Tugendhat, E. 图根特哈特

U

Urmson, J. O. 乌尔姆逊

V

Vanberg, V. 凡贝格

W

Weber, H. D. 韦伯
Weber, M. 韦伯
Whitehead, A. N. 怀特海
Whorf, B. L. B. L. 沃尔夫
Williams, B. 伯纳德·威廉姆斯
Willke, H. 维尔克
Wittgenstein, L. 维特根斯坦
Wolff, C. 沃尔夫
Wolff, R. P. R. P. 沃尔夫

X

Xenophon 色诺芬

Z

Zöllner, J. F. 策尔纳

译　后　记

　　所谓"学术",译事最难。读他人的译作,如果愿意,总可以"吹毛求疵",找到错漏之处,甚至公认的经典译本也概莫能外;等到自己动手翻译,才知落字不易,虽戒慎警惕,仍不时有惴惴不安之感。论文观点可以"商榷",但是翻译大多对错分明——好的译作不一定能博得读者喝彩,但有硬伤的翻译则一定会遗臭士林。

　　为避免这一结局,笔者在翻译此书时尽了最大努力。相对而言,语言上的"拦路虎"容易克服,但学养上的不足则常常使笔者感到捉襟见肘,面临"词穷"的窘境。笔者虽治德国哲学,但对本书所涉康德实践哲学主题并无专门研究,对法理学、政治哲学更是所知甚少,因此虽勉力弥补这一不足,但错译之处一定不在少数,恳请各位读者批评指正。

　　答应翻译此书,实属机缘凑巧;而整个翻译和出版过程,亦是一波三折。该书能最终付梓,应属幸事。在翻译过程中,笔者参考了何兆武、李秋零、邓晓芒、张荣诸先生的成熟译作,但对所引康德、黑格尔等人的经典文本做了独立翻译,并就一些翻译问题请教于赫费先生本人,以及范大邯、杨云飞、杨伟清、刘鑫、张广、索玲玲、乌力(Ulrich Forderer)、张言亮、陈毅坚、原野等师友,对以上前辈及师友,在此一并致以诚挚的谢意。兰州大学研究生鞠顺、柳康、陈龙忠、董沛君、王婷,西安交通大学研究生高元昊曾经帮助校读译稿,提出了不少宝贵的修改意见,特此致谢! Mark Migotti 的英译本(宾州州立大学出版社,2002)对本书翻译也有贡献,特此说明并鸣谢!

从 2013 年在美国学术访问时开始着手翻译本书到现在,已经八年过去了。今日在古都西安期待本书面世,格外欣喜。感谢所有多年来帮助、支持我的学界前辈和友人,尤其感谢我所有的家人对我默默的无私支持!

在校读本书清样期间,母亲永远地离开了我们。就让这本小书寄托我无尽的思念吧!

石福祁

2021 年 9 月 24 日·西安沙坡

作者简介

奥特弗利德·赫费（Otfried Höffe，1943— ）是当代德国最有影响的哲学家之一，图宾根大学教授，哲学和伦理学研究所所长，海德堡科学院院士，德国《哲学研究》杂志主编。

译者简介

石福祁，男，甘肃靖远人。西安电子科技大学华山特聘教授，主要从事德国哲学研究，专长于新康德主义及卡西尔哲学研究。出版中、德文专著各 1 部，发表论文 20 余篇，主持或参与科研项目多项。

图书在版编目(CIP)数据

绝对法权原则:一个现代性的对位点/(德)奥特弗利德·赫费著;
石福祁译.—北京:商务印书馆,2023(2024.9 重印)
(政治哲学名著译丛)
ISBN 978-7-100-22726-1

Ⅰ.①绝…　Ⅱ.①奥…②石…　Ⅲ.①法哲学—研究
Ⅳ.①D903

中国国家版本馆 CIP 数据核字(2023)第 127967 号

政治哲学名著译丛
绝对法权原则
——一个现代性的对位点
〔德〕奥特弗利德·赫费　著

石福祁　译

商 务 印 书 馆 出 版
(北京王府井大街 36 号　邮政编码 100710)
商 务 印 书 馆 发 行
北京市艺辉印刷有限公司印刷
ISBN 978-7-100-22726-1

2023 年 12 月第 1 版　　　开本 880×1230　1/32
2024 年 9 月北京第 2 次印刷　印张 13⅜
定价:65.00 元